老沈阳书系

文脉千年

WENMAI QIANNIAN

武斌 著

沈阳出版发行集团
沈阳出版社

图书在版编目（CIP）数据

文脉千年 / 武斌著. -- 沈阳：沈阳出版社，2018.8
（老沈阳书系）
ISBN 978-7-5441-9641-3

Ⅰ.①文… Ⅱ.①武… Ⅲ.①散文集－中国－当代
Ⅳ.①I267

中国版本图书馆 CIP 数据核字（2018）第166186号

出版发行：沈阳出版发行集团|沈阳出版社
（地址：沈阳市沈河区南翰林路10号　邮编：110011）
网　　址：http://www.sycbs.com
印　　刷：辽宁泰阳广告彩色印刷有限公司
幅面尺寸：165mm×240mm
印　　张：18.5
字　　数：300千字
出版时间：2020年3月第1版
印刷时间：2020年3月第1次印刷
责任编辑：沈晓辉　郑　丽
封面设计：杨　雪
版式设计：杨　旭
责任校对：日　光
责任监印：杨　旭

书　　号：ISBN 978-7-5441-9641-3
定　　价：48.00元

联系电话：024-24112447　024-62564922
E - mail：sy24112447@163.com

前　言

清宣统二年，即1910年，晚清名臣郑孝胥来奉天小河沿消遣游玩，兴之所至，写了一首七言古诗，其中说：

> 北俗虽豪缺风雅，麇集屠沽作都会。
> 沈吟移徙谁与言，自怪边尘损文字。

此诗以尖刻甚至污辱性的语言嘲讽沈阳人没有文化，令当时的沈阳人尤其是文化人士深感难堪和不满，但又无言以对，没有充分的理由回敬郑孝胥的文化傲慢，所以也无奈。

讲述这个故事的是金毓黻，他当时是正在奉天省立中学堂读书的23岁青年。金毓黻后来在《辽东文献征略》中写道：郑孝胥等人"拘于方隅之见"，故步自封，孤陋寡闻，其"鄙视辽人之意溢于言表"。金毓黻从此立志效法汉末三贤，"适彼乐土，爰得我所"，潜心开发研究东北文化。多年以后，他著《东北史》，编纂《奉天通志》和《辽海丛书》，终成一代大师。

沈阳作家徐光荣、初国卿也重述了金毓黻的这个故事。他们讲述的重点是郑孝胥这首诗对于青年金毓黻的激发作用，正是郑孝胥对于沈阳文化的轻慢，让金毓黻立志深入研究和开发东北文化，让更多的人认识和了解东北文化的价值和意义。

金毓黻这个故事还有一层意思，就是，像郑孝胥那样对于东北文化、沈阳地方文化的低估，不仅仅是出于他们的文化优越感和傲慢，还在于本地学者对沈阳文化认识得不够、研究得不够、发现得不够、宣传得不够，没有把本地文化精彩的方面充分地展示出来。所以，本地学者的一个责任就是深入发掘沈阳历史文化的内涵，勾画出沈阳文化发展的历史脉络，让大家都知道沈阳地方文化独特的历史价值。正如清末《陪京杂述》作者缪东霖先生所说："是知生为沈阳之人，即宜备知沈阳之事。"他还说："生于斯，长于斯，即托业于斯。斯之长与为缘者，诚所谓室家沈阳，而乡里沈阳。于此，而不知沈阳，其去衣服在躬，记所谓妄者，夫又何间哉。"[①]

在东北文化研究和阐发方面，金毓黻开了一个先河，遗憾的是，后继者无多。所以，本地学者很难树立起对自己本土文化上的自信，类似郑孝胥的那种看法和声音也不绝于耳。

好在最近一些年来，沈阳的考古学者、历史学者、文化学者、档案工作者以及作家、艺术家等，都开始注意到这个问题，并集中力量，从各个方面发掘沈阳文化，宣传沈阳文化。比如，对于农大后山遗址的发掘和研究，对于沈阳古城遗址的发掘和研究，对于沈阳民俗文化的研究，对于工业遗产、城市文化的研究等，对于沈阳历史人物的研究，以及对于沈阳抗日文化的研究等，都取得了许多重要的成果。特别是沈阳出版社出版的张毓茂先生主编的十卷本《沈阳历史文化丛书》、彭定安先生主编的三卷本《沈阳文化史》，以及沈阳文史馆组织编写的《沈阳历史文化典籍丛书》，都是皇皇巨著，对于研究沈阳历史文化的发展提供了比较权威的读本。

---

①缪润绂：《陪京杂述》第1页，沈阳出版社，2009年版。

然而，这还是远远不够的。著名作家祝勇在《辽宁大历史：中华文明的抽样观察》一书中说道："梳理辽宁的文化脉络并不是一件容易的事情，它太复杂。……这里的历史布景定期转换，随之而来的是历史主角与情节的转变与起伏，不同类型的氏族与人群，带着各自的面孔、性格与命运，在这块大地上交替出现。这使辽宁这块土地始终处于生机无限的变动中，永无止歇。它像一颗生生不息的心脏，放置在中华帝国庞大的躯体内部，为躯体提供氧气与能量。"①

祝勇的这个论断也包括沈阳。只不过，正因为复杂，也证明了其丰富；丰富而精彩，才吸引人们去探索和挖掘。实际上，在我们沈阳的这片土地上，有那么优美的自然风光、人文景观、历史遗存；还有那么多独特的风土习俗、民间风情、文化传统；还有那么多青史留名的杰出人物；以及那么多原本属于沈阳而没有得到充分评价的文化发现。

过去，我们总把沈阳乃至辽东看作是中华文化的边缘地区，在讲述中国文化史的各种著作中，也很少提到沈阳人的文化创造和文化功绩。现代考古学的发现和现代学术界的研究，都在证明着这一点，即中华文化是多元发生的，中华文明的摇篮并非只在黄河一地，而是遍布从南到北的广大地区。那么，农大后山文化遗址、新乐文化遗址等的发现，说明沈阳也是中华文化的发源地之一，甚至可能是中华文化最初曙光中的一缕阳光。自兹而降，这里的人民历代繁衍生息，并与中原人民进行着广泛的往来、交流和文化融合，从而成为既与中华文化大传统一致的、又独具特色的区域文化之一。

沈阳的这片沃土养育了沈阳人醇厚朴素的民风，也培育出一

---

① 祝勇：《辽宁大历史：中华文明的抽样观察》第90页，东方出版社，2013年版。

代代杰出的沈阳人物。历史上有许多沈阳文化名人的故事，或中原人士流寓沈阳的文化业绩。金毓黻在《辽海丛书刊印缘起》中说：东北“历三千年，中间硕儒杰士后先辈出”，他们的著作，“自成家言，卓尔一时”。正是他们，使我们沈阳的文化历史呈现出丰富和多彩的面貌，给我们留下厚重的文化遗产。

往事越千年。沧海桑田、金戈铁马、迁徙交融、诗书礼乐，上演了关东数千年威武雄壮的历史活剧。我们不仅需要这部巨型活剧的全部文字脚本，而且也需要它的一个个片段、一个个情节、一个个音符。本书所写到的，不是沈阳文化发展的大历史，不是一幅全景画，而是其中的一些片段，一些人物故事。从这些片段中，我们可以感受到沈阳文化的力量，也会体验到沈阳文化发展的历史脉络，以及千年文脉所孕育的文化灵魂。正是在这些片段、情节和音符中，我们可以体验到那部历史正剧的威武、雄壮、丰富多彩、绚丽辉煌。

我们不仅仅要再现历史，还要解释历史，用现代人的视线去看历史，用现代人的话语去说历史。因此，虽然讲的都是前尘往事，仍然使人感到很近、很亲切、很有意思。

我们寻访历史，不仅仅是为了发“思古之幽情”，虽然这“思古”之情是很可贵的。历史是我们的过去，我们是从过去走来的。厚重的历史在我们当代人中积淀为“集体无意识”，成为我们走向未来、走向现代化的心理动力和价值资源。无论我们今天现代化到了什么程度，无论我们离过去已经多远，历史文化仍然会在我们前进的路上留下它巨大的身影。所以，认识过去就是认识今天，认识历史文化就是认识我们自己。

文化是一种资源。我们现代人正在全力进行现代化建设，所以，在最近这几十年里，在这片沃土上，一幢幢高楼大厦拔地而起，一条条高速公路飞架南北东西，处处呈现出一片热气腾腾的经济建设的气氛。但是，真正含义上的现代化，不仅仅是经济发展的速度，它还有许多人文指标，还在于全民的教育程度和文化素质。现代化不是凭空出现的，也不是要割断历史，而是要充分挖掘、整理和消化既往的、前辈们留下来的文化资源，使这种文化资源真正成为我们走向现代化的一种支援力量。这才是我们的后劲所在，我们的实力所在，我们的未来所在。

当代沈阳人的一个重要文化责任，就是宣传沈阳的历史文化，宣传沈阳的悠久传统，宣传沈阳文化在中华文化总体格局中的贡献、地位和影响。这种宣传，不是夜郎自大，不是王婆卖瓜，也不是自己的洋洋得意和故步自封，而是一种文化传统的认同、一种文化价值的寻根、一种基于地域文化的血脉相承的感情。

所以，我们沈阳的文化人，有责任书写我们自己的史实、民俗、传统，书写我们自己的感受、体验和群体心态、精神面貌。有时候我想，其实，北京的琉璃厂、上海的城隍庙、扬州的瘦西湖，乃至江浙的小桥流水，如果你亲眼见过了，恐怕也就会觉得未必就比沈阳中街、沈阳故宫、福陵、昭陵壮观多少，美丽多少。只不过有许多文人墨客总在写它们，总在借写它们来一抒自己的情怀，一浇自己心中的块垒。于是，这些地方也就因“文”而名。如果有一些本地作家把中街的百年沧桑、万柳塘的花间月色、盛京三陵的往事云烟、铁西区的潮起潮落，还有小河沿的浅吟低唱、北市场的喧嚣市井，都描写得绘声绘色，那么，沈阳的文化古城的形象也会再现异彩。

所以，我们要讲好沈阳故事，也就是要讲好我们自己的故事。我们都在这些故事中。

武　斌

2018年6月

目 录
CONTENTS

前 言

第一章 远古的回声 ……001

一 石器敲打演出的文明前奏 ……001

二 人类群星闪耀时 ……007

三 新乐遗址：闪耀在古文化的群星之中 ……013

四 木雕鸟还是“太阳鸟” ……019

第二章 候城：第一座“沈阳城” ……023

一 城市：走进文明的标志 ……023

二 秦开：候城的开创者 ……026

三 寻找候城 ……033

第三章 皇太极时代的文化跨越 ……039

一 从卫城到都城 ……039

二 皇太极的文教政策 ……048

三 满文的创制与《满文老档》 ……058

第四章 流人带来了中原的风 ……065

一 清代东北流人与流人文化 ……065

二 函可与冰天诗社以及盛京流人文化圈 ……072

三　陈梦雷与《盛京通志》 ……092
第五章　请愿风云与辛亥年 ……102
一　晚清的“仿行宪政” ……102
二　国会请愿风云 ……108
三　奉天学生泣血请愿 ……114
四　张榕的辛亥年 ……119
第六章　司督阁与盛京施医院 ……129
一　近代来华传教士与“医学传教” ……129
二　奉天基督青年会 ……137
三　司督阁的医药活动与盛京施医院 ……142
四　创办奉天医科大学 ……153
五　奉天国际鼠疫会议 ……158
第七章　从书院到大学 ……167
一　萃升书院 ……167
二　新式学堂的诞生 ……171
三　东北大学初创 ……181
四　梁思成在东北大学的活动 ……187
五　冯庸和他的大学 ……193
六　冯庸大学学生抗日义勇军 ……197
第八章　金毓黻与《奉天通志》 ……201
一　金毓黻：“辽东文人之冠” ……201
二　奉天通志馆与《奉天通志》 ……208
三　《辽海丛书》 ……215
四　金毓黻与文溯阁《四库全书》 ……217
第九章　沈阳“九君子” ……227
一　九一八事变与李顿调查团 ……227

二　李顿调查团在沈阳的活动 ……………………………232
三　“九君子”与《真相》……………………………………236
四　“沈阳拉贝”出手相助……………………………………242
五　寻找《真相》 ……………………………………………248

第十章　文坛群英会 …………………………………………252

一　新文化力量的集结 ………………………………………252
二　文学创作气象活跃 ………………………………………259
三　《雁荡山》与《小女婿》…………………………………265
四　书画研究会与画坛繁荣 …………………………………273
五　东北博物馆与东北图书馆 ………………………………277

第一章　远古的回声

一　石器敲打演出的文明前奏

2014年4月29日，沈阳市考古研究所举行发布会公布了“农大后山旧石器时代遗址”考古发现的成果。发布会说，2012年8月至2013年9月，沈阳市文物考古研究所与吉林大学边疆考古研究中心组成旧石器联合考古队，先后两次对沈阳农业大学“后山旧石器时代遗址”进行考古发掘，发掘面积109平方米。这次发掘，发现了5个连续分布的旧石器文化层，经光释光测年法测定，其年代距今11万年～1.5万年，揭示出一组旧石器时代古人类建造和使用的建筑遗迹，其年代距今7.3万年～7万年；出土了620余件古人类加工和使用的打制石器，包括手镐、盘状石核、尖状器、雕刻器、砍砸器、刮削器、石核、石片、断块、砾石等。这是沈阳考古工作的一项重大成果。

沈阳农大后山发现旧石器时代遗址，将沈阳地区有人类活动的历史提前至距今11万年。这说明，在人类的起源阶段，沈阳这座城市就没有缺席。当年生活在这里的原始人类，也用自己敲打的石器，参与了最初人类的大合唱，在人类文明起源的交响乐曲中发出了属于自己的声音，至少，它是其中的一个变奏、一段乐章。

这是一个激动人心的消息。因为我们对沈阳文脉的寻踪，竟然可以追溯到同人类起源一样的久远。

人类的起源，也就是“人是从何处来的”问题。对于这个问题，全世界各地区、各民族的人们都曾提出了大量内容迥异的神话传说和宗教故事。例如，中华民族的祖先曾经创造了盘古开天地、女娲造人的神话，西方的《圣经》里也有“创世纪”的“上帝造人”之说。直到1859年，英国生物学家达尔文发表了《物种起源》，用进化论代替神创论，用自然选择取代“上帝的旨意”，来解释地球上存在不同物种的这一事实，使关于人的起源问题的讨论建立在科学的基础上。1871年，他又在《人类起源及性的选择》中正式提出了人是从猿进化而来的理论。

“从猿到人”的进化，是一个极为漫长的过程，经历了古猿、直立人、智人等几个阶段。这个过程，就是我们的先祖从猿走向人的过程。

考古学家们将从猿到人的这个漫长的进化阶段，称之为“旧石器时代”，就是以使用打制石器为标志的人类文化发展阶段，是石器文化的早期阶段。一般认为，这段时期在距今约250万年~1万年前，地质时代属于上新世晚期更新世。在旧石器时代早期，原始人类已经学会了用火，能对自然物（如木、骨、石等）稍做加工，以充作某种用途的工具，而工具的制造和使用是由猿到人转变的关键，也是人类文化的起始。“人类的原始不是一个地球上任何区域所能限制的问题。人类的起源是一个全球性的、整个人类关怀的大问题。”[①]考古学家们发现的旧石器时代遗址遍布世界各地，通过这些遗址的挖掘和考古调查，描绘出了人类早期活动的地图。

在旧石器时代，世界上的许多地方已经有了人类的活动，并且创造出有共同点又有各自特色的文化形式了。当中国人的先祖开始活动在东亚大陆上的时候，他们并不孤单，无论是西边的西亚和欧洲，还是遥远的非洲，都已经有了最初的从猿到人的行走足迹，有了最初的文明星火。“中国民族问题与全部人类的原始问题是分不开的……中国文化早期阶段只是人类早期文化的一面，好像希腊、埃及、两河流域文化只是人类文化的几个面一样。”[②]

中华大地是人类的发源地之一，中华文化是世界文化的重要发源

①李济：《中国文明的开始》第96页，江苏教育出版社，2005年版。
②李济：《中国文明的开始》第103页，江苏教育出版社，2005年版。

地之一。在最早的世界文化拼图上，就已经有了中国人先祖的活动。原始初民繁衍生息于东亚大陆已有极为悠久的年代。在那个遥远的时代，栖息在东亚大陆上的原始初民，经过蛮荒的漫漫长夜，筚路蓝缕，辛勤劳动，进行着极为艰难又极为雄壮的文化创造，以石器的研磨敲打，演出中华文化史诗的前奏，迎来初升的中华文化曙光，开辟了中华文化的历史源头。

东亚大地上埋藏有十分丰富的人类化石和旧石器时代遗物，到目前为止，我国旧石器时代的遗址已经发现了200多处，遍及从北到南的近百个县市，代表了人类进化和旧石器文化发展的各个阶段。

中国旧石器文化年代最早的是山西芮城西侯度和云南元谋县上那蚌村。据科学检测，西侯度遗址距今已有180万年，元谋遗址距今有170万年。河北省北部的小长梁和东谷坨旧石器地点也是旧石器早期阶段最早的遗址。距今100万年前的旧石器文化，还有山西芮城的匼河，陕西蓝田的公主岭和陈家窝，以及东谷坨遗址。距今100万年以后的遗址更多：北京周口店第一地点（即“北京人”遗址）、辽宁营口金牛山下层和本溪庙后山，以及湖北郧县（今郧阳区）梅铺龙骨洞、大冶石龙头、贵州黔西观音洞等，都是旧石器早期的人类遗址。在人类远古文化和人类进化研究上，北京人遗址有着重大的意义。旧石器时代最伟大的文化创造就是火的使用，北京人已能熟练地使用和保存火。北京人文化延续的时间为距今70万年～20万年左右。蓝田人文化和匼河文化应稍早于北京人文化。在人类的进化过程中，旧石器早期属于“直立人”阶段，他们是最早跨入人的门槛的。

旧石器时代中期和晚期，中国旧石器文化进入繁荣的发展阶段。旧石器时代中期的重大进展之一，是人类扩大了居住范围。属于旧石器中期的遗址主要有山西襄汾的丁村，河南灵宝的孟村，山西阳高许家窑，周口店第十五地点，辽宁喀左鸽子洞和海城仙人洞，以及贵州桐梓岩灰洞等处。生活在旧石器中期的是“早期智人”，距今约20万年～4万年。山西的“丁村人”文化是旧石器时代中期的代表。丁村人使用的工具仍然是木器和石器，但他们所使用的石器种类有显著增加，制作技术也有很大提高。

旧石器时代晚期是古人类发展的“晚期智人”阶段，他们是现代人的直系祖先，生活在距今大约4万年～1万年。旧石器时代晚期遗址数量增多，文化遗物更加丰富，技术有明显进步，文化类型也更加多样。“山顶洞人”文化是旧石器晚期文化的代表。从世界范围来看，旧石器时代晚期是一个地区化和细石器化的倾向日趋显著的时期。这一时期的特点是石器主要用石叶制作，有端刮器、雕刻器和钝背刀等；骨角器很发达，出现了鱼叉、骨针、标枪、投矛器等新工具；还出现了装饰品和绘画、雕塑等艺术品。中国旧石器文化以石片工具为主要工艺传统，到旧石器时代晚期阶段，石器打制精巧，并且呈现出多样性，已经掌握了钻、磨技术，能够人工取火，并能进行雕刻、绘画等艺术活动。

旧石器晚期人类的足迹扩展到更多的地方。在各地出现的旧石器晚期遗址，时代相近，但文化类型的技术传统不同。在华北，有继承前一个时期的小石器传统，其重要代表有萨拉乌苏遗址、峙峪文化、小南海遗址、山顶洞遗址等。有石叶文化类型，以宁夏灵武县的水洞沟文化为代表，它与西方同期文化有较多的相似处。还有典型细石器工艺，如山西沁水的下川文化，河北阳原的虎头梁文化等。在东北地区，属于这一时期的重要遗址有辽宁海城小孤山遗址和黑龙江哈尔滨阎家岗遗址等。在南方，这一时期出现了几个区域性文化，如以四川省汉源县富林遗址命名的富林文化类型，以重庆市铜梁张二塘遗址为代表的铜梁文化类型，以及最初在贵州省兴义市猫猫洞遗址发现的猫猫洞文化类型。另外，在西藏、新疆和青海地区也发现了一些属于这一时期或稍晚的旧石器文化地点。

这些历史遗存似乎向人们昭示，在那久远的年代，不仅在黄河流域，在长江、珠江、黑龙江流域，同时也活跃着中华先民辛勤劳作的身影。

而在农大后山旧石器时代遗址的发现中，我们又看到他们在浑河岸边活跃的身影，他们是最早的“沈阳人”。

农大后山旧石器时代遗址处在古浑河河道边的台地上，属于旧石器时代的中晚期。对这里的发现起始于2012年4月。沈阳市文物考古研究所、吉林大学边疆考古研究中心的专家，联合开展沈阳早期古人类探源课题调查，沈阳农大后山是调查的区域之一。在农业大学园艺学院刚刚开垦过的果园里，专家们发现了大量具有旧石器时代特征的打制石器。此后的2012年8月到2013年9月，考古队先后两次对沈阳农业大学后山旧石器时代遗址进行考古发掘。通过考古调查，确立了沈阳地区旧石器时代中晚期的文化序列，一点一点地揭示出那个遥远时代人们的生活面貌。

这里出土的石器有：砍砸器、刮削器、尖刃器、石核、石片、断块等，石器原料包括石英、石英岩、石英砂岩、石灰岩、砂岩、硅质泥岩、硅质灰岩、花岗岩、角岩、板岩等，采用锤击法和砸击法进行剥片和修理，属典型的小石器工业类型。遗址发现的石器工具加工技术比较成熟，这反映了从距今11万年~1.5万年左右，古人类在生产生活中逐渐掌握了先进的技术。沈阳考古所专家付永平说："相比于如庙后山等远东地区其他同时期的人类遗址，农大后山遗址发现的旧石器，加工技术更高级，意识更明显，掌握了比较先进的技术。其中有专门用于割树皮、兽皮的刮削器，也有挖掘用的手镐。"

遗址最大的特点，是发现了一组旧石器时代古人类建造和使用的建筑遗迹，其年代距今7.3万年~7万年，推测可能是古人类在野外搭建的窝棚之类的建筑，支撑物3个，成等边三角形，每个支撑物相距约4米，上面覆盖着茅草。这说明，这里的人们不是住在山洞里，而是在平地上搭建房屋，在东北这是首例，也是这处旧石器文化遗址与同时代其他类似文化遗址最大的不同。吉林大学边疆考古中心专家方启认为，这个发现，甚至改变了现代人对旧石器时代的认识。更早一点的北京人遗址以及再晚一点的山顶洞人遗址，古人类都是生活在洞穴中，还没有人工建筑。从这一点上理解，生活在这里的人类可能进化得更快，具备更高的生产力。

付永平说，沈阳此前曾经发现了一些距今1万年左右的古文化遗存。而最新发现的农大后山旧石器文化遗址，进一步证实了该遗址属于原地连续埋藏的旧石器时代遗址，对于研究中更新世至晚更新世时期沈阳乃至东北亚地区古人类的迁徙与融合、旧石器文化的交流与演变，以及现代人起源与发展等重大学术课题有着十分重要的意义。方启则认为，可以为旧石器时代的文化交流、迁移提供更多证据，打开更多思路。

整个后山遗址的面积要超过80000平方米，现在发掘的面积不过100多平方米，可以说，现在的发现只是冰山一角。今后的继续发掘，一定会有更多令人惊喜的发现。

沈阳的学者们一直在寻找沈阳文化最初的源头。从2011年4月起，沈阳市文物考古研究所与吉林大学边疆考古研究中心合作，开展沈阳早期古人类探源课题，在沈阳地区境内进行旧石器时代考古调查。通过3年时间的野外调查，共在康平、法库、新民、沈北、东陵（浑南）、沈河等8个区县境内发现旧石器地点22处，采集打制石器1600余件。这些旧石器地点主要分布在沈阳地区北、中、东部区域辽河及其支流秀水河、柳河、浑河、蒲河等河流两岸的阶地上。沈阳农业大学后山遗址就是通过调查发现的22处旧石器地点之一。

这说明，即使在那个十分遥远的年代，生活在后山遗址的原始人也不是孤立的群体，仅在现在所说的沈阳这个地方，还有其他一些原始人群生存和活动。如果把考察的范围扩大一些，在整个辽宁地区，还有距现在40万年～30万年前属于旧石器早期的本溪“庙后山人”、距今30万年前的营口“金牛山人”。而喀左县鸽子洞遗址则与农大后山遗址同属于旧石器中期，都在距今10万年左右。旧石器晚期的遗址就更多了，在辽宁境内已经发现了十几处。可以说，在整个辽宁境内，在人类的起源阶段，已经在多地点燃了文明的火种。

10多万年前，沈阳这片土地就是适宜人类生存的沃土；10多万年前，沈阳就已经有了人类活动的身影，创造出人类文明曙光时期的沈阳文化。可以说，我们寻找沈阳的千年文脉，其源远流长，竟然在农大后山遗址那里找到了一个属于10多万年前的源头。

农大后山遗址的考古发掘还刚刚开始，只找到了人类生存的痕迹，还没有发现那时人类的遗骨化石。我们不知道这些人是从哪里来的，也不知道他们最后的踪影，更不知道他们是不是我们现在沈阳人的直系祖先，总之，还有许多未解之谜。但是，我们知道，早在10

多万年前，在沈阳这块土地上，就已经有了人类的活动以及他们所创造的早期文化。

此前，我们一直把新乐文化作为沈阳最早的文化源头，而“沈阳农业大学后山旧石器时代遗址的重大发现，将沈阳的历史从7200年提前到11万年左右。”[①] 这难道不令人感到振奋吗？

二　人类群星闪耀时

旧石器时代是一个极为漫长和荒蛮的时代。人类从猿，进化转变到人，经历了无数的风霜和劳苦，最后获得了一双劳动的手。他们用这双劳动的手点燃了火焰，制造粗粝的工具，采集自然赋予的食物，形成分散在世界各地的一个一个聚落，成为我们今天考古学家得以发现他们的遗存，获取他们当年生活信息的“文化”遗址。

最终，原始人类经历了一次前所未有的大变动，进入到新石器时代。这个大变动在世界各地先后发生，变动的实质是，人们不再是采集食物，而是开始生产食物。可以说，这是一次巨大的文化突破。“生产”活动成为“文明”的开端。

在世界范围内，新石器时代约开始于距今1万年前左右。新石器时代比旧石器时代在文化上有了巨大进步。在人类早期发展史上，发生过两次重大转折，改变了人类的生存方式。一次是学会控制火，从此人类便获得了光明、温暖和熟食；另一次则是食物的生产，从此，人类社会由攫取性经济向生产型经济转变，进入了改造自然、征服自然的新时代。第一次转折发生在旧石器早期阶段，第二次转折则发生在新石器时期。

旧石器时代，人们主要依靠采集和狩猎来维持生活。随着生产工具的进步，以及人类对自然的逐步认识，进入新石器时代以后，农业和家畜饲养业便取代了采集和狩猎的地位，成为首要的生产部门。人类由食物的采集者变成了食物的生产者。由采集食物进至生产食物，被称为“产食革命”。“旧石器时代向新石器时代的过渡，就是从

①姜念思：《沈阳史话》第261页，沈阳出版社，2017年第2版。

单纯的攫取天然产物的掠夺经济转变为以种植农业、饲养家畜为主的生产经济的过程。”[①]相对于以后的“工业革命”，又被称为“农业革命”。“新石器时代的出现，对人类社会历史来说是一次质的飞跃，有人把这种飞跃称作是一场‘新石器革命’。它对人类社会的历史发展有深远的影响。”[②]“新石器时代人类已经具备了文明社会的各项条件，特别是最为重要的社会生产方式的变化具有实质意义的差异，人类实际上进入了早期文明社会。”[③]美国历史学家威尔·杜兰说：“农耕是文化的第一个形式。”“人类的全部历史，可从两个革命来看：从狩猎到农业的新石器时代的过程，与由农业到工业的现代过程。没有其他的革命曾有如这两次革命的绝对真实或基本性。”[④]考古学家夏鼐指出：

> 有人以为“文明”这一名称，也可以用低标准来衡量，把文明的起源放在新石器时代中。不管怎样，文明是由“野蛮”的新石器时代的人创造出来的。现今考古文献中，多使用“新石器革命”（Neolithic Revolution）一名词来指人类发明农业和畜牧业而控制了食物的生产这一过程。经过了这个“革命”，人类不再像旧石器或中石器时代的人那样，以渔猎采集经济为主，靠天吃饭。这是人类经济生活中一次大跃进，而为以后的文明的诞生创造了条件。[⑤]

新石器时代的遗存在世界各地都有出现。中国的新石器时代文化遗存非常丰富，迄今已经发现有7000多处，遍布全国各地。年代大约起于距今8000～4000年。新石器时代有3个基本特征：

---

①苏秉琦主编：《中国远古时代》第31页，上海人民出版社，2010年版。

②游修龄主编：《中国农业通史·原始社会卷》第89页，中国农业出版社，2008年版。

③方汉文：《比较文明史——新石器时代至公元5世纪》第2页，东方出版中心，2009年版。

④［美］威尔·杜兰：《世界文明史》第1卷《东方的遗产》第4、117页，东方出版社，1999年版。

⑤夏鼐：《考古学论文集》下册，第677页，河北教育出版社，2002年版。

（1）开始制造和使用磨制石器；

（2）发明了陶器；

（3）出现了农业和养畜业。在新石器时代，人类开始从事农业和畜牧，将植物结实加以播种，把野生动物驯服以供食用。人类食物来源变得稳定。

农业革命最显著的影响是产生了“定居”这种新的生活方式，以及制陶、纺织、建房等新的生产方式。人类生活开始关注文化事业的发展，使人类开始出现了文明。

旧石器时代早期以来，人类择洞而居，是对天然居所的最佳选择。我国最早的人工居所，可能出现在旧石器时代晚期，比如前文提到的农大后山遗址，就有在野外搭建的窝棚之类的建筑。而较为固定的人工居所，是在新石器时代早期发展起来的。当时人们居住的房屋，大体有横穴窑洞、半地穴、地面营造和架空居住面的干栏式建筑几种形式。半地穴式和地面建筑属于土木混合结构，墙基由随地而起到挖槽筑基，墙体多为木骨泥墙，后来出现相当进步的土坯墙，居住面由硬土面、草拌泥进而到涂抹光洁的白灰面，房柱基础为夯砸陶片垫底、置放础石或木板等，间架形式有单间、套间以至连间之分，还开始在夯土台基上营造地面房屋。

中国的新石器时代不仅已具有相当高度的物质文明，而且在精神文明方面也初现辉煌。中国新石器时代的艺术创作往往与日常用品相结合，具有手工艺品的鲜明特点。绘画主要表现在彩陶和彩绘陶上。绘画、塑像和雕刻的内容，包括有人形、禽兽、鱼虫、花草、屋舍以及各种几何图案等，生动、朴实，图样千姿百态，姿态生动，石刻岩画更是蔚为壮观。原始歌舞则充分展现出先民们丰富的情感世界，陶埙、骨哨、陶铃甚至铜铃等乐器也有发现。古籍中关于乐器创制的记载和彩陶上集体舞蹈的图形，说明原始音乐、舞蹈已经成为先民生活的一部分。各种单体符号常见于陶器上，在有的文化中，先民创造出了各种复杂的刻划符号以记事，为汉字的出现奠定了基础。

20世纪70年代发现的河北武安县的磁山文化，以及河南新郑的裴李岗文化，是目前所知的最早的新石器时期文化遗址，距今约在

8000～7700年。磁山文化等已有较发达的旱地农业，种植粟、黍，养猪，并有较发达的磨制石器和陶器。裴李岗文化在中原地区延续了近千年，绝对年代距今约为8000～7000年，代表了中原地区仰韶文化以前的文化特征。

仰韶文化是黄河流域新石器文化的主流，分布广袤，遍及河南、山西、陕西、河北、陇东、宁夏、内蒙古南部、河南及湖北的西北部，包括整个中原地区及关陕一带。迄今为止，已经发现的仰韶文化遗址有一千多处。年代大约为距今7000～4900年之间，延续时间2000多年。仰韶文化以西安的半坡村遗址为代表。半坡遗址是一座新石器时期的村落，全面反映了当时人们的居住方式、社会生活、生产活动的各个方面。

紧接着，仰韶文化，在中原的晚期新石器文化是龙山文化，其分布更为广大，内容也更为丰富。中原的龙山文化，有河南龙山、陕西龙山与山东龙山之分，其中河南龙山文化为仰韶文化的直系后裔，分布在今日的河南省及晋南、冀南地区，主要沿着黄河的中下游。龙山文化遗址普遍出现小件铜器，有了中心聚落和最早的城址，如山东章丘城子崖城址，河南淮阳平粮台城址，湖北天门石家河和湖南澧县城头山的城址等。遗址中的房屋建筑出现分间式大型建筑，开始用白灰和土坯抹地、筑墙。陶器普遍采用轮制，出现大量的精美玉器，石器中钺、镞等武器明显增加。墓葬出现两极分化，大墓往往有棺有椁，有丰富、精美的随葬品；小墓则既无葬具，多数也没有任何随葬物品。

内蒙古东部辽宁西北部的红山文化是新石器文化的另一个重要区域。红山文化发源于东北西部，起始于五六千年前，分布广泛，北起内蒙古中南部地区，南至河北北部，东达辽宁西部，辽河流域的西拉木伦河和老哈河、大凌河上游。红山文化与中原仰韶文化同时期，是在发展中同中原仰韶文化相交汇产生的，是华夏文明最早的文化痕迹之一。红山文化延续长达千年，内涵十分丰富。其居民主要从事农业，还饲养猪、牛、羊等家畜，兼事渔猎。红山文化以祭坛、女神庙和积石冢为代表，极大地丰富了新石器文化的内容。

长江流域是与黄河流域同等重要的中华文明的发源地。在长江流域的新石器文化遗址，有四川巫山县的大溪文化、湖北京山县的屈家岭文化，以及长江中下游地区的浙江余姚河姆渡文化、浙江嘉兴县马家浜文化等。河姆渡文化有极为丰富的稻谷遗存和骨耜等水田耕作农具，大溪文化中房屋建筑往往用稻壳掺泥抹墙，陶器胎壁内也掺有大量稻壳。良渚文化是长江流域新石器文化晚期的代表，时间距今5000年左右，广泛分布在江苏南部、浙江北部从太湖到钱塘江周围一带。良渚文化有自己独立的发展过程，是中国早期文化发展的另一个中心。

这种情况说明，中华文化并非单一的起源。在广阔的中华大地上，分布着各种类型的新石器时代文化，它们位于不同的区域，有着不同的来源和发展关系，从而形成各具特色的灿烂文化。“由于我国幅员广阔，各个地区的气候和生态环境的差异较大，因而人们生产活动的内容和生活习俗存在较大差别。这就导致了不同地区的人们所使用的生产工具、生活用具、住屋等遗存的不同，即物质文化的不同。这是形成不同文化各具不同的区域特征的根本原因。”[①]考古学家苏秉琦提出“满天星斗”说，指出：“中华大地文明火花，真如满天星斗，星星之火已成燎原之势。”他还认为：

> 从中原到北方再折返到中原这样一条文化连结带，它在中国文化史上曾是一个最活跃的民族大熔炉，六千年到四五千年间中华大地如满天星斗的诸文明火花，这里是升起最早也是最光亮的地带，所以，它是中国文化总根系中最重要的直根系。[②]

因此，历史的真实图景可能是，在广袤的中华大地上，新石器文化多元区域性地发展，都对中华文明的最初形成做出了贡献。“中国

①游修龄主编：《中国农业通史·原始社会卷》第92～93页，中国农业出版社，2008年版。

②苏秉琦：《中国文明起源新探》第105～106页，辽宁人民出版社，2009年版。

新石器文化的分布是多区域并行的，各个区域文化都有连续的年代序列和独特的文化特征，是自成体系的文化谱系。……新石器时代各区域文化不仅是独立发展、自成体系的，而且各文化区域之间还不断地碰撞、渗透和融合，而长江流域东西相对的两个文化区分别受黄河流域东西相对的两个文化区影响。灿烂的中华文明正是在这些新石器文化的孕育下诞生的。”①

中华文化的“多元源头”是年代久远的，因此是具有历史深度的。多元起源，尔后，能够不是各自独立、分道扬镳，而是逐渐融合，互相取长补短，以某一种或几种强大文明为核心，广收博取，从而形成一个文化统一体，这个统一体既为全体文化单元所认同，同时各文化单元又保持自己的相对独立性和自身大同中的小异以至中异。历史学家许倬云说：“新石器时代的中国本部有好几个源远流长的文化体系相激相荡，文化的交换刺激，使文化内涵逐渐融合。文化集团间的竞争，创造了国家出现的条件。”②

考古学家李济说：“若从中国现代的文化向古时推，则到了新石器时代显然是一个大分划的开始。换句话说，传到现代的中国文化中若干最重要的成分方开始出现于新石器时代至青铜时代这一期间。”③

新石器时代离现在已经是相当久远的过去，但是，即便是在那个时候，东亚大陆已非茫茫荒原，漫漫长夜，而是展露出东方文明的曙光。在那个久远的过去，上古初民们筚路蓝缕，以启山林，在顽强的生存斗争中，创造了绚丽壮观的原始文化，并逐渐凝结成最初的文化共同体。正是在中华初民的文化创造中，蕴涵了民族历史文化的源泉，成为中国人智慧的起点。实际上，中国新石器时代主要文化中已经具有一些带有中国特色的文化因素，中国文明的形成过程就是在这些因素基础上发展起来的。

---

①廖明春主编：《中国文化发展史 · 先秦卷》第12页，山东教育出版社，2013年版。

②许倬云：《西周史》（增订本）第32页，生活 · 读书 · 新知三联书店，1994年版。

③李济：《中国文明的开始》第74～75页，江苏教育出版社，2005年版。

三　新乐遗址：闪耀在古文化的群星之中

中华大地文明的火花，如满天星斗，在这群星之中，沈阳地方也有一些星星，发出或明亮或暗淡的光。而作为沈阳新石器时代代表的新乐文化遗址，则是一颗耀眼的星。

1973年春，沈阳市皇姑区新开河北岸的台地上发现一处史前文化遗迹。因位于新乐电工厂宿舍附近，故名"新乐遗址"。经过1973年至1993年间考古学者们对遗址4次田野考古发掘，确定遗址分布面积约17.8万平方米，集居地约2.5万平方米，发现新乐下层房址遗迹44处，出土各类遗物3000余件，确定沈阳地区早期文化遗存中的上、中、下3层文化堆积及基本特征。

新乐上层文化以磨制石器和素面陶器、鬲、甗等为主要代表，距今4000~3000年；中层文化，以磨制石斧、细石器和附加堆纹陶罐、壶、钵为主要代表，距今约5000年；新乐下层文化的内涵主要以半地穴式建筑居住址和压印"之"字纹陶器、细石器、打制石器、磨制石器、煤精制品为主要遗物的新石器时代文化堆积层，距今约7200年。新乐下层文化具有丰富的文化内涵和鲜明的地方特色，是新乐文化的典型代表。

新乐下层文化距今约7200年。这是在一个什么时间坐标上呢？

河北武安县的磁山文化和河南新郑的裴李岗文化，是目前所知的最早的新石器时期文化遗址，距今约8000~7700年；分布广泛的仰韶文化，距今约7000~4900年；分布更为广泛的龙山文化，距今约4500~4000年；内蒙古东部辽宁西北部的红山文化，起始于6000~5000年前；良渚文化，距今约5000年。

从上面简单的对比可以看出，新乐文化正处在这些有代表性的新石器文化的中间时段上，还略早于比较相近的红山文化。此时，在中华大地上，新时期文化星罗棋布，遍地开花，而新乐文化则处在这百花园中，生长出属于自己的独特的花色，在人类群星璀璨之时，放射出自己的独特光芒。

再从地域空间来看，在新乐文化北边不远，有阜新的查海遗址，

沈阳新乐遗址

号称“华夏第一村”，距今8000年前；再北边是举世闻名的红山文化，距今6000年；而新乐遗址距今7000年，正好在查海文化与红山文化之间，会不会是从查海到红山之间的过渡形态呢？或者是，查海文化、新乐文化、红山文化共同揭开了辽海大地文明曙光的序幕。

总之，在新石器时代的时空坐标上，新乐文化都居于中间的位置，居于承前启后的位置。这一位置决定了新乐文化的丰富性和重要性。

新乐文化遗址是一处原始村落遗址。和许多新石器时期的遗址一样，这里的人们已经住在自己建筑的房屋里。新乐遗址中的房址密集，每隔3米～5米就有一处。其中3处大型房址面积约100平方米，呈“品”字形排列，坐落在诸房址中心，其布局与半坡文化很相似。中型房址仅有5座，面积39平方米～72平方米；剩下的均为小型房址，面积8平方米～35平方米。“中小型房屋为各家庭居住，大型房屋可能是氏族成员集会和公共活动或劳动的场所。”[①] 房址皆为半地穴式，平面呈圆角方形或长方形。部分房址发现有柱洞，有的柱洞多至

①姜念思：《沈阳史话》第8页，沈阳出版社，2017年第2版。

3层，柱洞内大多垫有陶片或碎石块。门道位于东壁或南壁，为斜坡式，但有的房址未发现门道。[①]

2014年，沈阳考古所又对新乐文化遗址进行了补充发掘。此次发掘发现距今7000多年的新乐下层文化的3座房址，均为半地穴式的小型房址，面积在10平方米左右。其中面积最大的一座房址呈圆角长方形，东西残长3.3米、南北残长3米～3.6米。在该房址中，出土了数量较多的夹砂陶片、石器、煤精制品等，有筒形罐、高足钵、磨石、石叶、煤精球等。在另一座房址中还出土了磨石、纺轮等。此外，还发现了距今3000多年的新乐上层文化的一座房址，为一个近椭圆形的半地穴式房址。沈阳考古所副所长赵晓刚说，房址出土了大量的夹砂陶片、少量的石器等，有壶、钵、罐、石刀、石镞，还有一片1.5厘米大小的玉器残片。这次发掘还发现一条环壕，整个环壕呈东北、西南方向，壕底有淤积层，证明当时是有水的。赵晓刚说，环壕向西南延伸的部分，推测有可能一直延伸到浑河古河道，可以理解为3000多年前的一座护城河。赵晓刚说，新乐上层文化壕沟在以往的其他地区考古发掘中多有所见，但在新乐遗址内还属首次发现。

新乐遗址的出土文物相当丰富，有石器、陶器、玉器、骨器、煤精制品、碳化木雕制品、碳化谷物、碳化果壳、赤铁矿石及石墨等。石器有磨制、打制和细石器三类，其中细石器数量最多，约占石器总量的百分之四十。有磨制精细的石斧、石凿、磨盘、磨棒、刮削器等。制造和使用磨制石器，是石器技术的一个重大进步，也是新石器文化的基本特征之一。

出土的骨制品种类比较多。下层房址出土的一枚骨柄长11.2厘米，从侧面观察，很像两片骨板黏合在一起，有一道较明显的合缝，用以镶嵌细石片，做复合工具之用。还有一枚骨锥，长10厘米，顶端宽1.4厘米，体扁平，尖部弯曲且锋利，是钻孔工具。

前面说过，在世界各地的新石器遗址中，普遍发现了大量的陶器。陶器的发明和使用，是人类自掌握取火技术和饲养家畜、栽培植物之后或同时取得的又一划时代的进步。陶器是人类定居生活稳定性

①姜念思：《沈阳史话》第5页，沈阳出版社，2017年第2版。

的一种反映，在人类智力发展和文化进步的过程中具有重要的意义，一直被作为新石器时代的主要标志。新乐遗址中有大量陶器出土，其陶器以夹砂红褐陶为主，数量约占陶器的百分之九十，还有少量夹滑石黑陶、泥质红陶和泥质灰褐陶，个别小陶器上有红陶衣。陶器的器型有“之”字纹深腹罐、高足钵、簸箕形器等。下层房址出土的斜线纹高足钵，高12.3厘米，口径19厘米，底径6.5厘米。红陶衣、高足，通身饰以抹压斜线和网格纹，是新石器时代的盛食器。新乐文化的陶器制作已经发展到比较高的水平。有学者将新乐遗址出土的陶器从器型种类、纹饰、质料、制作技术和工艺诸方面同河姆渡、裴李岗、兴隆洼等文化相比较，认为：“像新乐文化的陶器那样精致，无论器形之美、器壁之薄、压印纹饰分割之匀称、规律性之强，是各种文化中不多见的，有的陶器造型施纹，通身很难找出疵点，被专家们称为原始工艺品中不可多得的精品。”[①]

新乐文化陶器在纹饰上的特点是“之”字纹。“这种纹饰在东北地区的新时期文化中普遍存在。”[②]甚至在河南的裴李岗文化和河北的磁山文化遗址里，都发现陶器上有这种纹饰。而早于新乐文化的查海文化“之”字纹陶器是现在发现的最早的“之”字纹陶器，很可能就是“之”字纹的源头。

此外，还出土了大量碳化谷物、果核等物，说明新乐人已有了原始农业，在物质生产上具有一定规模。新乐遗址出土的碳化谷物，经辽宁农业科学院的专家鉴定，近似东北的大黄米，这种大黄米就是五谷中的“黍”。中国是世界上三大农业起源地之一，距今9000～7000年间，是我国原始农业文化发展的重要时期。粟和黍是欧亚大陆最古老的谷物之一。北方人把粟米叫作小米，黍即今北方谓之黄米。中国新石器时代遗址中出土有黍和粟的遗存的，据现有报道，共49处。[③]

---

①于崇源：《从沈阳新乐文化谈起》第22页，转引自彭定安总主编，顾奎相分卷主编：《沈阳文化史·古代卷》，沈阳出版社，2014年版。

②朱诚如主编：《辽宁通史》第1卷，第13～14页，辽宁民族出版社，2009年版。

③游修龄主编：《中国农业通史·原始社会卷》第163页，中国农业出版社，2008年版。

内蒙古兴隆沟遗址被考古界誉为“中华远古第一村”，该遗址出土的小米是目前欧亚大陆上所发现的具有直接测年数据的最早的小米遗存。根据专家们的研究，在距今8000年前后的兴隆洼文化时代，小米已经成为当地人日常食用的谷物。在不晚于距今6500年的仰韶文化时代，小米成为中国北方人口的主粮。而在新乐文化遗址中，已经有了黍的碳化谷物。和其他地方的新石器遗址的发现一样，新乐人已经享受美味的黄米，将其作为主要的食物。吉林社科院原院长佟冬主编的《中国东北史》指出：“新乐的原始农耕已经达到相当成熟的阶段”，“新乐下层文化的居民有着相当发达的原始农业，是我国新石器时代文化的重要发源地之一，与黄河流域的仰韶文化、长江流域的河姆渡文化占有同样重要的地位。”①

新乐遗址出土文物中还有极为珍贵的煤精制品和木雕艺术品。在2014年的补充发掘中，还发现了新乐下层文化的煤精制品，都是直径1.2厘米左右的煤精球，其中一个煤精球外形尤其精美，是不可多得的煤精制品中的精品。

新乐遗址的煤精从何而来？至今仍是未解之谜。有人认为，新乐人采用的煤精原料是从浑河上游，顺着古河道漂流来的，新乐人直接在河边采集得到。还有更大胆的猜想，认为抚顺在当时也有原始人的部落，当时部落之间通过物物交换来到这里。此外，煤精的用途至今仍是考古学家感兴趣的话题。有人认为，煤精制品与原始宗教信仰有密切关系，可能是预测“吉凶祸福”或“求神祭天”时所使用的一种占卜用具或祭祀用具，也有人推测是游戏工具和装饰品。

新乐遗址还发现了玉斧和玉凿式雕刻器，刃部锋利，有的刃部还留有使用的痕迹。此外，还发现了用作装饰品的黑色玉珠和白色玉珠。

在世界文化史上，一个有意思的现象是：西方重金而中国重玉，黄金和玉石甚至被认为是以欧洲为代表的地中海文明和以中国为代表的东亚文明的一个分野。中国玉石开采历史悠久，分布地域极广，蕴藏丰富多样。起源于北方西辽河流域的玉器生产以兴隆洼文化为开

①佟冬主编：《中国东北史》第1卷，第48、68页，吉林文史出版社，2006年版。

端，兴隆洼文化被确定为中国早期玉器的发源地。玉器是中国独特的艺术品，可以作为中国文化的代表或象征。玉，石之美，是人类从旧石器时代进入新石器时代时，在选制细腻坚硬、色彩美丽的石器的劳动过程中所得出的有关玉的广义的观念，体现了中国传统赏玉超越自然属性，包蕴精神品格的价值取向。这一点，我们在新乐遗址中也已经看到了。

辽宁省博物馆原馆长姜念思认为：“新乐的煤精制品的原料采自盛产煤炭的抚顺地区，玉器的材料可能来自岫岩。这说明新乐人已经有了一定的活动范围；这些材料也可能是与邻近的部落交易所得。”[①] 姜念思的这段话说明，新乐文化的产生和发展，不仅是“新乐人”的文化创造，而且也是与其他部族相互交流的结果。在那个遥远的时代，新乐人就已经和周边的部族有了不同程度的交换、交流和往来。

新乐遗址是我国辽河流域十分重要的史前考古学文化遗存，是东北地区新石器时代极具代表性的文化类型，被史学界定为“新乐文化”。在新乐文化中，有细石器、陶器和玉器，有农业，有半地穴式的居住房屋，雕塑等原始艺术形式，这些都是新石器文化的典型特征。新乐文化是很完整、很典型的中晚期新石器文化。新乐文化的发现，证明了辽河流域与黄河流域、长江流域一样，同为中华民族的发祥地。“新乐人留下的劳动足迹和活动遗址，不仅在沈阳地区，就是在辽海乃至在东北地区的新时期文化时代，都是开创了新时代的文化先河。”[②]

著名考古学家苏秉琦先生说：“沈阳市有“两宝”，一个是7000年前的新乐遗址所代表的文化遗存，一个是300年前清故宫及清陵所代表的早期清政权文化遗存。”一头一尾，相距7000年，正好概括出沈阳城市文化发展的脉络和轨迹。

继新乐文化发现之后，沈阳又相继出现了距今约5000年的偏堡

①姜念思：《沈阳史话》第9页，沈阳出版社，2017年第2版。

②彭定安总主编，顾奎相分卷主编：《沈阳文化史·古代卷》第17页，沈阳出版社，2014年版。

子文化，距今3000多年的高台山文化等重要遗址。在沈阳的土地上，“出土的原始遗址星罗棋布。大综实物证明，远古先民的足迹遍布沈阳原始大地，创造了令人为之骄傲的远古文化。透过那些凭着聪明才智创造的文物，依稀可看见远古先民迎着文明曙光，迈向人类文明的门槛。”①

四　木雕鸟还是“太阳鸟”

在新乐遗址的考古发掘中，考古学家清理出重要历史文物千余件，其中有石器（石斧、石刀、石杵等）、骨器（骨梗、骨锥、骨镞等）、陶器（筒型罐、刻花纹高足钵等）、木雕制品等。其中有一个木雕鸟最为引人注目。

新乐遗址出土的碳化木雕艺术品

这个木雕鸟出土于下层文化2号房址内，碳十四测定此物已有7300年的历史。出土时已经完全炭化，呈黑色，长38.5厘米，宽4.8厘米，厚1厘米，由嘴、头、身、尾、柄5个部分组成。除柄外，全身双面雕刻，阴刻纹饰基本一致，通体设计图案化，刀法娴熟流畅，线条刚劲细腻，其形宛如一只振翅欲飞的鸟，栩栩如生。木雕鸟的尾羽很长，几乎占了全身的二分之一，类似权杖。实际上，这个木柄是插于固定的部位，用于祭祀供奉所用。新乐博物馆原馆长周阳生说：“这件木雕品，完美的构图，流畅的线条，应是史前先民的思想感情、理想意念及综合心理的有机产

①彭定安总主编，顾奎相分卷主编：《沈阳文化史·古代卷》第17页，沈阳出版社，2014年版。

物，是远古先民为表达现实生活和精神世界而制作的精美的艺术产品。”[①]

图腾崇拜是原始文化的普遍现象。原始民族对大自然的崇拜是图腾产生的基础。运用图腾解释神话、古典记载及民俗民风，是人类历史上最早的一种文化现象。共同的图腾崇拜，使得同一氏族的人们由单线的血缘联系发展成为一种新的而且是共同的精神上的联系。通过图腾崇拜，原始的人类最初确认了自己和自己氏族在天地之间的归属。有的史学家考证说，新乐遗址出土的木雕鸟正是人们传说中的大鹏鸟，是距今7000年前新乐人的图腾。《庄子・逍遥游》中的神话故事中写道：“北冥有鱼，其名为鲲，鲲之大，不知有几千里也，化而为鸟，其名为鹏。”鹏鸟是鸟的一种，也是传说中的凤的别名。它的体态比一般的鸟大，尾部修长美丽，飞起来犹如凤起，很是壮观。古时候，人们一直把大鹏鸟当作祥鸟、神灵来对待。大鹏鸟的头大尾长，形体深厚，嘴阔可吞山河。它身上的羽毛排列整齐，身体修长，令人肃然起敬。

考古学家和历史学家们普遍认为，新乐遗址中出土的鸟器木雕，可能是鸟图腾的徽号。作家祝勇说：“天空中的飞鸟，用翅膀划出了它与人类的界限。作为大地与天空的连接物，在人类的早期思维中，鸟成了超越现实的灵物，一种带有神异色彩的生命。”[②]

鸟图腾崇拜在原始人的图腾崇拜中是一种常见的现象。中国自古有许多以鸟为图腾的部族。祝勇说，远古先民们的思维中，“鸟，成为一个可以彼此互通的公共性符号。”[③]据说，颛顼是黄帝的孙子，昌意的儿子，20岁时就当了部落联盟首领，在位78年，号高阳氏。颛顼传20世到帝喾。帝喾的妻子叫简狄。有一天，简狄在玄丘水（今青龙河）洗澡，吞下一只燕子下的蛋，从此怀孕，因难产而剖腹，生下了契。契是商族的始祖。《史记・殷本纪》说：“殷契，母曰简狄，

①周阳生：《新乐遗址出土的史前木雕品研究》，《中国历史文物》2009年第4期。

②③祝勇：《辽宁大历史：中华文明的抽样观察》第37页，东方出版社，2013年版。

有娀氏之女，为帝喾次妃。……三人行浴，见玄鸟堕其卵，简狄取吞之，因怀生契。”所以《诗经》说：“天命玄鸟，降而生商。”这说明，商族与有关的东北各族都是以鸟为图腾的。《史记·秦本纪》说：“秦之先，帝颛顼之苗裔，孙曰女修。女修织，玄鸟陨卵，女修吞之，生子大业。”因此，有人根据古籍所记女修吞玄鸟卵而生先秦始祖大业的传说，认为秦人的祖先是以玄鸟为图腾的。

古籍中能找到一些氏族的鸟类名号，如少昊部落就有凤鸟氏、玄鸟氏、青鸟氏、丹鸟氏等等。在中国南方的古代民族中，越人的图腾标志主要是鸟。居住在山东、江苏一带的东方各种夷人，据古籍记载，他们最初也是以崇拜鸟为主。古代辽宁地区最古老的民族东夷有一个分支，叫“鸟夷”，唐以后改成“岛夷”，“就是因为对鸟的崇拜，才得到这个名字。”[①] 一般说来，几乎所有的鸟图腾崇拜，都有关于鸟与人类祖先的神话传说，甚至在他们所崇拜的动物死了以后，必须像亲人一样，埋葬在一个固定的地方。

虽然鸟图腾是一个普遍现象，但新乐遗址出土的木雕鸟，“可能是我们目前所能见到最早的鸟形文物”。而“几乎与此同时的河姆渡文化、仰韶半坡、良渚文化的陶器图案中，也有大量的鸟类栖息。”[②] 河姆渡文化遗址中发现有双鸟朝阳象牙雕刻、鸟形象牙雕刻、圆雕木鸟，甚至在进餐用的骨匕上也刻有双头连体的鸟纹图像。有的学者提出，在原始文化中，不管是陶器上所饰鸟的图形，还是有动物形象的玉鸟，应以原始先民的“主要图腾来理解”。那些有喙与双眼，顶面和支脚外表饰刻画羽状的鸟图案，“就是新乐文化先民的一个图腾。”[③]

新乐遗址发现的这个木雕鸟被起了一个名称，叫“太阳鸟”，并且在1998年铸成20多米高的大型雕塑，贴上金箔，高高耸立在沈阳市政府广场，把它作为沈阳市的城市象征。金色太阳鸟雕塑的主体是3只交错拥立的神鸟，由花岗岩镶成的一轮金黄色的太阳将之缓缓托

①祝勇：《辽宁大历史：中华文明的抽样观察》第38页，东方出版社，2013年版。

②祝勇：《辽宁大历史：中华文明的抽样观察》第39页，东方出版社，2013年版。

③朱延平：《小山尊形器“鸟兽图”试析》，《考古》1990年第4期。

沈阳新乐遗址

起。神鸟双目炯炯，浑身披金，流光溢彩。尤其是长羽拖曳，昂首向天，势欲冲天的神势更令人叹为观止。据媒体的宣传说，整个雕塑既展示了沈阳城深邃的文化历史底蕴，又凸现现代化的浓郁气息，象征着沈阳人民在现代化的今天正如大鹏展翅，迎着朝阳，意气风发地翱翔在21世纪的万里晴空。沈阳市政府广场于1998年扩建改造，占地4万平方米，是目前中国东北最大的城市广场，广场南侧建造巨型“太阳鸟”雕塑，成为沈阳腾飞的象征。

但有的学者认为，太阳鸟雕塑虽气派、时尚，却与出土文物的历史文化内涵不相符。因为华夏文化中并无太阳崇拜，更无“太阳鸟”的名堂。古籍有“日中有乌”，是指乌鸦，且是“三足乌”。把新乐木雕鸟想象成古人崇拜太阳，向往光明，慈爱仁厚的产物，只是一厢情愿，是对华夏历史、文化的一种误读。许多学者都持这种意见。比如，曾经参与新乐遗址早期发掘的辽宁社会科学院学者张发颖先生，就坚决反对用“太阳鸟”来命名新乐遗址出土的这只木雕鸟。

所以，考古学家和历史学家们还是倾向称“木雕鸟”。

2010年，这个巨型雕塑在市政府广场傲然耸立了12年后，被搬迁于新乐遗址博物馆院内。返回到最初发现它的地方。

第二章　候城：第一座“沈阳城”

一　城市：走进文明的标志

新石器时代人类活动的基本空间是村落。上一章提到的新乐遗址就是一个原始人聚居的村落。而进入文明时代，比如在中国的商周时代，则出现了城市。城市的建立被学者们认为是形成原生型文化的标志之一。“城市、都邑是文明社会的概括，最早出现的文明，无一不是都邑国家或城市国家式的文明”①。在沈阳地方，新乐文化的出现，标志着这一地方是中华文明的起源地之一，是文明时代的序幕，而城市的出现，则是说明这一地方进入到文明的时代。

与中原地区相比，沈阳这个地方出现城市要晚许多时候。在夏商时代，中原地区就已经有了城市；而在沈阳，则是在战国时代之后。战国时代的燕国在沈阳地方建立候城，被认为是沈阳最早的城市，或者可以称为第一座“沈阳城”。

早在夏代，中原就已经出现了城市。《淮南子·原道训》中说：“夏鲧作三仞之城”。湖南澧县大溪文化城头山遗址，有我国已知最早的城址，城内分区布局很明显，地面铺江陶土块，有水井，有专门的制陶作坊区。我国发现最早的地下城堡遗址是河南淮阳平粮台城址。这座古城呈正方形，长宽各185米，有城墙、城门、门卫房。陶制排水管道、房基、陶窑、墓葬、灰坑等，已有相当城郭规模。这座古城遗址距今已有4300多年。

①王震中：《中国古代文明的探索》第254页，云南人民出版社，2005年版。

地处中原腹地洛阳盆地的二里头遗址，现存面积约3平方公里，遗址内发现有宫殿、居民区、制陶作坊、铸铜作坊、窖穴、墓葬等遗迹。出土有大量石器、陶器、玉器、铜器、骨角器及蚌器等遗物。这里是中国乃至东亚地区迄今可确认的最早的具有明确城市规划的大型都邑。二里头遗址初步被确认为夏代中晚期都城遗址，即夏斟鄩的所在地。

继夏之后的商代，城市已经很为发展，留下多处城市遗址。商代的城市主要分布在黄河中下游流域，著名的有商、殷、亳、蕃、雇、霍、孟等。商代城市建设不仅体现出建筑业的革新与发展，而且比较全面地反映出制陶、青铜铸造、竹木器加工、玉石制造业等各方面取得的成就，同时标志着商品交换的规模和交通运输的水平。商代兴起的城市经济，在整个社会经济中占有越来越重要的地位。城市作为商业经济的枢纽，在整个社会生产和经济发展中发挥着巨大的作用，商业逐渐成为城市经济的主要支柱，商业的经营者商人也因之逐渐成为城市居民中一种有影响的力量。

商代城市的发展在世界城市发展史上也占有重要的地位，是中国成为世界几个主要文明发源地的标志。

河南偃师尸乡沟发掘的商代早期城址，是20世纪中国的重大考古发现之一。这座城市已经具有了都城的规模和建筑群。高大的城墙用红褐色土筑成，建筑得非常坚固，城中的宫城与拱卫城组合配置，南部中央为一组建筑在夯土台基上的宫殿建筑群，周围有800米长的夯土围墙，形成宫城。宫城的东北和西南各由一座拱卫城。宫城和城内许多地方都发现了工程浩大的排水系统，包括石、木结构的水道和完全用石块垒砌的水道，呈暗沟形式。偃师尸乡沟的商代早期城市，是中原地区重要的政治、经济和军事活动的中心，表现出中国的城市建设已达到当时世界的先进水平。

河南郑州市区偏东部郑州商城的平面基本为长方形，城垣周长计6960米，其中南墙与东墙各长1700米，西墙长约1870米，北墙长约1690米，墙基最宽处达32米。城内分布着大面积的商代文化堆积，包括房址、水井等遗迹。城内东北部近40万平方米的较高地带，发现有大中型红土与黄土夯筑的台基遗存，可能是当时王室居住的宫殿区。城址外有同时期的居民区和铸铜、制陶和制骨等手工业作坊遗址。考古学家认为这座商代中期的都城，就是“仲丁迁于隞”的隞都。

河南安阳殷墟是商代后期的都城，与灿烂的青铜文化紧密联系在一起。殷墟是商代后期君主盘庚至纣统治期间的王都所在地，是当时的政治、经济、军事、文化的中心。城市遗址横跨洹河两岸，总面积在24平方公里以上。经过几代统治者的经营，城市规模不断扩大。考古学家在这座都城中清理出商王居住过的许多宫殿遗址，包括王宫的防御设施，还有大型的商王陵墓及数以千计的奴隶杀殉坑，城中有很多中小奴隶主及平民的居住遗址、墓葬，有规模宏大的铸铜作坊和制骨作坊遗址，还发现了水井、道路、排水管道等遗迹。

到了周代，城市建设又有了很大进步，城市建设从总体布局的概念已经形成，城市的规模区分得井然有序。周文王在沣水西岸营建丰京，将都城从岐周迁至丰京；周武王时在沣水东岸建立了镐京，即《诗经·大雅·文王有声》篇载：“考卜维王，宅是镐京”。丰京是宗庙和园囿的所在地，镐京为周王居住和理政的中心，合称“丰镐”。丰镐是西周王朝的国都，历史上最早称为“京”的城市，作为西周首都沿用近300年，所以又称“宗周”，位于陕西西安长安区。丰镐两京的遗址面积总计近17平方千米，是一个巨型都城遗址。

丰镐是中国历史上第一座规模宏大，布局整齐的城市，开创了中国城市平面布局方整、宽畅、宏伟的先河，建构了中国城市平面布局的总规制，成为后来城市总体布局的典范。《周礼·考工记》说：“匠人营国，方九里，旁三门；国中九经九纬，经涂九轨；左祖右社，面朝后市，市朝一夫。”这里的“国”，即国都。它是一座方形的城，其总体布局为城的每面有3个城门，即都城12门。有南北向的街道9条，东西向的街道9条，即九经九纬。也就是说，通向每个城门的有3条平行的街道，构成左出右入，车从中央的街道格局。

《诗经·大雅·绵》上说：“周原膴膴，堇荼如饴。爰始爰谋，爰契我龟。曰止曰时，筑室于兹。”《史记·周本纪》说：“营筑城郭室屋，而邑别居之，作王官有司。”有学者据此推断“当时周人的管理，统治机构即国家机构已初具规模，并在日益完善，周人已跨入城邑国家的文明门槛”。[①]

二　秦开：候城的开创者

当中原地区的城市发展已经有了上千年的历史之后，城市这种文明形态才在沈阳地方出现，这都归因于战国时代的燕国在东北的拓展与开发。

西周末年，内外矛盾激化，王室统治式微。在内乱和外族入侵的交织打击下，周平王于公元前770年放弃镐京，迁都洛邑。从此，周王室的经济政治实力一落千丈，其地位和权威急剧衰落，虽然还保留着“天下共主”的名义，但远不能像以前那样号令天下，“礼乐征伐自天子出”变为“礼乐征伐自诸侯出”。诸侯争霸、大国兼并、大夫专权、战乱频仍，整个社会处于大变动之中，社会阶级阶层关系发生重大改组，政治统治方式进行了重大的“变法”改革。春秋时期有“五霸”之说，鲁、齐、晋、秦、宋、郑、吴、越是当时的主要诸侯国。公元前453年，韩、赵、魏灭掉智氏，三家分晋，以此为战国时代的起始标志，至公元前221年秦统一六国终止，战国持续了200多年。战国时期，就是各诸侯国相互征战讨伐的时代。诸侯兼并战争更为剧烈，“万乘之国七，千乘之国五，敌侔争权，盖为战国。贪饕无耻，竞进无厌；国异政教，各自制断；上无天子，下无方伯，力功争强，胜者为右；兵革不休，诈伪并起。”这里说的“万乘之国七”，是指齐、楚、燕、韩、赵、魏、秦七国，史称“战国七雄”。

在战国七雄中，北方的燕国将辽东地区划入了自己的直接管辖之下。因此，我们讨论的沈阳文化，也就是在这个时代，通过燕国的直接管理统辖，与中原文化发生了联系，纳入中华文化势力的版图。

实际上燕国立国非常早。公元前11世纪周武王克商后，周武王封召公奭于燕，召公奭长子燕侯克代封，当时燕国的疆域范围大致为

---

①王震中：《中国古代文明的探索》第255～256页，云南人民出版社，2005年版。

秦开塑像

今天的北京、天津、辽宁的全部，朝鲜、河北、吉林、山西、内蒙古的一部分。

自古以来，北方草原民族就是中原的主要边患威胁。在燕国，主要的危险来自北方的“山戎”和“东胡”部族。“戎是商周时期北方少数民族的一种泛称，山戎是戎族之一部。”“山戎是活动在今河北和辽西地区的一部分戎族人。”① 其势力范围一直延伸到燕山南麓。“有的研究者认为，山戎是东胡之先，西周、春秋时称山戎，到战国时统称为东胡。总之，山戎和东胡是商周时期东北地区以游牧为主的少数民族部族。”②

山戎部族在春秋时期非常强大，经常入侵燕国，成为当时“病燕”的一大边患。鼎盛时期还曾经“越燕而伐齐”。《春秋谷梁传》载：“桓外无诸侯之变，内无国事，越千里之险，北伐山戎，为燕辟地。”公元前664年，山戎伐燕，燕向齐求救，齐军救燕。这一次，齐国不仅消灭了山戎，还为燕国向北拓展了土地，燕国一下变成了一个大国，成为齐国的北方屏障。这就是春秋时期的重大事件“尊王攘夷”。在尊王攘夷运动中，齐、晋、秦等国向北和西北方面的进攻，

①②朱诚如主编：《辽宁通史》第1卷，第54页，辽宁民族出版社，2009年版。

阻止了北方游牧民族的南下。

在战国七雄中，燕国不是一个强国。但在燕昭王时，燕国达到兴盛。公元前320年，燕国发生内乱。齐国乘机攻占了燕国。赵武灵王不愿看到齐国对燕国的占领，联合楚国，把流亡在韩国的燕国公子职请到赵国，立为燕王，派人护送回燕国即位，即是燕昭王。燕昭王即位后，招贤纳士、励精图治，经过近20年的经营，国力大增，军事力量也明显增强。于是，他发动了伐齐之战，连下齐七十城，齐国几乎灭国。几乎就在同时，他还派大将秦开袭破东胡，迫使东胡从燕国东北部后退千余里，燕国领土向东北扩展到辽东一带。

"此时，山戎早已破灭，北方另一支游牧部族东胡又南下取代了山戎，继续成为燕国北部的威胁。"[①] 关于这个"东胡"，是中国东北部的古老游牧民族。与濊貊、肃慎并称为古东北三大民族。"东胡最早活动在今西拉木伦河和老哈河流域，后来南渐到大凌河上游和滦河上游一带。考古学者普遍认为，分布在辽西和内蒙古地区的夏家店上层文化就属于山戎—东胡的文化遗存。"[②] 早在商朝就有东胡的活动记载。自商代初年到西汉，东胡存在了大约1300年。"作为游牧民族的一支，东胡在历史上闻名已久。从战国末期到汉朝初期，东胡一支是北方（包括辽宁）历史的主角。""他们游牧辽河，征战四方。战马以血作烙印，始终散发着不朽的野性。"[③] 东胡居住在中原的燕国和赵国北部，与燕国和赵国的接触比较频繁。燕国的东北从上谷（河北怀来县一带）至辽东一带，经常遭受东胡的侵扰，东胡和赵国也是战事频繁。战国时期东胡最为强盛，号称"控弦之士二十万"。以每户5人出一控弦之士计算，东胡盛时的人口达到100余万。

燕昭王所派征伐东胡的大将军是秦开。这位秦开曾经在东胡做过人质。关于秦开的出身和身份，没有文献说明。但能被派到东胡去当"人质"，想必是一个很重要的人物，一定是名门望族出身。几十年以

①姜念思：《沈阳史话》第25页，沈阳出版社，2017年第2版。

②朱诚如主编：《辽宁通史》第1卷，第55页，辽宁民族出版社，2009年版。

③祝勇：《辽宁大历史：中华文明的抽样观察》第91～92页，东方出版社，2013年版。

后，燕国太子丹曾派荆轲去刺杀秦王，有一位跟随荆轲一同前往的志士叫秦舞阳，就是秦开的孙子。

在做人质期间，东胡人非常信任秦开，于是他借机掌握东胡的风土人情、军事地理等情况。一次贩马途中，蓄谋已久的秦开脱离队伍，恰巧遇见燕国的巡防队伍，便跟随他们回到燕国。

秦开在东胡待了将近十年时间。回国后，由于他有在东胡作人质的经历，对东胡的情况十分熟悉，燕昭王委任他为大将，率军迎战东胡。秦开率领燕军自西向东，由妫水流域（今延庆境内）向密云地区的渔水（今白河）、鲍丘水（今潮河）流域推进，一路斩关夺隘，马踏平川，东胡军虽奋力抵抗，却无法阻挡燕军凌厉的攻势，只得一路退却，燕军乘胜追击，接连收复失地。在连连胜利之下，燕军士气更加旺盛，一鼓作气向东北追歼东胡，使东胡的势力向北退却了千余里。“东胡原来活动的南界约在今朝阳以北和大凌河上游一带，被燕军击溃后退到了赤峰以北的西辽河上游地区。”[①]《史记·匈奴列传》记载说：“燕有贤将秦开，为质于胡，胡甚信之。归而袭破走东胡，东胡却千余里，与荆轲刺秦王秦舞阳者，开之孙也。”当时箕子朝鲜欲乘机称兵欲动。这时的朝鲜，就是商朝灭亡时东走朝鲜的箕子所建立的王朝。秦开乘破东胡的劲风，率军向东渡过辽水进攻朝鲜半岛，取地二千余里，至满番汗（今朝鲜安州一带）为界。《三国志·东夷传》注引《魏略》说：箕子朝鲜“后子孙稍骄虐，国人离志，燕乃遣将秦开攻其西方，取地二千余里，至满番汗为界，朝鲜遂弱。”

秦开却东胡后，沿着北部边界从东到西修筑了一道长城，以加强军事防御，防止东胡卷土重来。这是战国时最后出现的一条长城。历经千百年，长城已经成为中华民族的一个巨大的文化符号。长城“有一种气吞万里的气势”，有“一种巨大的震撼力量，与千军万马的磅礴气势遥相呼应。”[②]“燕的北长城，仅就辽宁境内发现的遗迹来看，修筑得十分坚固，工程浩大，气势宏伟，突出表现了它作为军事防御

①朱诚如主编：《辽宁通史》第1卷，第87页，辽宁民族出版社，2009年版。

②祝勇：《辽宁大历史：中华文明的抽样观察》第100页，东方出版社，2013年版。

工事的特点。其城墙的构筑，多就地取材，因地制宜，有石筑、土筑和利用天然屏障略加修理的山险墙等几种墙体。”“沿主体城墙按一定的距离分别建有烽火台、障城，而且都建在长城的南侧。”[①] 关于辽东长城的意义，林声、彭定安主编的《中国地域文化通览 · 辽宁卷》指出：

> 辽宁地区的长城史迹，作为中华长城史迹的组成部分，承载着历代长城文化的深刻内涵。
>
> 中华长城从公元前6至5世纪的春秋战国之际开始，已经栉风沐雨经历了2500多年的历史沧桑。仅以辽宁地区而论，它的修筑如从战国燕将秦开“却胡千里”、开拓辽东等“五郡”开始，已至少有2300年以上的历史。长城的史迹，作为现存中华大地上体量最大、延续最长、工程最浩繁、地域最辽阔的文化史迹，其悠久的历史文脉、宏伟的建筑结构、多元的社会功能和深邃的文化内涵，在中华历史文化遗产中一直处于领军地位。[②]

燕长城的主要防御对象是东胡人。作家祝勇说：“没有东胡人，就不会有燕长城。东胡人可以被视为长城的建造者之一。是他们与中原的汉人们共同构筑了那条漫长的血线。”“与齐、楚长城不同，这是一条在中原民族与少数民族之间建立的第一条隔离带……这条自造阳至襄平的厚实的石墙，把东胡人的呐喊与马嘶隔在了外面。”[③]“燕国与东胡在辽宁的山岭间进行过无数次拉锯似的战斗，战线如同一条晃动的绳索，在南北方漂泊不定。随着长城的节节长高，游动的战线，终于在长城沿线上，即辽宁的北部边缘，固定下来。辽宁的北部边界，也就成了整个燕国的北部边界。东胡人像潮水一样退去了，他们

①朱诚如主编：《辽宁通史》第1卷，第91页，辽宁民族出版社，2009年版。

②林声、彭定安主编：《中国地域文化通览 · 辽宁卷》第241～242页，中华书局，2013年版。

③祝勇：《辽宁大历史：中华文明的抽样观察》第105、121页，东方出版社，2013年版。

的地盘收缩到燕长城以北。辽宁的统治权，也由东胡人（乌桓人与鲜卑人），转交到汉人手中。”[①] 另一方面，“长城的修筑，大批士兵的到来，对于中原文明传向北方，开发长城地区的经济文化，沟通边境与内地的交通往来，也都具有十分积极的意义。”[②]

秦开建燕长城所经的地方，《史记·匈奴列传》记载：“燕亦筑长城，自造阳至襄平。”姜念思说：“司马迁所说‘造阳至襄平’，不是指长城从造阳城到襄平城，而是以造阳和襄平代表上谷郡和辽东郡。也就是说，燕长城的西端起点应在上谷郡的西部边界，东端起点应在辽东郡的东部边界。”[③] 据专家考察，燕国的北长城，西起于今河北省张家口、宣化，向东北行，进入内蒙古境多伦、独石，经河北省围场之北，东行，过内蒙古赤峰、敖汉旗，入辽宁省朝阳，越医巫闾山，跨辽河，折而南至朝鲜清川江北岸。“秦朝所修的万里长城，是在战国时期列国所修长城的基础上又进一步加工而修筑起来的。……经过辽宁境内的秦长城，基本上是沿袭战国燕北长城的外线，其走向大体上是一致的。”[④]

燕长城由西向东而来，沈阳应该是必经之地。考古专家们一直在寻找长城在沈阳地区的遗存，最后在法库叶茂台西山、北山找到了燕长城遗址。考古专家冯永谦先生认为，这是沈阳境内现存最明确、也是最完整的一段燕长城遗址。燕长城从彰武东六家子乡进入法库，经叶茂台西山西北坡、叶茂台北山北坡向东而去。这一段燕长城遗址长度约2000多米，由于101国道自叶茂台西山、北山穿行而过，因此这段长城被截为两段，叶茂台西山一段，基本处于山脚下北山一段在山腰位置。

“燕在北逐东胡之后，第一要事就是筑长城，长城从来就不是一道孤立的城墙，而是由大量建筑组成的严密体系。而长城的建设是与建郡设县密不可分的。战争结束及备战时期，军事指挥系统及枢要都

①祝勇：《辽宁大历史：中华文明的抽样观察》第127～128页，东方出版社，2013年版。

②佟冬主编：《中国东北史》第1卷，第239页，吉林文史出版社，2006年版。

③姜念思：《沈阳史话》第33页，沈阳出版社，2017年第2版。

④朱诚如主编：《辽宁通史》第1卷，第108页，辽宁民族出版社，2009年版。

要有个稳定的驻地。”[①] 因此，在建造长城的同时，秦开还建立了上谷、渔阳、右北平、辽西、辽东五郡，管理地方，燕在幅员上一跃超过赵、齐、越三国，仅次于秦、楚，在列国中位居第三。

“秦开拓疆东北所设的五郡，其中的辽西和辽东郡之地，原来应是箕子朝鲜的领地或势力范围。而上谷、渔阳、右北平郡之地原来则应是东胡人的活动地区。”[②] 在这五郡中，辽东郡的郡治在襄平，位置在今天辽阳市的老城区，辖区从医巫闾山以东直至朝鲜半岛北部，包括整个辽东半岛。“郡县制是中国封建社会中地方管理上的一项重要措施，也是中国封建统治的一大特点。燕在东北南部设郡置官，有助于比较牢固地把这一地区置于自己有效管辖之下，这对于加强东北南部的开发，推进东北南部封建制的发展，都起了十分积极的作用。”[③]

燕将秦开袭走东胡，建长城，设郡县，将先进的生产方式和进步的社会制度扩展到东北地区。“辽东等五郡设置之后，中原封建文明之风迅速吹倒东北地区，经过燕国近80年的经营开发，包括沈阳在内的辽东地区，面貌发生了很大的变化。”[④] “辽东郡的设置是东北地区进入中华文明体系的转折点，是新的历史时期开端的标志。”[⑤] 林声、彭定安主编的《中国地域文化通览 · 辽宁卷》指出：“随着燕文化的传入并深入到当地民族生产、生活中，从政治体制到思想观念，都得到传播和接受，两种文化逐渐交融。这显示了辽宁在东北地区最早开发的态势和成就；汉文化传播到郡县以外的少数民族地区，辽宁以至东北地区的文化开发，以此伊始。从此展开了秦汉、魏晋南北朝直至隋唐千余年的辽宁文化开发以及与中原文化汇合交融的生动壮阔的历史画卷。”[⑥]

---

①彭定安总主编，顾奎相分卷主编：《沈阳文化史 · 古代卷》第49～50页，沈阳出版社，2014年版。

②朱诚如主编：《辽宁通史》第1卷，第88页，辽宁民族出版社，2009年版。

③佟冬主编：《中国东北史》第1卷，第235页，吉林文史出版社，2006年版。

④姜念思：《沈阳史话》第35页，沈阳出版社，2017年第2版。

⑤李仲元：《古候城考》，《辽宁大学学报》哲学社会科学版1999年第4期。

⑥林声、彭定安主编：《中国地域文化通览 · 辽宁卷》第6页，中华书局，2013年版。

所以说，“秦开破东胡、筑长城、设五郡，在东北历史上是一件大事。”[①] 姜念思认为，这件大事发生在公元前300年至284年之间。“所以，宋代以来，多数史学家都把燕置辽东等五郡的时间定在公元前300年。”[②]

沈阳地区当年就属于辽东郡治下。《汉书·地理志》载：“辽东郡（秦置，属幽州）……县十八：襄平、新昌、无虑（西部都尉治）、望平、房、候城（中部都尉治）、辽隧、辽阳、险渎、居就、高显、安平、武次（东部都尉治）、平郭、西安平、文、番汗、沓氏。”这是历史文献中首次具体记录了辽东郡县的文字，也是首次出现候城的记载。沈阳最早的“城”即“候城”，应该“始建于战国，是和辽东五郡同时修建的。”[③]

“最初，沈阳的候城可能是长城塞上的一座障城，后升为县城。”[④] 沈阳民俗学家齐守成说，古代城、市有别，市乃市井，有城未必有市。所谓“候”（四声），原本写作“堠”，“堠，古代军事上用于瞭望敌情的土堡”。也就是说，所谓的候城，最初只是一个用于军事目的的堡垒，“就像长城上的每一个烽火台，只不过这个土堡是不相连的。”由于军队的进驻，才逐渐形成规模，然后在这里建了城。

这样说，即可以肯定，秦开就是第一座“沈阳城”的开创者。

这样，也就可以说，沈阳的建城史应该是在公元前300年，也就是距今2300年。

三　寻找候城

那么，作为第一座“沈阳城”的候城具体在什么位置呢？姜念思指出：“候城位于辽东郡首府襄平北60公里的浑河北岸，临近长城，确有瞭望敌情、守护边境的作用。西汉时，候城又成为中部都尉治，

①姜念思：《沈阳史话》第26页，沈阳出版社，2017年第2版。
②姜念思：《沈阳史话》第27页，沈阳出版社，2017年第2版。
③姜念思：《沈阳史话》第23页，沈阳出版社，2017年第2版。
④姜念思：《沈阳史话》第32页，沈阳出版社，2017年第2版。

负责辽东郡中部一线的长城防卫。可见，候城最初的设置主要在于军事方面，但由于在此基础上建立了县一级建置，成了一个地区的政治中心，这就为它的发展提供了条件。”①

“东汉安帝永宁二年（121）候城毁于战火，自此以后，史籍中不见候城县的记载。若从公元前300年算起，候城县历经420年而灭，这是在今沈阳这块土地上出现过的第一个城，也是第一个县治，但最终湮灭于历史的长河中。”②

当年的候城的具体位置在什么地方？史学家和考古学家们一直在寻找。寻找候城，“也就是探寻沈阳城市史的源头、起点和确切定位。”③

许多学者将候城推定在今沈阳附近，或定在沈阳北，或定在沈阳南，也有人认为在沈阳市内。沈阳学者李仲元指出：“从候城在辽东郡所处的地理位置看，它应在现今沈阳市区之内，辽东郡治襄平（今辽阳）之东、西、北为三个都尉的防区：东部都尉设武次县（今凤城市）；西部都尉设无虑县（今北镇市）；中部都尉设候城县。候城东连武次，西接无虑，南通襄平，互为犄角，互相策应，成为北部长城防线中间的一个重要环节。作为郡治襄平的北面屏障，临近长城的边防斥候之城，其位置在沈阳市区最为合适。”④

1942年，日本人黑田源次、上原文节等在长沼公园（今南湖公园）发掘了沈阳市第一座汉墓，这是有记载的沈阳市第一次明确发现辽代以前的遗存。1958年，在沈河区热闹路热爱里一号院内发现了沈阳市第一座战国墓。1980年在大东区新光机械厂的仓库院内发现一座战国墓。这两座战国墓均为土坑木棺墓，从出土的鼎、壶、豆、盘等明器的形制来看，与河北的百万村、燕下都战国墓出土的陶器基本相同。这些发现“证明战国时期，沈阳附近已经有人类居住。”⑤ 20世纪70年代以来，先后在东陵区五三乡的营城子村，苏家屯区白清

①姜念思：《沈阳史话》第34页，沈阳出版社，2017年第2版。

②彭定安总主编，顾奎相分卷主编：《沈阳文化史·古代卷》第49页，沈阳出版社，2014年版。

③④李仲元：《古候城考》，《辽宁大学学报》哲学社会科学版1999年第4期。

⑤姜念思：《沈阳史话》第28页，沈阳出版社，2017年第2版。

寨乡的和顺村，辽中区老观坨乡的吴家岗子村，沈北新区的望滨乡，于洪区马三家子乡的老龙头村，市内旧城区和三经街等地发现了大量的战国刀币、布币窖藏，反映了战国时期沈阳地区就已是中原大家庭中不可分割的一部分，并保持着密切的经济贸易交往。

沈阳热闹路出土的战国陶鼎

1971年和1975年，考古工作者先后在沈阳故宫大政殿前和盛京路北侧的沈阳市公安局沈河分局院内发现了从战国至清代的大型遗址。两处遗址文化层均厚达6米，第四层为战国汉代层，厚约1.5米。沈阳故宫与沈河区公安分局仅仅相隔一条沈阳路，两处地层堆积又完全相同，所以应为相连的一个遗址。这个遗址始于战国至汉代。在战国汉代文化层，考古工作者们发现了一处夯土台基。台基平面呈“凸”字形，南北长10米、东西宽8米，最高处存高约3米，其中出土了大量战国晚期绳纹板瓦、筒瓦，以及汉代“千秋万岁”瓦当等建筑构件。此外，还发现了两口古井：一口用青砖砌筑井壁；另一口用15节釉陶井圈上下套接而成。陶井附近出土一只陶罐，里面盛满战国晚期流通货币“一化”（一刀）小铜钱，估计在千枚以上。与此同时，还出土了战国、秦、汉时期的陶器残片、钱币等生活用品。这些发现不仅说明在沈阳老城区地下存在着丰富的战国至汉魏时期遗存，而且说明这里非一般居住址，而具有城址的特点，似是官署所在地。

沈阳学者李仲元认为：“对上述遗址遗物可做以下分析：第一夯土台基为大型建筑遗址，非为一般民居。第二，‘千秋万岁’瓦当等为官署建筑之构件，亦非民居所用。第三，水井密集，大型深井说明用水量大，人口众多。第四，货币窖藏可为经济发达提供物证。第

宫后里城墙遗址发掘现场

五，遗址遗物可证其年代上限为战国，延续两汉，直到现代。”①

姜念思说：“这一重要发现为考察沈阳城的历史提供了重要资料，有人认为这可能是候城遗址。”②

1993年3月，在沈阳故宫北墙外修建商业建筑东亚广场时，发现了一段古城墙。一位曾亲临挖掘现场的考古专家介绍，当时发现的遗址东西走向，长度有170余米，最高处的残体高2米以上，城墙东西走向，黄土夯筑，夯层每层厚13厘米左右，夯窝密集，清晰可见。最西端还可看出墙体向南拐弯的迹象，可以证明此处即为城墙的西北角。从遗迹和出土文物可以确定，这段城墙经过3次修筑，第一道城墙的始建年代为战国时期，第二道和第三道城墙修筑于汉魏时期。

在城墙的北侧，还发现了当年的护城河遗迹，可知这段城墙属于古城的北墙。从该墙体西北角向东约120米，还发现了大量经过火烧的草拌泥以及瓦片等。考古人员分析，这些遗迹可能是城门楼被火烧后，倒塌而形成的。据此判断，此间可能是城址北门所在地。由于城门应该居于城墙正中位置，所以，该城址北墙的总长度，应该为240米左右。在城墙内外，还发现了大量战国、汉代板瓦、筒瓦等建筑构件和瓮、釜、甑等陶器残片，还有半两、五铢等钱币以及铜箭镞、木箭杆等兵器，这说明当时城内有大量的军队驻守。

李仲元指出：“古城址的发现可做以下分析：第一，墙体长宽高度等规制和施工状况说明，非为衙署、民居之院墙，具典型之城墙特

①李仲元：《古候城考》，《辽宁大学学报》哲学社会科学版1999年第4期。

②姜念思：《沈阳史话》第29页，沈阳出版社，2017年第2版。

点。第二，城址在古遗址之北，距离很近，遗物亦属同一类型，是同时期建筑。第三，墙体北侧之人工河为当时的护城河。第四，城墙3次修筑，说明此城战国始建，两汉续修，延续使用年代很久。”①

根据考古发现，以及文献资料记载，经史学家考定，沈阳古城址，即为汉代辽东郡十八县之一的“候城县”。通过考古学者们的调查，可以勾勒出“候城”的大致范围——以现在的兴隆大家庭为一侧，正阳街到朝阳街的区域。而且城的位置就在沈阳的老城区，其规模大概在每边200米左右。

冯永谦在《沈阳初置候城考略》中对候城城址规模提出看法，认为：

> 候城的北城墙，经考古发掘，在沈阳清故宫北墙外20米处作东西走向；西城墙，即在清故宫西墙范围内向南直角折入清故宫内，其位置在清代旧城小北门至小南门间作南北走向现称“正阳街”的东面，西墙南行大约在包括沈河区公安分局在内的东西一线折向东去；南城墙，在西城墙东折后向东延伸，在未至清旧城大北门至大南门间作南北走向现称“朝阳街”的西面；东城墙，应在朝阳街之西，即清故宫东墙外的沈河区消防队的东西南北通过，其位置绝不会到朝阳街……城墙每边长度大约200米左右。

候城遗址的发现令考古学家和历史学家们十分兴奋。他们一直在寻找候城，寻找沈阳的城市源头。现在，找到了，就在沈阳故宫附近，就在现在沈阳的老城区。

候城城墙遗址的发现引起学术界的高度重视，在全国产生了重要影响。辽宁省的许多著名考古专家和辽宁大学历史系的师生都曾到现场进行实地考察，著名古建筑学家罗哲文也专程从北京赶来现场考察。

姜念思说：“这段城墙的发现意义重大，它为沈阳城找到了根，

---

①李仲元：《古候城考》，《辽宁大学学报》哲学社会科学版1999年第4期。

解决了多年来没有解决的沈阳城的始源问题。”[①] 李仲元说：“据文献分析和考古证明，候城遗址就在沈阳老城的中心。也就是说，今天的沈阳市就是在燕、秦、汉的候城遗址上发展起来的。从候城到以后的沈州、沈阳，从未移动过位置，是一座具有二千多年连续历史的古城。”“沈阳，作为历史古城，从无到有，从小到大，古候城是光辉的起点。”[②]

历史学家顾奎相说得更为直接：候城的“历史及文化意义是划时代的，自此，沈阳地区正式进入中原版图，为沈阳成为历史悠久的文化名城迈开了第一步。”[③]

专家们一致呼吁保护好这一个带有深刻历史记忆的古城墙遗址，留住沈阳城的这个根。但是，对于学者们的呼声，听者藐藐。巨大的商业利益追求以及对文化的漠视和轻蔑，完全淹没了学者们痛心疾首的陈词。“没有允许考古工作者充分的发掘，只是抢救性地清理了古城的北墙西段和西北角拐弯部分约170余米。而且，这段可以作为沈阳城历史见证的重要遗迹也没有保存下来，已经被永久地压东亚广场（今兴隆大家庭）下面了。”[④]

历经几代学者的艰辛努力，终于在千呼万唤之中找到了候城遗迹这个沈阳城市的源头，又被冰冷无情的水泥浇灌在下面，令其彻底损毁，永无出头之日。

这是沈阳文化历史上永远的痛点。

---

①④姜念思：《沈阳史话》第29页，沈阳出版社，2017年第2版。

②李仲元：《古候城考》，《辽宁大学学报》哲学社会科学版1999年第4期。

③彭定安总主编，顾奎相分卷主编：《沈阳文化史 · 古代卷》第50页，沈阳出版社，2014年版。

第三章　皇太极时代的文化跨越

一　从卫城到都城

东汉安帝永宁二年（121），候城毁于战火。自此之后，史籍中不见候城县的记载。“在史籍中对今沈阳之地再次有城的记述已是辽代。”[①] 辽太祖耶律阿保机迁大批民户于沈阳地区，921年，于今沈阳大北门长安寺附近建三河县，后改称乐郊县。928年，辽太宗耶律德光于乐郊县筑土城，称“沈州”，将在原渤海国基础上建立的东丹国举国南迁至沈州，使沈州人口显著增加，经济出现繁荣的景象。此时的沈州城，居住人口达三万余户，周边辖有五县，成为辽东一颇具规模的重要州城。

金末元初，沈州城因连遭兵火而几为废墟。经过四十余年的荒凉废置，1266年，元世祖忽必烈于废墟之上重建城郭，改沈州为“沈阳路”，归辽阳行省管辖。这是“沈阳”这一名称第一次见诸史册，而镌刻有“沈阳”一词的实物见证——元代“沈阳城隍庙碑”现藏于沈阳故宫内。沈阳路辖乐邦、章义、辽滨、进城四县，发展成为一座拥有5000多户、多个民族共同生活的州城。

“明朝统一东北地区后，在管理体制上没有实行内地那样的行省制，而是建立了特殊的卫所制。”[②] 作家祝勇说：“卫所制度，是明朝

①彭定安总主编，顾奎相分卷主编：《沈阳文化史·古代卷》第49页，沈阳出版社，2014年版。

②姜念思：《沈阳史话》第130页，沈阳出版社，2017年第2版。

位于浑南白塔堡建于明永乐四年（1406）的弥陀寺塔

一项重要的军事制度。它是明太祖朱元璋称帝前在南京创建的，是明朝军队中最为重要的一部分。”在北部边疆，“士兵全部驻守于这些小型城池中，大者为卫，小者为所，它们大多环卫在长城以外，与长城形成战略上的纵深，或者说，它们与长城形成一套完整的防御系统。在明初统治者的设计中，这些貌似分散的卫、所，如同锁的各个零件一般环环相扣，严丝合缝。”①

明朝“先后设置了辽东、奴儿干两个都司及北平行都司，下辖四百余卫，卫下辖所。”②洪武二十年（1387）八月，诏令设置“沈阳中卫”制，领“左、右、中、前、后五所（千户所）俱卫治内”，属辽东都指挥使司管辖。沈阳中卫市辽东都司二十五个卫之一。

明洪武二十一年（1388），因沈阳城墙已毁于战火，朝廷批准沈阳中卫城指挥闵忠的奏请，对沈阳中卫城进行了大规模改扩建工程。此次所修的沈阳城第一次将外城改建成为砖城，周围方圆9里30步，城高二丈五尺，十分牢固。内城为夯土筑成，城有东、西、南、北四

①祝勇：《辽宁大历史：中华文明的抽样观察》第156～157页，东方出版社，2013年版。

②姜念思：《沈阳史话》第131页，沈阳出版社，2017年第2版。

座城门，由两条十字大街相连。这次重新修建，城址及规模已经近似于今天沈阳的老城区，在如今的东、西、南、北4条顺城街路范围之内，奠定了以后沈阳城发展的基础。在城内中心十字大街交叉路口，建有下设四面券洞门的街楼一座（如内置钟鼓则称钟鼓楼），成为城内正中心的标志性建筑和瞭望制高点。据《全辽志》所记，明朝后期的嘉靖四十五年（1566）之前，城内官署有沈阳中卫治所、经历司、镇抚司、察院行台、沈阳游击府、钱帛库、养济院等，都建在城内的东南或西南位置。在南城门（保安门）外，还多建了一座“关城”，称为南关，相当于外城的功能，建于嘉靖二十二年（1543），周长六百七十九丈，内驻军兵，并有为传递公文、政令者提供粮食、马匹等的“在城驿”设于其中，应是作为主城附属防御设施而建。

沈阳卫是当时明朝设在辽东的军事重镇，城的规模较前代扩大，建造水平也提高到新的层次。在明辽东都司范围内（包括辽西地区）十几座城池中，排在辽阳城、广宁城和开原城之后，居第四位，属于中型偏大的城池。而排在它之前的3座城，分别是辽东都司首府（辽

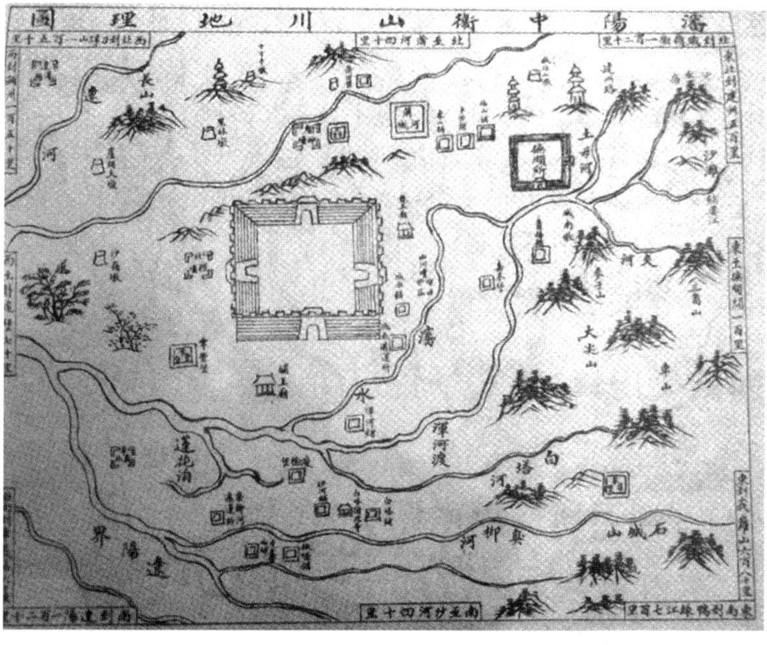

明沈阳中卫山川地理图

阳）和对蒙古、女真防守和通商的边塞重镇。沈阳城之所以会有这样的规模，是由于对于明朝来说，它在防守东、北两面女真人方面具有重要战略地位，特别是对东部的建州女真，从沈阳向东经抚顺两日内即可到达建州女真的腹地。1619年春萨尔浒大战时，沈阳是明军的大本营，大帅杨镐就在这里坐镇指挥战斗。而努尔哈赤领兵进入辽东汉人区域之际，在先攻下抚顺城后，攻取的下一个目标就是沈阳城。

明朝为了防止蒙古和女真侵扰，确保东北边境安全，还修筑了辽东边墙。“明代辽东边墙，也称辽东长城，属于明代万里长城的东段，是明政权辖治辽东及北部、西部和东部等地区体制中军事结构的一个重要组成部分。”[①] 明代正德初年（1506），李承勋巡抚辽东，“题请修筑边墙，自辽阳三岔河北，直抵开原，延亘五百余里。”“明朝把整个万里长城划分为九个防御区，分兵驻守，称为九边或九镇，每镇设有总兵领辖。辽东镇是九边首镇，管辖整个辽东边墙。”[②] 辽东镇所辖疆域极广，东至鸭绿江与朝鲜接壤，北过开原、铁岭，南至旅顺

明长城东段虎山长城

①朱诚如主编：《辽宁通史》第2卷，第106页，辽宁民族出版社，2009年版。
②姜念思：《沈阳史话》第140页，沈阳出版社，2017年第2版。

口与登州、莱州隔海相望，西至山海关与京师相接。其疆域广阔且战略地位重要，“天下安危系九边，九边之首在辽东”。辽东边墙分为辽西边墙、辽河套边墙、辽东边墙。“辽东这三段边墙，据史料记载全长两千余里，沿边视形势冲缓及距离远近，计筑92堡，1777个墩台”。[①]

盛京城九门边墙遗址

经过沈阳境内的明长城，为“辽河套边墙”。边墙在沈阳以北呈“凸”字形向北突出，沈阳和抚顺正好位于突出部位的后部，地位非常重要。[②] 1980年通过文物普查，弄清了明边墙在沈阳地区的走向，是由辽阳的小北河子横跨浑河，进入辽中的肖寨门、茨榆坨、四方台，然后到于洪区的彰驿站、大潘、沙岭、三台子、马三家子、老边，经沈北新区石佛寺，北入铁岭境。现在保存较好的一段是茨榆坨的茨南边墙，残高3米左右，基础宽5米，断面呈梯形，夯土筑，长约15米，已公布为市级文物保护单位。明代修筑边墙同时，还修了许多烽火台，经调查在沈阳地区现存63座，主要分布在苏家屯区、沈北新区、于洪区及新民市。有圆形和方形两种，用土、砖、石等不同材质砌成，均为就地取材，多建在山岗上醒目处，用于军事报警。现在保存较好的有苏

①朱诚如主编：《辽宁通史》第2卷，第111页，辽宁民族出版社，2009年版。

②薛作标：《辽东边墙今昔——附“明代辽东边墙示意图”》，《社会科学辑刊》1983年第5期。

家屯区大沟乡的李双台和陈相屯乡的北大台，还有于洪区老边乡的门台及新民市梁山乡前二台子烽火台等。

沈阳中卫建城之后，文化事业也开始重建并有了一定的发展。明代文化昌盛，教育和科举受到高度重视，社会风气重文轻武。这对像沈阳卫这样的边疆城市也有一定的影响。《明实录》记载，洪武十七年（1384），“置辽东指挥使司儒学，设教授一员，训导四员。金、复、海、盖四州儒学学正各一员，训导四员，教武官子弟。复命皆立孔庙，给祭器乐器以供祀事。”设在辽阳的“辽东都司儒学，不仅是明代在东北地区内设立的第一座学校，也是明代在各边疆地区内设置的第一座都司级儒学。”[①] 这标志着辽东正规学校教育的开始。但沈阳中卫的儒学，大约在正统初年才设置。沈阳儒学生员的编制为40人，后来又有所增加。另外，沈阳卫还有社学，以供军人子弟读书。辽东的学子也有参加科举考试的，据有关资料统计，有明一代，沈阳中卫生员参加各级考试，先后有8人中举。[②] 明代还有所谓“岁贡”，即挑选一定数量的生员中的优秀人才，升入京师的国子监读书，统称“贡生”。辽东都司从成化年间开始推荐贡生。据《全辽志》统计，沈阳卫学在成化年间贡11人，弘治年间贡11人，正德年间贡9人，嘉靖年间贡21人，总计52人。[③]

1621年，努尔哈赤攻下沈阳中卫城。1625年，在努尔哈赤的主张下，将后金的都城从辽阳东京城迁至沈阳。从此，开始了沈阳作为都城的历史。

从“卫城”到“都城”，这一变化是沈阳城市历史中具有重大影响的大事件。努尔哈赤的迁都之举，把后金政权的统治中心移到沈阳，使沈阳具有了政治、经济、文化中心的综合性城市功能。这一迁都之举，为现代沈阳城市所获得的重要地位奠定了基础。

---

①佟冬主编：《中国东北史》第4卷，第1203～1204页，吉林文史出版社，2006年版。

②彭定安总主编，顾奎相分卷主编：《沈阳文化史·古代卷》第194页，沈阳出版社，2014年版。

③彭定安总主编，顾奎相分卷主编：《沈阳文化史·古代卷》第195页，沈阳出版社，2014年版。

正是从这时起，沈阳从一个军事重镇一跃而成为帝王之都，成为辽宁乃至整个东北地区的中心城市。

盛京城钟楼

皇太极即汗王位之后，开始考虑把自己居住的城市改造得更适合于国都的地位和功能。于是，在他完成了大内宫阙的一系列建筑后不久，便对沈阳城进行了大规模的增修和扩建，以使之更加符合都城的规制。据《盛京通志》记载，沈阳都城拓建从天聪五年（1631）开始，至天聪八年（1634）竣工。

王国维说：“都邑者，政治与文化之标征也。”国都是一个国家或

盛京城鼓楼

政权执掌和行使最高权力的地方，通常也是一个国家或政权的政治、经济、军事和文化中心。东汉刘熙《释名》中说：“都者，国君所居，人之所会也。”《春秋公羊传》中也说：“京师者何？天子之居也。京者何？大也。师者何？众也。天子之居，必以众大之辞言之。”历代王朝都十分重视都城的营建。如汉代长安，城周长25.1公里，有12座城门，规模宏大。东汉班固作《西都赋》赞长安城：“乃眷西顾，实惟作京。于是睎秦岭，睋北阜，挟酆灞，据龙首。图皇基于亿载，度宏规而大起。肇自高而终平，世增饰以崇丽。历十二之延祚，故穷泰而极侈。”

皇太极以中原都城形制为蓝本，以盛京皇宫为中心进行了拓建沈阳城的工程，使沈阳出现崭新的面貌和规模，呈现出一代帝都的恢宏气势。这时的都城是在原有旧城的基础上加以改造和扩充，它的基础是明代中期建设起来的沈阳中卫城，当时的城市规模、空间格局、主体构架等对后期的都城形成与发展都起到了至关重要的作用。皇太极在一些汉族官员的建议下，参照他所能了解的中国王朝京城应具有的要素，并根据当时国力所能达到的水平，开始从外到内大规模地改建这座城市。

盛京城大南门

在沈阳城的改建中，皇太极一方面努力效法汉人营城古训，另一方面又将满人自身的文化习俗与对沈阳城具体情况的适应，巧妙地揉入十分严谨甚至近于格律式的传统形制之中，筑就了这座虽内含“满风”，却又与代表汉文化营城模式的王城图所规定的形制颇为相近的都城。

1982年由沈阳故宫博物院学者王佩环在北京第一历史档案馆发现的《盛京城阙图》，成图时间约为康熙八年（1669）以前，是目前所见绘制最早的沈阳城阙、宫殿图。改建之后的沈阳城，已完全具备了一代京城的规模与面貌。天聪五年（1631），沈阳城拓建工程竣工，皇太极正式将京城定名的“盛京”又称“天眷盛京”，满语作“穆克敦”，意为兴盛之城。

历代都城都处于政治、经济、文化的中心地位，而皇宫又是都城的核心，是君王发号施令的政治舞台，其建筑等级最高。改造后的沈阳城以皇宫建筑群为中心。按照中国传统的筑城方式，都城一般建有3道城墙（甚至4道，如明代南京和北京城）。皇宫必在内城之中，而且往往还要再筑一重“宫城”，将其置于重重包围之中，以平面上的层层围合，确保君主的绝对安全。皇宫建筑群所独占的宫城作为内城

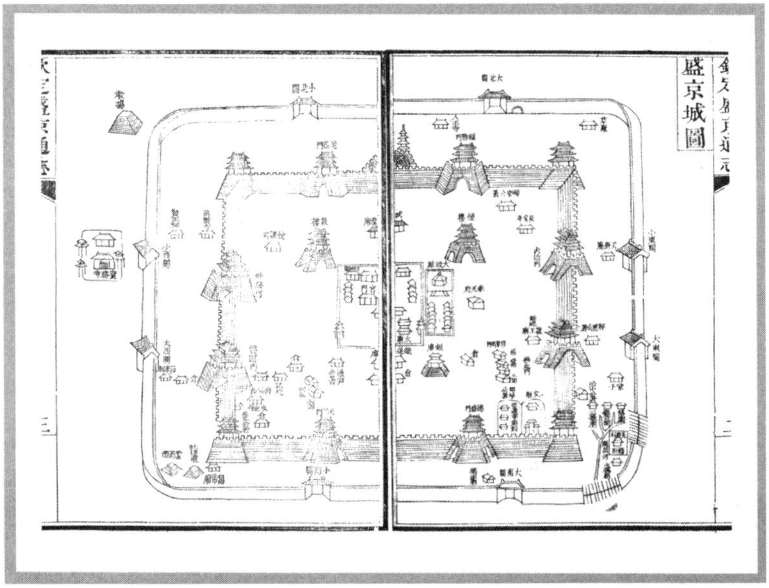

《盛京通志》载《盛京城图》

外部之中“城中城”的格局，成为历代都城规划必然附会的“古制”和不可更改的定式。而在沈阳，则是另一番景象。沈阳与其他都城的最根本区别，在于都城之中不再另建紫禁城，皇宫与城市融为一体，而不是将它从城中孤立出去。皇太极在改造沈阳城时，令构成城市井字形骨架的一条主干道（今沈阳路），穿越大内所辖朝政区，仅仅以横跨在街道上的文德、武功两座牌坊标示出皇宫大内的空间界域，成功地保证了城市空间的完整性，也有效地扩大了大内的空间感知尺度，将皇帝至上的威严与气势，彰显于整座城市之中，形成了超出皇宫自身规模的夸张效果。

皇太极对沈阳城的改建，使沈阳城成为当时东北地区最具中国传统都城特点的城市，也是最整齐美观的城市。《盛京通志》说是“八门正戴，方隅截然”，“京阙之规模大备”。

沈阳城由普通城市上升为都城，在城市原有空间和建筑分布基础上，为适应地位的变化而进行了带有飞跃意义的改造。扩建后的盛京城无论是建制、规模，还是城市的空间格局，都具有中国古代都城的典型性和代表性，也反映出满族的文化与城建理念，使沈阳成为东北地区最具中国传统都城特征的城池，奠定了后来沈阳城市面貌的基础。

而在这个时期，“把沈阳作为都城来建设和发展，城市文化也随之以都城的风貌进展。这便是沈阳文化的第一次转折性、历史性的发展，而进入辉煌期。”“沈阳进入其第一个辉煌发展的时期，也是文化飞升猛进的时期。”①

二　皇太极的文教政策

前文提到，皇太极继承汗位后，营建皇宫和盛京城，使当时的沈阳具备了帝都气象。同时，他一方面继续讨伐征战，扩大对明朝的战略攻势，另一方面采取各种措施，加强内部的政权建设，建立稳固的

①彭定安总主编，顾奎相分卷主编：《沈阳文化史 · 古代卷》第3、5页，沈阳出版社，2014年版。

统治基础。其中，他在文化建设方面做了大量的工作。佟冬主编的《中国东北史》中说：皇太极统治的“这十七年，也是具有不同文化背景的汉、蒙、满各族，在‘参汉酌金’‘渐就中国之制’方针的指导下，在文化上互相影响、迅速融合的时代。”皇太极“顺应社会矛盾发展的历史要求，锐意实行革新，进行政策调整。在调整民族统治政策的同时，也调整了文化政策，从重武轻文、抵制汉化，调整为‘参汉酌金’、‘振兴文治’，特别是把‘渐行中国之制’——学校、吸收汉文化摆到了较为重要的位置上来。”①

皇太极像

皇太极的文教政策，概括地说，就是一方面固守和发展完善本民族的文化传统，另一方面以更大的力度吸收汉文化，推行汉化改革方针，大力发展文教事业，使沈阳文化的历史在他这个时代出现了巨大的跨越。

古往今来，征服与被征服的历史，最终都揭示出这样一条定律，那就是征服者最终都要受制于被征服地区的政治、经济乃至文化环境。马克思曾指出，野蛮的征服者自己总是被那些被他们征服的民族的较高文明所征服。满洲建立的后金政权在进入辽沈地区后，即面临着迁都后如何适应环境的问题。新兴政权在面对更大的政治舞台时，

①佟冬主编：《中国东北史》第4卷，第1197～1198页，吉林文史出版社，2006年版。

它如何做出政治与文化选择，以及在进入广大汉人的农耕文明地区后如何适应新环境，融入当地文明，这是摆在努尔哈赤与皇太极面前的重大课题。皇太极的一个重要选择，就是积极地吸收汉文化，使之成为他的一项重要国策。这一选择甚至成为大清王朝200多年的立国基础。作家祝勇说："大清王朝对于汉文化的吸纳是全方位的，是在制度层面上进行的，而不只是皇帝的个人爱好。因为他们认识到，强大的政治力量，蕴含于文化之中，而武力的作用，是十分有限的。江山永固的关键，首先在于'文治'，而不是'武功'。文化的力量，甚至比执行和亲政策的汉唐时代所信奉的血缘的力量更加强大。"①

所以，皇太极在多方面学习和吸收汉文化，把汉文化的内容贯彻到军政和经济、文化建设方面。皇太极是"掌握汉文化知识非常丰富的君主，他在训谕大臣、发布内外公文时，经常引用汉族历史知识、典故以及孔子、孟子的至理名言，并能把一些知识和历代得失、经验教训运用到行政外交及军事上去。他还注意征求文馆诸臣、汉族归降官将的建议，这些汉官、文人秀才们也积极向皇太极出谋划策，后来刊印的《天聪朝臣工奏议》就集中了汉人官员、文人们这方面的建议，不少为皇太极所采纳。"②

皇太极对文士在政权建设中的重要作用有比较深刻的认识，他说："自古国家文武并用，以武功勘祸乱，以文教佐太平。朕今欲振兴文治。"他极力网罗人才，广泛吸收、使用文士，促使盛京和整个后金的文化发展出现新的局面，实现了大的飞跃。

在政治方面，皇太极以"仿效明制"和文武并重的原则，对后金带有明显氏族痕迹的政治体制进行了大刀阔斧的改革，使后金政治制度更加适应封建化发展的需要。努尔哈赤时期的后金政权政治体制结构比较简单，主要以兵民合一、文武不分的八旗制为主体，各部门要职全部操纵于满族贵族之手。皇太极即位后，天聪三年（1629）设"文馆"，是皇太极建立的第一个文官机构，由满洲中文化层次较高者

①祝勇：《辽宁大历史：中华文明的抽样观察》第192页，东方出版社，2013年版。

②杜家骥：《皇太极事典》第30页，紫禁城出版社，2010年版。

如巴克什达海，偕笔帖式刚林、苏开、顾尔马浑、托布戚等4人入值其中，职责是翻译汉文书籍，“记注本朝政事，以昭信史”。“正是从这个时代起，后金开始了有组织、有目的地系统记载自己的历史。”①

文馆不仅翻译汉文化典籍，更主要的是随着一些汉人的相继入值，在文馆中汇集起一批有着深厚儒家文化素养的汉人文武官员，如清朝开国时期的名臣范文程、宁完我、马国柱、鲍承先、高鸿中、王文奎、李栖凤等，都是最先奉命入值文馆的汉人。虽然这时入值文馆者尚用武将官名，但已是文官制度建立的雏形。其中尤以被誉为“汉官第一”的宁完我建言最多，他的“参汉酌金”条奏，成为皇太极时期后金国家制度建设的指导性原则。《清史稿》评论说：“太祖时，儒臣未置官署。天聪三年，命诸儒臣分两直，译曰‘文馆’，亦曰‘书房’；置官署矣，而尚未有专官，诸儒臣皆授参将、游击，号榜式；未授官者曰‘秀才’，亦曰‘相公’。”这些入值文馆的汉人“皆有经纶，草昧之绩，视萧、曹、房、杜，殆无不及也”。

皇太极一反努尔哈赤时对汉人文士的屠戮政策，将“恩养”汉人作为其政策转变的重点，积极吸收汉人中的上层人士和知识分子，以“收揽人心，使之顺从，建立大业”。皇太极形象地将招降明经略洪承畴比喻为：“譬诸行道，吾等皆瞽，今获一引者，吾安得不乐?”皇太极招纳笼络的汉官不仅数量众多，而且其身份档次也大有提升，尤其注重对明朝中高级官员将领的招降和接纳。在收降的明朝官员中，以洪承畴为官位最高者。其余中高级降官还有：总兵祖大寿，副将尚可喜、张存仁、孟乔芳、沈志祥、祖可法，参将孔有德、耿仲明、马光远等。

皇太极更为大胆地使用汉人。努尔哈赤在位时投奔后金的范文程、鲍承先、宁完我、石廷柱、马光远等人，大多是在皇太极时期才得到重用。他们对许多军国大事提出过重要的意见，受到皇太极的“嘉纳”。皇太极在崇德元年（1636）连续授予3位汉员以王爵，其中，授孔有德恭顺王、耿仲明怀顺王、尚可喜智顺王，开有清一代封汉员王爵之先河，时称“三顺王”。

皇太极的这些措施，不仅壮大了统治阵容，更促进了后金文化水

①佟冬主编：《中国东北史》第4卷，第1240页，吉林文史出版社，2006年版。

沈阳故宫大政殿与十王亭

平的提高和教育事业的发展，为后金的壮大创造了条件。

天聪五年（1631），皇太极接受宁完我等关于“设六部，立谏臣，更馆名，置通政，辨服制”的建议，仿明制设立六部，“渐就中国之制”，“必如此，庶日得了蛮子地方，不至于手忙脚乱。”“六部之设则是采取积极汉化行动的一个重要开端。”[①] 崇德改元之后，文馆改为内三院，六部三院之外再设立都察院、理藩院（由蒙古衙门改），三院八衙门体制基本形成。正如宁完我所言，“六部本循明制，汉承政皆墨守大明会典”，也就是说，清朝的国家体制已经完成了以明朝为蓝本的改造。

在这次改制中，文馆改为“内三院”，即“内国史院”、“内秘书院”、“内弘文院”。内国史院掌记注皇帝起居诏令，编纂史书及实录，撰拟表章并收藏御制文字；内秘书院掌撰外交文书及敕谕祭文并录各衙门疏状；内弘文院掌注释古今政事得失，向皇帝和皇子进讲并教诸亲王等。各院设大学士一人，掌领其事。顺治元年（1644）增设学士；二年，以翰林院官分隶内三院，称内翰林国史院、内翰林秘书院、内翰林弘文院。内三院的职掌，不仅比以前的文馆扩大了职权范围，初具日后内阁的规模，而且还包括了以后设立的翰林院、詹事府等机构的职能，便利了皇权集中。

这些汉人文士还向皇太极积极推广儒学。当时，诸臣所上奏疏大多就事论事，“而无劝上勤学问者”。针对这种情况，一些汉员如沈文

①佟冬主编：《中国东北史》第4卷，第1199页，吉林文史出版社，2006年版。

奎、宁完我等提出皇帝进学应主要学习以《四书》为核心的“帝王治平之道”，并建议建立侍讲制度，对皇太极做了倾向于程朱理学的思想引导。这一时期，满族统治者对于《四书》在孔学中的特殊意义并无深刻认识，侍讲制度也因条件不备而未建立。但是汉官们的建议，毕竟把清朝统治者推行尊崇儒学的文化政策又向前引导了一步。

之后，皇太极对官民服制、官员祭丧之制，乃至官场言语书词等，都本着效仿中原王朝“明尊卑，辨等威”的原则进行了改革和规范。

皇太极开展以“仿效明制”为基本内容的政治改革，并不意味着皇太极完全放弃了本民族的文化传统而实行彻底的汉化。实际上，他是本着“有所为而有所不为”的原则进行改革的。他曾拒绝满臣达海、库尔缠等人提出的“改满洲衣冠，效汉人服饰制度”的意见，认为满族的服饰及民族语言、骑射传统绝对不能改变。“总之，这一历史时期中，东北地区各族文化在以汉族文化为中心进行凝聚、融合的同时，各族之间的文化也互相影响、互相交流，尤其是女真——满族文化由于政治上所具有的优势，对其他民族施加着强有力的、不可抗拒的影响与同化，因而应该说满汉文化的融合是这个时代文化发展的主流。”①

在这一过程中，皇太极也完成了对满洲民族及文化的构建。或者说，在后金向清朝国家政权的过渡中满洲完成了由族群、部落向民族的整合。也正是在这一基础上，皇太极于天聪九年（1635）十月，宣布将族名改称为“满洲”。皇太极的改变，意味着进入辽沈后的满洲除了自身的渔猎文化之外，已经不同程度上汲取了汉人包括朝鲜的儒家文化、蒙古的游牧文化等，形成了多元的混合型文化，而非仅仅保持了其自身的民族特性。清人福格说：“满洲之俗，同于蒙古者衣冠骑射，异于蒙古者语言文字。满洲有稼墙，有城堡世居之民；蒙古则逐水草为行国，专射猎而无耕种也。”

皇太极还非常重视教育的作用。天聪五年（1631），皇太极颁布谕旨，令诸贝勒大臣子弟读书：“从今凡子弟十五岁以下，八岁以上者，俱令读书。”皇太极强调满族贵族子弟要读书明理，他看到明朝

①佟冬主编：《中国东北史》第4卷，第1202页，吉林文史出版社，2006年版。

官兵处困境而“犹以死守”，得益于“读书明道理为朝廷尽忠之故”，由此反思出己方在精神士气、思想文化上的不足，并以“读书明理”对部下相劝勉。皇太极要求办供贝勒、大臣子弟读书的学校。到崇德年间，已在沈阳设立了正式的八旗官学。“对后金国来说，它从无到有，并强制规定，形成制度，这确是具有深远战略意义的大事。”①

皇太极还仿效中原王朝科举取士的办法，通过考试选拔人才。天聪三年（1629）八月二十三日，皇太极下达了一道在清朝历史上具有重要意义的谕令：

> 自古国家，文武并用，以武功戡祸乱，以文教佐太平。朕今欲振兴文治，于生员中考取其文艺明通者优奖之，以昭作人之典。诸贝勒府以下，及满汉蒙古家，所有生员，俱令考试。

当年九月，举行了大约有300名汉人生员参加的考试，并录用了其中的200名。参加应试的生员绝大多数为努尔哈赤晚年镇压明朝生员通明叛变事件中的幸存者。通过考试，不仅把这些人从“包衣”“奴者”的行列中擢拔出来，改变了他们的奴隶身份，而且为清朝实行科举制度树立了范例。虽然这种考试还有别于科举，并非制度化，但这是特殊时期的明智措施。范文程、马国柱、王文奎、李栖凤等人就是这时遴选出来的。

天聪八年（1634）三月，后金举行了一次针对汉族生员的考试，录取228人。一个月后，开始正式开科取士：“初命礼部考取通满洲、蒙古、汉书文意者为巨人。”经礼部考试，齐国儒、朱灿然、罗锦绣、梁正大、雷兴、马国柱、金柱、王来用等人以“通晓汉书”被授予举人资格。他们是后金自己造就的第一批汉族士人，成为皇太极推行“文治”的骨干力量。此外，还有满族生员和蒙古族生员也通过考试中举。

此后，在清人关前，又举行了两次科考。第二次是崇德三年

①朱诚如主编：《辽宁通史》第2卷，第245页，辽宁民族出版社，2009年版。

（1638）八月，共录取举人10名；第三次科考是崇德六年（1641）七月，共录取举人7名。“采用科举制，是后金（清）选拔人才的重要手段。从此，除出身和军功外，开辟了一个‘人人平等’的人才进阶之路。后金实行科举，还有另外一个重要意义，这就是由于科举制度是汉文化的重要文化符号，后金（清）对它的采用，有助于对汉文化的认同。”①

崇德元年，在盛京始建孔庙。庙成后，皇太极遣内秘书院大学士范文程致祭至圣先师孔子，以复圣颜子、宗圣曾子、述圣子思、亚圣孟子配享。此次祀典，从对孔子的尊奉、配享的安排、祭祀日期的确定，到典礼的仪程，都循守中原王朝的旧制。

这次祭祀对于清朝来说，无论在政治上，还是在思想文化上，都具有非常重要的象征意义。因为这一举动不仅是满族贵族自努尔哈赤以来吸收汉文化的必然结果，也是他们从政治到思想认同孔孟儒家思想、把自己纳入中原文化体系的重要标志。

此后，一直到清末，每年都举行文庙的祭祀活动。祀孔典礼一般称为丁祭，一年两次，分春丁与秋丁。具体时间为每年立春和立秋后的第二个丁日，所以也称仲丁。每到祭祀之时，从沈阳城大南门到文

盛京文庙祭祀

①彭定安总主编，顾奎相分卷主编：《沈阳文化史·古代卷》第219页，沈阳出版社，2014年版。

庙，都要用黄土铺路，清水洒街。在圣殿内孔子牌位前，摆上各种祭器和三牲、香烛、果品等，其他殿庑也都摆上供品。祭典仪式的前一天，主祭官与分献官须斋戒沐浴。祭典当天，主祭官与分献官以及参加祭祀的工作人员还要穿上祭孔礼服，庄严肃穆。届时，奉天府尹、副都统、学政以及五部侍郎、道员、同知，现任候补、州、县各官都要到文庙致祭。除了这些官员外，也有一些儒生学子参加。

奉天文庙丁祭向来由奉天府尹主祭，清末改为盛京将军主祭；光绪三十三年（1907）改设东三省总督以后，由东北三省总督主祭。

沈阳文庙的建立，开创了东北地区孔庙建设的先河。文庙坐落于老沈阳城的东南方向，即今天的沈阳市沈河区沈阳路三段文庙里，就是现在朝阳一小学的位置。建筑布局呈东西长、南北短的长方形。

文庙初建时，规模尚小，只有圣殿3间、戟门3间、棂星门1座，祭祀礼器只有银爵27只。至康熙、乾隆时代，儒家文化备受重视，官府不断增加投入，多次对奉天文庙进行增建与扩建。康熙五年（1666），增建学宫及启圣祠（后改称崇圣祠）；康熙二十一年（1682），增建东西庑各3间；康熙二十九年（1690），在学宫外设立下马碑；康熙三十二年（1693），增建明伦堂3间，东西斋房各3间，

盛京城文庙

仪门及东西角门各1座，学署6间；康熙四十九年（1710），将3间圣殿扩建至5间，并增建大成门、启圣门、照壁，义路礼门各1座，修建了200丈长的围墙，同时增建名宦祠、乡贤祠各1间。至此，形成了一座布局严谨、疏密有致、规模宏伟的奉天文庙。民国时期出版的《沈阳旅游指南》中记载说：

> 省城之文庙（孔子庙）位于大南城门里，清天聪三年（1629），首建圣殿、三楹戟门、棂星门，至康熙五年（1666），学宫增设，康熙二十一年（1682），筑造东西两庙，康熙三十二年（1693），明伦堂及东西斋房竣工，而大门仪门及东西两角门、学署六间相继建设，至道光时代于圣庙西南隅萃升书院之南侧增设孝子节妇二祠，并于春秋两季执行祭孔之举。

文庙及附属建筑，既是供奉孔子的庙宇，也是府、县学校所在地和科举考试考场，以及学生住宿上课的地方。

康熙二十五年（1686），清廷向全国颁发御制至圣先师孔子赞，并勒石学宫；同年，增设守卫步兵10名，专门负责奉天文庙的职守。光绪三十二年（1906）十二月二十日盛京礼部的奏折，奏请将文庙与太庙、天坛、地坛同等规制，即将文庙所覆青瓦全部换成黄瓦，将文庙所用器皿饰金、饰玉、饰黄色云纹。于是，奉天文庙规制提升，与太庙、天坛、地坛等礼遇相同。此后，奉天文庙不仅各殿之瓦换成黄瓦，就连那圈200丈的围墙也覆上了皇家专用建材黄瓦。

20世纪20年代，各地文庙纷纷败落，奉天文庙也未能幸免。1918年沈阳县公署的一份档案说：“文庙之大成殿之脊及东西两面宫墙年年剥落，均有损坏之处，而庙内殿上蔓草丛生，几无隙地，是皆岁修无款以致有些现相……”

后来奉天文庙西院学宫又长期被县教育会劝农所占用，文庙已毫无儒学氛围，渐渐被人淡忘。现在沈阳的文庙早就毁灭不存了，现在只留下“文庙里”这个地名。

三　满文的创制与《满文老档》

皇太极在盛京时期的一个重大文化事业，是创制和完善满文。“满文，是满族共同体形成（皇太极改国号为清建元崇德）之后的说法。最初叫国语或国书”。①

满族的祖先肃慎人有无自己的语言文字，因没有明确的文字记载，现在已经无从考证。但有据可考的是，女真作为满族的先人，起先有自己的语言，却没有自己的文字，而借用契丹字。女真首领阿骨打建立金国后，命完颜希尹创制女真文。完颜希尹奉命“依仿汉人楷书字，因契丹字制度，合本国语，制女真字”。这种女真字史称“女真大字”。“女真大字”通用十几年后，金熙宗完颜亶又创制了一种女真字，史称“女真小字”。从此以后，两种女真字开始并行通用。到了明朝后期，女真文字被废弃，女真人改用蒙古文字了。

后金建立之初，努尔哈赤决定创制本民族的文字，并命额尔德尼和噶盖创制。具体创制的过程，在《满洲实录》内有比较详细的记载。额尔德尼和噶盖奉命创制满文后不久，噶盖“以事伏法”，而由

沈阳故宫敬典阁

①朱诚如主编：《辽宁通史》第2卷，第241页，辽宁民族出版社，2009年版。

额尔德尼单独承担完成了创制任务。

额尔德尼所创制的满文，是在蒙古文字基础上创制的，其字母基本上仿照蒙古文字母而成，没有圈点，称为“无圈点满文”，或“老满文”。“它的出现对女真社会的发展具有积极的作用，它标志着一个民族发展的成熟。”①

但是，这种满文因属初创，还存在一定的缺点和不足。正如《满文老档》所指出：“十二字头，原无圈点，上下无别，故塔、达，特、德，扎、哲，雅、叶等不分，均如一体。若寻常语言，按其音韵，尚可易于通晓。若人名、地名，则恐有误。”归纳起来，老满文存在的问题主要有以下3点：一是字母的书写形式不规范，同一个字母有几种书写形式，往往出现混淆，不便于使用；二是一字多音，即辅音和辅音的音位混乱，致使字母之间互相假借，较难识别；三是音译汉语借词，如人名、官名、地名和物名等，明显感到已有的字母不够用。所以，随着女真社会的进一步发展，“老满文”存在的问题日显突出，无论是学习还是使用，都感到很不方便，对其改进和完善，已成必然之事。

在“老满文”使用33年后，即后金天聪六年（1632），皇太极颁令，由达海承担完成了改进“老满文”的任务。据《国朝耆献类征·达海传》记载：

> （皇太极）谕达海曰：“国书十二字头，向无圈点，上下字雷同无别，幼学习之，遇书中寻常语言，视其文义，犹易通晓。若人名、地名，必致错误。尔可酌加圈点，以分析之，则意义明晓，于学字更有裨益矣。”达海遵旨，寻译，酌加圈点。又以国书与汉字对音未全者，于十二字头正字外，添加外字。犹有不能尽协者，则以两字连写切成，其切音较汉字更为精当。

“在女真族中，达海是‘通晓满汉文义’，‘文词敏赡’的著名翻

①朱诚如主编：《辽宁通史》第2卷，第241页，辽宁民族出版社，2009年版。

译家，有‘满洲第一圣人’之称。他对于女真与汉文化的交流，推动女真对汉文化的吸收，起了十分积极的作用。”① 达海对“老满文”的改革主要有以下四方面：一是在一些“老满文”字母旁边的添加圈点，使原先雷同的字母得以区别，做到一字一音；二是创制特定字母，以便于准确地拼写外来借词；三是创制满文字母的连写切音形式，解决了音译人名、官名、地名和物名等词汇时容易出现差错的问题；四是规范字体，统一书写形式，消除了过去一字多体的混乱现象。经达海改进的满文称为“有圈点满文”，或“新满文”。现在人们通常所说的满文，一般是指“新满文”。②

满文有楷书、行书、草书和篆书4种字体。楷书的使用范围较广，使用于各种书籍的刊刻、精写本的抄写，以及诏书、谕旨、奏折、题本等公文的缮写。行书的使用范围更为广泛，凡书籍普通写本的抄写、各种书稿的起草、中央到地方各级国家机关及官员之间来往文书的缮写，以及各类公文档案的汇抄存档等方面，都要使用行书。草书的使用范围较窄，主要用于一些文稿的起草、个人信件和札记的缮写，以及书法作品的创作等方面。满文的篆字，早在满文创制之初就已出现，只是种类较少，字体单调，使用不广。正如《清朝通志》所载：“清字篆文，传自太宗文皇帝时，是清篆原与国书先后并出，特以各体未备，传习尚稀。”

从满文的初创到改进，用了30余年时间，最终使满文成为一种便于使用且完善的文字。“创造文字并不是一件容易的事情，而教会整个民族掌握和使用统一的文字，更是一件无法想象的巨大工程。这一工程的顺利完工，不仅显示了女真人的文化创造力，更显示了他们的文化决心。”“满族人人为地创造了一个幽深复杂的语言系统”，“从此以后，女真人的思维、文化和历史，都通过自己的语言记录下来。”③ 满文初创之后，由于大力推广，在比较短的时间内就得以推

①佟冬主编：《中国东北史》第4卷，第1242页，吉林文史出版社，2006年版。

②吴元丰：《满文与满文古籍文献综述》，《满族研究》2008年第1期。

③祝勇：《辽宁大历史：中华文明的抽样观察》第68～70页，东方出版社，2013年版。

广使用。“它标志着女真族经济政治文化的发展程度。”[①] 顾奎相先生指出：“满文的创制，标志着女真族（满族）政治、经济、文化发展到了较高的程度。满文创制后作为官方文字在女真社会得到了较普遍的使用，特别是在社会管理、对外交往和记录史事等方面，发挥了重大的作用。入关定都北京后，它成为‘国书’，与汉文并用，是行使国家权力和喻敕外事咨文的官方文字。”[②]

女真族在1616年建立后金政权之前，就已经建立起档案制度。汗有汗的档子，八旗也各有各自的档子。天聪三年（1629）四月，皇太极设文馆，命儒臣分为两直，翻译典籍，记注政事。巴克希库尔缠等奉命用老满文纂修史书，遂以为制。天聪六年改用有圈点满文（新满文）修撰，岁岁相继，至崇德年间蔚为巨帙，现在称之为《满文老档》。

《满文老档》是中国最早的官修满文编年体史书。《满文老档》记录了从清太祖丁未年（1607）到崇德元年（1636）努尔哈赤和皇太极在东北广大地区统一女真各部，建立八旗兵制和后金政权等一系列活动，进而与明王朝相抗衡，入扰京师周围各城镇屯堡以逼明廷等共计30年的史事。反映了清初满族社会经济、政治、军事、文化、民族、外交、风俗习惯及宫廷生活等各方面的情况，还有天文、地理和气象记载。《满文老档》史料原始，记事广泛，内容丰富，多为清入关以后官撰史书所不载，对清实录等书的校订补遗，具有十分重要的意义。此书为研究清入关前满族的兴起、发展和社会性质以及东北边疆各民族的历史、分布地域和语言文字的珍贵文献。“《满文老档》不仅具有很高的史料价值，也有很高的文学价值。它和中国其他一些较早的史书《春秋》《左传》《史记》《汉书》一样，虽是史书，也有很浓的文学成分，从某种意义来说，也算是一部纪实文学著作。”[③]

《满文老档》原本37册，用明代旧公文纸或高丽笺书写，各册长短不齐，厚薄各异。乾隆六年（1741），内阁大学士鄂尔泰、徐元梦

①朱诚如主编：《辽宁通史》第2卷，第241页，辽宁民族出版社，2009年版。

②彭定安总主编，顾奎相分卷主编：《沈阳文化史·古代卷》第227页，沈阳出版社，2014年版。

③赵志辉主编：《满族文学史》第2卷，第15页，辽宁大学出版社，2012年版。

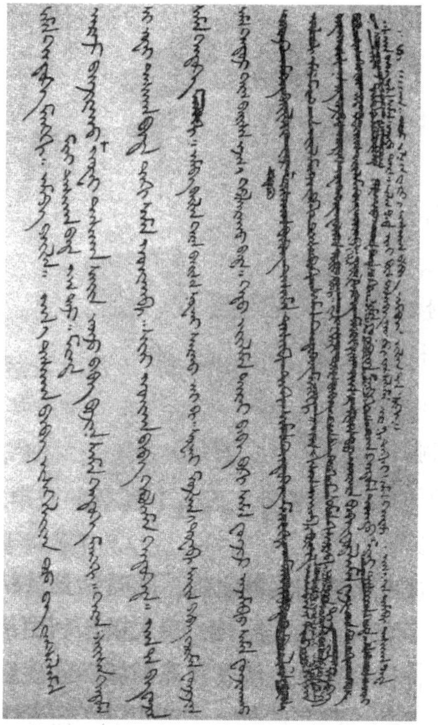
《满文老档》

奉命将无圈点字档册中难以辨识的无圈点老满文捡出，附注新满文，按十二字头序列编成《无圈点字书》一部，存于内阁。宗室觉罗学及国子监学各抄存一部。同时，因档册原件年久糟旧，遂逐页夹纸托裱重新装订成册，以千字文顺序编号保存。乾隆四十年（1775）大学士舒赫德等奉命按档册原档整理、重抄。历时3年，抄出一部，内含音写本一套，照写本一套。每套26函，180册。此次重抄用无格宣纸，书法潦草，函帙、册衣均用黄纸，称“草本”。

照写本册面签书老满文为“无圈点字档册”；音写本册面签书新满文为“加圈点字档册”。后以草本为蓝本，复缮写一部，黄绫函，黄绫册衣，泾纸朱丝栏，书写楷正，是为正本，称“大黄绫本”，供皇帝阅览。乾隆四十三年（1778）据正本重缮，是为副本，称“小黄绫本”，送盛京皇宫崇谟阁庋藏。

光绪三十一年（1905），日本人内藤湖南受日本外务省的派遣，以大阪《朝日新闻》“记者”的身份，到盛京进行所谓史迹“调查”，进入崇谟阁等处翻查皇室典籍等，看到了《满文老档》。此后不久，他又以西京大学文科教授、文学博士的身份进入崇谟阁对《满文老档》进行拍照，并将照片带回国后冲洗出来并编辑成册，存于京都大学文学院图书馆等处。内藤湖南使皇家秘籍《满文老档》惊现于世，后金崛起的传奇画卷得以展现在世人面前。

盛京时期，皇太极还开始仿效中原历朝编修实录的体例编纂实录。在1636年崇德改元前后，先后完成了《满洲实录》和《清太祖武皇帝实录》两种。

《满洲实录》原本名《清太祖实录战迹图》，成书于天聪年间，记述了从满族的起源到努尔哈赤去世这一时段的历史。它是目前所见到的历史实录中唯一一部附有插图的实录，将满族先世及清太祖努尔哈赤征战创业的历史，以图文并茂的形式展现出来。《满洲实录》的插图均为手绘，以墨笔绘画，不添加任何颜色，每幅插图的左侧用满、汉、蒙3种文字书写图题。全书共有插图82组，每组插图依其所反映的历史事件的繁复及重要程度占据一至数页不等。这些大幅相连的图画多采用全景式的构图，场面盛大，气势恢宏。尤其在表现战争场面时，多采用俯视角度，在多个相连的幅面上充分展现出战争的规模与全貌。这些绘画，使我们能够直观了解明与后金战争的场面，当时满(女真)、汉、蒙古族人的穿着服饰及战时所着盔甲，双方使用的兵器等，女真人的弓箭及野战楯车、明军的火器等都很有时代特点，另外太祖攻取辽东重镇各幅插图，再现了当时沈阳城、辽阳城、宁远城等城池的样貌，包括城池、城墙、城门、角楼等都有细致描绘。从太祖克沈阳图中可见当时沈阳城还是四座城门十字大街的格局。

清入关后，《满洲实录》移存北京紫禁城乾清宫内。乾隆四十四年（1779）依照原本重新抄绘两部，一部存上书房，一部送盛京皇宫崇谟阁尊藏，定名《满洲实录》。四十六年（1781）又抄绘一部藏于热河行宫。崇谟阁本《满洲实录》有两套。一为三体文本，即用满、汉、蒙3种文字书写，2函8册，附有插图82组；一为两体文本，即用满、汉两种文字书写，2函8册，附有插图目录。现藏于辽宁省档案馆。在三体文《满洲实录》末尾收录的乾隆帝《敬题重绘太祖实录战图八韵》一诗的自注中说："实录八册，乃国家盛京时旧本，敬贮乾清宫，恐子孙不能尽见，因命依式重绘，以一本贮上书房，一本恭送盛京尊藏，传之奕世，以示我大清亿万年子孙毋忘开创之艰难也。"

《清太祖武皇帝实录》成书于崇德元年，是清入关前第一部内容丰富完整的实录，从努尔哈赤起兵到逝世的重大事件均记录无遗。康熙年间又进行重修，更名为《清太祖高皇帝实录》，以后又多次修改，至乾隆年间定本。

《满洲实录》之《努尔哈赤攻打沈阳城图》

“这两部书在满族认识自身族源、确定满族及爱新觉罗氏族系等方面，具有重要作用。自此以后，满族将长白山视为整个民族发祥地的认识更为明确，长白山也成为满族族源意识的象征。”[①]

皇太极时期用满文编纂的《满文老档》以及《满洲实录》《清太祖武皇帝实录》，是沈阳历史上出现的以国家的名义编纂的第一批史志文献，在沈阳文化历史上具有重要意义，也是沈阳为中国浩瀚的文献典籍宝库中所做的贡献。

在编写《满文老档》和纂修太祖实录的同时，皇太极还开始组织力量，大量翻译汉文书籍。皇太极在满族贵族中提倡“读书”，主要是指学习反映中原文化成就的各种汉文书籍，既包括儒家经学、史学类书籍，也包括军事等实用性书籍，还有佛教经典，内容相当广泛。天聪三年（1629），皇太极命达海带领笔帖式刚林、苏开等人翻译汉文书籍。所译书有《刑部会典》《素书》《三略》《万宝全书》等，其中，对儒学经典的翻译占有重要地位。“汉文书籍的大量翻译，对提高满族的文化水平，加强满汉文化交流，特别是推动满族汉化和形成满族共同体文化的过程中，都具有积极意义。”[②]

①彭定安总主编，顾奎相分卷主编：《沈阳文化史·古代卷》第228页，沈阳出版社，2014年版。

②彭定安总主编，顾奎相分卷主编：《沈阳文化史·古代卷》第229页，沈阳出版社，2014年版。

第四章　流人带来了中原的风

一　清代东北流人与流人文化

在说到清代沈阳文化的时候，有一个特殊的群体是总会被提及的，这就是“流人”。

所谓“流人”，简言之就是“以罪见流徙”者，即因犯罪而被统治者强制迁徙流放或贬逐之人。宋代叶适《故赠右谏议大夫龚公谥节肃议》说：“盖元符之末，建中靖国之初，既昭雪流人，生死蒙泽，天下望尽复元佑政事。”他说的“流人”，就是指因罪被流放边远之地的人。黑龙江社科院学者李兴盛说：流人是由于统治者认为有罪，而被“强制迁徙到边远之地予以管制、服役或戍边的一种客籍居民。简言之，流人就是被流放之人，即流放者”。①

中国自古以来，就有流徙罪犯到边疆地区的做法。

地广人稀、天气苦寒的东北始终是发遣流人的集中之地。东北很早就有流人的足迹。相传，舜时流放“四凶”，将共工放逐至幽州。据《周礼·职方》说：“东北曰幽州”，可见共工放逐之地与东北地区有着某种联系。但这属于传说故事，未必可信。东北真正作为流放地，据可靠记载，还是在汉代。向东北流放罪人，作为一种制度，第一次明文反映在刑法之中是在元代。元代流放，刑法规定一般是南人发北，北人发南。《元史·刑法志》说：“南人迁于辽阳迤北之地，北人迁于南方湖广之乡”。这里的辽阳指元代的辽阳行省，实是指代整

①李兴盛：《中国流人史》第3页，黑龙江人民出版社，1996年版。

个东北。这使流放东北从元代以前偶尔行用的一种措施或手段转变成为一种刑法上的制度。明代流放以充军为主，流犯一般被发往各卫所充军。明代东北的流放地，完全集中在辽东都司各卫。

到了清代，更有大批流人被遣送到东北地区。当时学者杨源为杨宾《柳边纪略》所作的序中就曾说："数十年士庶徙兹土者，殆不可以数计。"如科场案中吴兆骞等人、《明史》案的庄氏一族、哭庙案中的金圣叹族人和《南山集》案吕氏一族等，都谪戍到关外去。这些案子里面，有的全族流徙关外，一次就多达数百人。在清初百余年的时间里，被流放到东北的罪犯总人数，据谢国桢先生在20世纪40年代撰写的《清初东北流人考》一书估计，有数十万之众。乾隆中期以后，仍然有罪犯被流放东北，但其数量较从前要大为减少。

这些流人所涉地区也非常广泛。当时流人张缙彦在其散文集《域外集》中记载："流徙来者，多吴、越、闽、广、齐、楚、梁、秦、燕、赵之人。"方拱乾在《绝域纪略》则说："华人则十三省无省无人。"

清初，犯人是遣戍沈阳、铁岭、尚阳堡，后来到吉林乌喇、宁古塔，最后到黑龙江城（今爱辉）、齐齐哈尔。此外，还有辽阳、抚顺、席北、墨尔根、三姓、伯都纳、拉林、阿勒楚喀、珲春等地。其中，最著名的流放地是沈阳、尚阳堡和宁古塔等。

清初留守东北的八旗兵驻防集中于盛京与周围各城。流人发遣东北后，先被安置在具有管理罪犯职能的盛京地区。这里是清朝第一个遣戍犯人之地。据清代王一元在《辽左见闻录》中记载："国初，流人皆安置尚阳堡。故迁谪诸缙绅多寄居铁岭，设牛录统之。康熙初设立州县，遂改为民。至今流徙户口皆发承德、辽阳、铁岭、开原四州县矣。"这里提到的"承德"，不是河北省的承德市，而是沈阳。清康熙四年（1665），盛京城内设立承德县衙，意取"承受天帝德泽"而命名，县衙原址在怀远门内大街路南胡同内。承德县管辖范围包括盛京城外四郊，辖境东至抚顺城，西至辽河，南至十里河，北至懿路。1911年2月，承德县被撤销，其曾管辖的地方由奉天府直辖。上引文是说，沈阳是流民的主要发配地之一。至雍正年间，还有"流徙奉天之民，子孙皆为编户”的记载。

尚阳堡在辽宁开原东40里。这里“安置罪人，始于天聪七年八月，后以为例”，是清朝第二个遣戍犯人之地。清廷入关之初，这里成为全国最重要的流人戍所。尚阳堡当时是“盲风怪雾、惨日愁云、茂草黄沙、阴房清火”的荒远寒苦之地。清人魏声和称：“满清入处之初，流徙罪犯多编管于吉、江两省。及康熙时，云南既平，凡附属吴三桂之滇人，悉配戍于上阳堡。在今开原市边门外，满语称其地为台尼堪。尼堪者，汉人之谓。”后来，由于清廷在东北增设了宁古塔等许多戍所，所以“即有仍照旧例发尚阳堡者，亦止居于奉天府城，而尚阳堡为墟矣”。尚阳堡距离沈阳不算远，所以两地的流人在条件允许的情况下，多有交流和来往。

清初，宁古塔为设置在盛京以北管辖黑龙江、乌苏里江广大地区的军事、政治和经济中心。宁古塔属边远地区，清初该地极其荒凉偏僻，行人视为畏途。被发配到宁古塔的流人，经过沈阳时，也多有与沈阳的流人见面和交流。

清代的流人被流放是没有期限的，他们中只有极少数人由于亲友的帮助或朝廷大赦等原因能够得以回到故乡，绝大多数人则成为东北的永久居民。

在这个庞大流人群体中，有一部分数量不小并且影响很大的人群，就是各类知识分子，其中知名的文士就有数百人。他们当中，有反清活动的失败者，有对当朝采取不合作态度者，有牢骚满腹的文人，也有犯法干纪、任职失误的官吏，更有莫名其妙地而被罗织罪名惨遭迫害者。这些文化人“都对文学、史学、艺术等有很深的造诣，更不乏著名的诗人、学者、著作家等。”[①] 曾在康熙年间到宁古塔探望被流放父亲杨越的杨宾在《柳边纪略》中感慨道：“当是时中土之名卿硕彦，至者接踵。”清人刘献廷在其《广阳杂记》中写道：“南国佳人多塞北，中原名士半辽阳。”

这不仅是对这些文化人的迫害和劫难，更是对中华文化的巨大破

①彭定安总主编，顾奎相分卷主编：《沈阳文化史·古代卷》第382页，沈阳出版社，2014年版。

坏和浩劫。把过半的文人学士都流放到东北的苦寒之地，令其深受折磨和凌辱，不能从事原本应该的艺文著述，不能报效民族国家，施展自身的才华，如果不以个人得失计，对整个国家、对整个社会文化的发展，将会是多么大的损失啊！正如著名作家余秋雨所说的："流放无论如何也是对文明的一种摧残。"①

但是，就这些流人文士个人而言，虽然他们身处逆境，文化人的本色总是要顽强地显现出来。他们当中不少人在流放前即才名素著，被流放后，在困厄的环境中，仍然搏命治学，勤于写作，留下了珍贵的文化遗产。这就是中国知识分子的宿命。无论他们多么艰难困厄，生计维艰，都能最后找到自己情怀的寄托，都会在激扬的文字中找到自己安身立命的所在。这是他们的责任和使命，无论什么情况下也不会放弃；这也是他们安顿灵魂的地方，是他们的生命托寄之所。所以，历代的流人文士，都创作了大量的诗文作品，形成了独具特色的"流人文学"，成为东北文化的宝贵财富。"流人文学是辽宁文学史上的重要一笔，也是明清时期中国特有的一种文化现象。作为一种文学文本，它充溢深沉的文化情怀，又深蕴悲怆的审美意韵。它成为辽宁文学史上闪烁文化异彩的一页。"②

有作家说，这些文人之所以能在流放的苦难中显现人性、创建文明，本源于他们内心的高贵。他们的外部身份可以一变再变，甚至终身陷于囹圄，但内心的高贵却未曾全然销蚀。凭着这种高贵，人们可以在生死存亡线的边缘上吟诗作赋，可以用自己的一点温暖去化开别人心头的冰雪，继而可以用屈辱之身去点燃文明的火种。辽宁社科院学者张玉兴指出：他们"在困厄的环境中，仍然夺命治学，不废吟咏，勤于写作，因而为后世留下了数目可观的著作。这些著作多已散佚，但今天我们尚能见到的诗篇仍有近万首之多。尽管他们流放的背景各不相同，思想志趣互异，但无辜被遣，壮志难酬，万里流徙，历尽坎坷的遭遇却是共同的。这就使他们以汗水、泪水，乃至系以性命

---

①余秋雨：《流放者的土地》，《收获》1993年第2期。

②林声、彭定安主编：《中国地域文化通览·辽宁卷》第374页，中华书局，2013年版。

的诗篇中，寓情涉物，既深且广。它从不同的侧面，真实形象地反映了流人的生活遭遇，反映了东北地区的山川物像，风土人情，历史沿革，以及清初的政治经济、思想文化、抗俄斗争等各方面情况，关于全国性的大事件也多有形象的记载。可以说，这些诗篇构成了光波滟漾的清初社会的历史画卷，不仅具有独特的艺术价值，更具有以诗存史、以诗证史的功用，为清代诗坛增添了光彩，为史苑补证了阙疑，而弥足珍贵。”[①] 林声、彭定安主编的《中国地域文化通览·辽宁卷》中评论流人文学的价值说：

> 清初辽宁流人作家可谓群星灿烂，其文学创作硕果累累，更涌现出中国文学史上不可多得的杰出诗人。这些在生存难以为继的极其恶劣环境中所取得的足令后世震惊而不可思议的奇异成就，不仅让辽宁文学更添辉煌，同时也留给了后人多方面的启示。
>
> 流人的诗文创作，为辽海文学史书写下了光辉篇章，是辽海文化的宝贵积淀；而他们的坚贞不屈、傲骨铮铮，以诗文服膺苍生的气节与人格，也成为后世文人的楷模。[②]

东北流人在清代特别是清前期东北的开发过程中起到了重要作用。姜念思这样写道：

> 这些文人都是封建专制的受害者，他们大多数是自幼生长在江南水乡，骤然来到东北这个苦寒之地，生活之艰难可想而知。他们来到戍边所后，大多在艰苦的环境中，仍然志节不移，严持操守。他们在苦难中表现出的互相帮助、相互砥砺的友情令人感动。他们在为生计而顽强斗争的同时，也将先进的文化和生产技能带到了东北。他们来到戍边所后，

①张玉兴：《明清史探索》第805页，辽海出版社，2004年版。

②林声、彭定安主编：《中国地域文化通览·辽宁卷》第382页，中华书局，2013年版。

按规定要服各种劳役，但因为他们有文化，而清初的东北缺少的正是文人和文化，所以，他们往往受到地方官员的尊重与照顾。他们或教书授徒，或行医编书，或吟咏著述，为清初的沈阳文化发展作出了贡献。他们在流放的苦难中显现出的人性的高贵，他们之间表现出的高贵而纯真的友情，以及在流放期间创作的大量诗篇，永远是我们的精神财富。[①]

流人中很多来自中原和江南地区，不少人还是文化上层人士，因而他们及其子孙便与当地土著一起，对当地经济文化的发展起了促进作用。章太炎先生在民国初年曾说到因遭文字狱而世代流放东北的吕留良（吕用晦）家族的贡献："后裔多以塾师、医药、商贩为业。土人称之曰老吕家，虽为台隶，求师者必于吕氏，诸犯官遣戍者，必履其庭，故土人不敢轻，其后裔亦未尝自屈也。""齐齐哈尔人知书，由吕用晦后裔谪戍者开之。"说到安徽的方拱乾、方孝标家族，章太炎说："初，开原、铁岭以外皆胡地也，无读书识字者。宁古塔人知书，由孝标后裔谪戍者开之。"

清初流人是开发东北的重要力量，为东北地域社会的发展、变迁做出了重大贡献。清代东北地区居住的民族主要包括满、朝鲜、蒙古、赫哲族等，大多数民族以游牧、渔猎、采集为生。尽管少数地区有农业耕作，但是手段粗放，农作物产量极低。但是流人到达东北地区之后，带来先进的农业生产技术，逐渐改变了原来农作物产量极低的情况。例如，"汉人之耕作有分休闲、轮作二法，每年耕作一分，休闲一分，高粱、谷子、黄豆之类，每三年轮作一次。"这些内容体现了东北流人带去了先进的农业技术，对当地农业生产产生积极影响。

这些文士流人对于东北的文化发展贡献巨大，成绩卓著。"这些文化流人来到东北，也把文化带到了东北，成为文化的传播者。"[②]有学者认为，流人文士使一度中断的东北文化延续下来。清前期的东北文化，是以文化流人为骨干发展起来的，具有鲜明的流人文化的色

①姜念思：《沈阳史话》第230页，沈阳出版社，2017年第2版。

②姜念思：《沈阳史话》第223页，沈阳出版社，2017年第2版。

彩与特点，形成了具有东北特色的“流人文化”。作家祝勇说到“流人文化”时指出：“中原名士当中，有一半流放到辽东之地。然而，清朝皇帝或许没有想到，正是这一群在冰天雪地里苦苦挣扎的帝国奴隶，仍然顽强地进行着文化创造，陋室青灯成为不灭的光源，照亮漫无边际的寒夜，一个后来被命名为‘流人文化’的文化现象应运而生。这一文化现象在辽宁文化史上的重要性，无论怎样强调都不过分。”①

所谓“流人文化”，黑龙江社科院学者李兴盛指出：“是指流人这一社会群体所特有的文明现象的总和。也就是指历代流人在与自然、社会相互作用的各种关系中所创造与传播的一切知识的总和。”②他们积极传播中原先进的传统文化，通过建立文化社团，进行艺文创作，撰写地方志书，对于中原文化在东北地区的传播做出了重要贡献，清代东北流人留下的文献资料是研究当时东北地区自然地理环境等的重要资源，真实地记录了当时的风土人情，留下了珍贵的历史史料。祝勇说：“流放辽宁的汉族知识分子，意外地成为普及汉族文化的最佳讲师。”③

总之，正如历史学家顾奎相先生所指出的：

> 流人文化构成了清代东北封禁时期盛京文化乃至东北文化的重要内容和成就。这一时期的流人文化来源于中原与江南的水乡，又根植于盛京的肥土沃野之中，形成一种新的文化风貌。它把盛京的风土人情，及对盛京生活的感受、对人生的咏叹、对命运的抗争等，都注入到了流人的文学创作与学术研究之中，因此封禁时期盛京的流人文化成为既与中原文化相联系又相区别的新的文化形态。它无论在形式上，还

①祝勇：《辽宁大历史：中华文明的抽样观察》第193页，东方出版社，2013年版。

②李兴盛：《中国流人史与流人文化论集》第25页，黑龙江人民出版社，2000年版。

③祝勇：《辽宁大历史：中华文明的抽样观察》第192页，东方出版社，2013年版。

> 是在内容乃至品质方面，已经显示出不同凡响。可以这样认为：清代盛京的流人文化，是对中原文化的继承和发展，更是创新。因为，在这些数以千计的流人的作品中，无不深深地打上了盛京风情、民俗的印记。是盛京这块古老而肥沃的黑土地，养育了这些遭受清廷遣戍的文人志士；同时，他们又给封禁时期的荒凉文化、贫瘠的盛京大地注入了新鲜的血液，增添了新的活力。①

于是，这些流人学士，由可怜的流放者变为可敬的拓荒者。生命因苦难屈辱而蜕变，生命因播扬文明的火种而高贵。

二　函可与冰天诗社以及盛京流人文化圈

明代就有许多文人学士被流放到辽东地区。“明代因罪贬戍辽东地区的官员，史不绝书，其中颇多文化素养较高之文人学者。”②这些谪寓辽东的流人，开发辽东，对辽东经济、文化发展等，都做出了历史的贡献。

到了清代，特别是清代前期，东北地区是主要的流放地。早期的一批流人中，最有影响的是被称为“清代第一流人”的函可。

函可，字祖心，号剩人和尚，俗家名叫韩宗騋，广东博罗人，生于明代万历三十九年十二月初四日（1612年1月6日），明代末年礼部尚书韩日缵之子。函可自幼天资聪颖，才思过人，气盛才高。传说他少年时就“好吟咏于诗，独喜杜少陵”。他早年考中秀才，纳宾接友，纵谈时务，有兼济天下的志向。广东有名的以文章声气，与江南复社应和的“南园社”名噪一时。函可游冶其间，广交名士，砥砺名节，饱读诗书，宦情通达、好义、豪爽，天然函罡禅师《千山剩人可和尚塔铭》说当时的函可，“声名倾动一时，海内名人以不获交韩长

①彭定安总主编，顾奎相分卷主编：《沈阳文化史 · 古代卷》第386页，沈阳出版社，2014年版。

②佟冬主编：《中国东北史》第4卷，第1232页，吉林文史出版社，2006年版。

公为耻”。

后因他父亲于崇祯九年去世，家道中落，函可心灰意冷，厌倦尘世生活。崇祯十三年（1640），函可29岁时，“世缘立斩，与发同断”，别母抛妻，赴江西庐山，入拜空隐老人道独为师，出家为僧，法号剩人，法名函可。后与师兄天然居罗浮山华首台，开创禅宗华首一系。

函可虽然出家，但尘缘未断，家事国事时系于心。顺治元年（1644）他母亲去世，他“立解条衣，披麻泣血以葬之”。明朝灭亡的消息传来，他“悲恸形于辞色”。听说南明弘光政权建立，函可对南京的弘光新朝充满了憧憬。顺治二年（1645）春天，函可受华首台寺院的重托，“即偕徒五人往南京印藏经”，借住在好友、诗人顾梦游的家中，想找机会为复兴故国而出力。南京被清军攻陷、弘光政权覆灭后，在以后的二年时间里，函可“目睹时事，作《变纪》，赋诗愤”。亲历清兵攻陷南京的重大事变，他奋笔疾书，记述了清军的屠杀暴行，记述人民饱受战乱之苦，记述了杀身成仁的明代遗臣悲壮献身的事迹，对那些守志不屈、抗清而死的人，书中皆有敬挽。书成后，名为《再变记》。

顺治四年（1647），函可利用父亲韩日缵曾是清招抚江南大学士洪承畴会试主考官的关系，求得了一块出城的护行印牌，打点好行装，准备返回家乡。不料，在离城时，在城门口遇到江宁驻防将军巴山属下巡逻兵的严密搜查，《再变记》等诗文被从经笥中搜出。函可因为这些文章而被捕，入刑部狱，被判了个“有干我朝忌讳”的罪名。著名史学家谢国桢在《明清之际党社运动考》中称此案是“清初最早的文字狱”。函可是清代文字狱的第一个受害者。

函可入狱后，惨遭酷刑，“拷掠至数百”，绝而复苏多次，“夹木再折，血淋没趾”，甚至“项铁至三烧，两足重伤”，被追问同党。但是，函可始终一口咬定：“某一人所为。”因此，这场文字狱没有造成更多的株连之祸。“金陵八大家”之首龚贤对函可勇于承担不牵连别人的高尚行为极表敬佩，写诗称赞：“只因五个字，断送百年身。”所谓“五个字”，即指函可说的“某一人所为”。

由于函可是出家人，又无证据，清廷无奈，便将他流刑发配盛京慈恩寺，戴罪修行。

函可在南京停留的时间不算长，但对南京是充满感情的。他在《忆钟山》中写道：“钟山野草恨茫茫，寝殿无人只有霜。谷里长松三百万，枕边犹自郁苍苍。”他对顾家小楼也特别怀念，有《怀顾家楼》诗云：“几年挂锡石桥头，屋角梅花尽意留。多少幽人尚勉首，可怜明月下前楼。”他回忆起与顾梦游两人纵谈历史、臧否忠奸的情景，不胜感慨。在《寄（邢）孟贞》中，函可则感叹道：“石子冈头共苦吟，交情老向水云深。孤僧罪案横诗卷，伯氏遗词发道心。婚嫁若完休卖赋，须眉白尽好投针。连年何限悲酸句，曾否招魂到海浔。”

被流放东北的函可，也牵动了南京许多僧俗的心。他们虽然远隔万水千山，仍诗书来往不断。顾梦游有诗《别雁寄怀祖心师》云：“字留烟灭没，声寄雨浮沉。逐客居辽海，烦传万里音。”龚贤也在《友人（函可）以文得罪，戍远边，诗以忆之》中写道：“忍见江头杨柳枝，故人穷老谪边陲。书来何异生死隔，恨未相逢离别时。”

顺治五年（1648）四月二十八日，函可与门徒共5人，一路跋涉来到盛京，开始了“奉旨焚修慈恩寺”流放罪人的苦难生活。面对那荒远绝域、人烟寥落、冰天雪地之原野，他空怀日月，静坐道场，阐

慈恩寺大雄宝殿

慈恩寺院内

发佛法，所谓“礼佛观如旧，逢僧尽欢呼”。

慈恩寺是位于今沈阳市沈河区大南街的一座著名的寺院。寺院坐西朝东，占地约1.2万平方米，是沈阳最大的佛教寺院，有“十方丛林”之称。慈恩寺东临万泉河，有万柳塘公园、带状公园环绕，优雅而清净。相传，寺院始建于唐代，后被历史淹没，后金天聪二年（1628）僧人慧清重新修建，寺内碑文有载“天聪二年复兴古刹”云云。顺治二年（1645）慧清又再度增修，建成大殿、韦驮殿、两廊，慈恩寺从此才成为大寺。

函可来到时，慈恩寺破旧不已，香火冷落。庙内的和尚大都不识字，连住持的僧人也只能诵读一篇《金刚经》。函可本就才华卓著，出家这些年，在佛学领域中又深有所成。所以，一入慈恩寺，立刻给慈恩寺带来了变化。很快，盛京城都知道慈恩寺来了个有道高僧，邀他讲《楞严》《圆觉》两经。函可由浅入深、生动活泼地讲解经书，倾倒当地僧众，与他探讨佛理的人纷至沓来，慈恩寺很快兴旺起来。

由于函可熟谙佛教经典，知识渊博，受到了盛京佛教界的尊崇。顺治九年（1652）三月，函可在沈阳各大寺院监院等在内的僧众联名请求下，开法南塔（广慈寺），以后又陆续主持七大寺宣讲佛法。他说，“佛门不是躲身之处”，不是“藏愚纳拙之地”，“既入佛门便当作佛”等，被传诵一时。函可由此声名甚著，“趋之者如河鱼怒上”。后来，他被奉为辽沈地区佛教开山之祖，对佛教在东北地区的传播和发展做出了巨大的贡献。这在慈恩寺和千山都曾留有碑记。

函可为人善良，博学多才，很受人欢迎，结交了为数不少的朋友，长此以往，与诸多被流放的才子以及当地的文人墨客交往甚密。函可的佛学、诗词俱佳，特别是他的气节，使关内关外的僧俗士庶仰慕不已，书信往来不绝，甚至派人送物。流放沈阳的文士李呈祥、郝浴、季开生等人，“始以节义文章相慕重，后皆引为法交”。函可的那些朋友，在人品上都很值得敬重。例如，李裀获罪是因为上谏朝廷，指陈当时的“逃人法”立法过重，株连太多；魏琯因上疏主张一个犯人的妻子“应免流徙”而自己反被流徙；季开生是谏阻皇帝到民间选美女；郝浴是弹劾吴三桂骄横不法……总之，都是一些善良而正直的人。

顺治七年（1650）冬天，函可与铁岭流人左懋泰创办了东北地区的文人诗社“冰天诗社”，以求“魏降读来成画虎，文山到死愿黄冠。”

这位左懋泰，也是盛京地区流人中的一个重要人物。左懋泰字韦诸，号大来，是山东莱阳人，崇祯年间进士，累官至吏部郎中。李自成率领农民军攻陷了北京后，左懋泰即降大顺政权，遂被任命为兵政府左侍郎，协助降将唐通镇守山海关。顺治元年（1644），清军入关后，左懋泰降清。

左懋泰有个堂弟，叫左懋第，时任南明弘光朝兵部右侍郎，很有才学，也很得弘光皇帝赏识。此时，清军南下，大兵压境。弘光皇帝幻想着能偏安江南一隅，便想向清廷割地求和。于是，便命左懋第北上出使清朝乞和。左懋第临行时，他在留给堂兄左懋泰的信中说：“懋第此行，是懋第死日也。”左懋第等人到达北京后，多尔衮派人劝降。左懋第手书“生为明臣，死为忠魂”一联，配上一幅苏武牧羊的画像垂挂在墙上，指着对联和画像告诉来人：“此为我志，不必多说！”多尔衮又派左懋泰来劝降堂弟。左懋第怒斥左懋泰苟且偷生的变节行为，说：“懋第无降敌之说，亦再无尔这等兄长”。顺治三年（1646）六月二十日，左懋第被押赴北京菜市口刑场。

后来，有人诬告左懋泰说他仇视大清，复明之心不死。顺治六年（1649），年逾50的左懋泰被举家流放盛京居铁岭戍所。跟他一起流放的有子侄和同辈的族兄弟，以及族内百十余口人。

当时的铁岭，因受清军多次屠城，到处是断壁残垣，一片狼藉，已成一片废墟，唯剩一柱辽建密檐式古塔尚存。左懋泰来到戍所，曾以“铁岭塔”为题写下一首诗，诗云：

古塔十三级，北城独立幽。
八方随佛日，一柱起边愁。
铃铎诸天语，阶梯象罔求。
无从登北处，仰视自悠悠。

顺治七年（1650）十一月二十七日，是左懋泰55岁生日。这天，函可召集盛京、铁岭、尚阳堡等地流人文士，汇聚在左懋泰的戍居之舍为他祝寿。应邀前来参加的人中，有僧人4人、道2人、士16人、举子及后来赶到者8人，加上左懋泰和他的两个儿子左玮生、左昕生，共计33人到场。此时，新旧朋友，异乡相见，不免产生同是天涯沦落人的悲伤之感。于是，寿宴间便吟诗颂词，倾诉衷肠。函可触景生情，建议效仿江南才子结社和宁古塔流人吴兆骞创办“七子之会”的做法，提出创立比“七子之会”规模还要大的“冰天诗社”。

函可的倡议，即刻得到左懋泰和众人的响应。函可“首倡为诗，和者僧三人道二人，士十六人，堡中寄和及后至者八人，合二公子，共得诗三十二章”，这便是东北第一个民间文化团体冰天诗社的“第一会”。最后，左懋泰在这次聚会中作了一首名为《答诸公见赠》的答谢诗，诗云：

神农虞夏忽芜荒，五十五年事杳茫。

绛县春秋羞甲子，楚歌宋玉谱宫商。
腐儒不死蠹空在，窜落添龄罪愈彰。
松柏好存冬日色，任随沤沫注沧桑。

“冰天诗社”创立后，汇聚了流放到盛京、铁岭、尚阳堡等地的文化流人，逐渐形成了一个由相对的固定人群组成的固定的文学团体，这也是辽沈地区最早的文学团体。现代学者将之称为“盛京流人文化圈”。“同是天涯谪戍人，敝裘短褐意相亲”，这一特殊群体，体现着超乎寻常的互助、互爱、互敬、互信精神。他们不计原先各自的效忠对象，不计各自的获罪理由，不计原先的身份地位，义无反顾地结成朋友，甚至成为生死与共的莫逆之交。左懋泰、陈掖臣、李裀、魏琯、季开生、董国祥、丁澎、陈之遴、李呈祥、孙梗、诸豫、刘嗣美、左玮生、左昕生，都是诗社的主要成员和活动骨干。他们广交文化流人，隐逸之士，互相酬和，写下许多感叹时事，抒发情怀的诗篇。

流人眷属中，陈之遴夫人徐灿是清初诗词大家和女书画家，李呈祥侧室张德容亦是才女，她们也积极参与诗社活动。徐灿有《怀德容张夫人（二首）》其二：

银州归驭惜匆匆，几夜愁怀话未终。
清泪长流分别后，玉颜时接梦魂中。
共怜塞雪征衣薄，好倩霜鸿锦字通。
屈指明年春色早，紫泥应下玉关东。

张德容刚随丈夫李呈祥迁入铁岭不久，徐灿就随丈夫陈之遴到铁岭探望。徐灿在张夫人处逗留几日，两位有文化素养的流人女眷同病相怜，并互述衷曲。徐灿回盛京后作诗表达怀念之情，内容充实，语言细腻感人。

冰天诗社成立后的第五天，顺治七年十二月初四，恰逢函可的生日，一些流人文士们又汇聚盛京，由左懋泰主持了函可的生日宴和这次冰天诗社的“第二会”，“诸公和者亦如前数”。左懋泰首先作颂，众人相继应和，石人作：

又见生公冰四围，顽心如我足相依。
痴犹研雪从添罪，枉拟炊沙为赈饥。
一世心肠频看雪，大千勋业在披衣。
才拈白骨天龙惨，花雨纷纷带血飞。

左懋泰的次子左昕生奉和父亲当场作赋：

门前竹板破葱苔，木佛烧残志不灰。
未丧斯文留子在，欲闻大道喜师来。
父兮不咏惊心知，伯也前驱愧后陪。
料得寒夜犹有梦，乡情端在岭头梅。

左懋泰于戍所期间，他砺砥志节，勤于著述，“节旌即落心愈壮，诗卷犹存道未穷”。他的诗文为众人所倾倒，被公认为“世所宗”的“天下文章”之大家。函可誉称他为“塞外高松”、东海的“大老”，认为左懋泰的才华可与明代诗坛享有威名的李梦阳相媲美，流人们也尊称其为“北里先生”。

顺治十三年（1656），左懋泰在铁岭度过了7年的流放生活之后，因病去世。函可对左懋泰的病逝，非常悲痛，他在《读左公徂来集》一诗中写道：

秋风一见泪纷披，可奈重歌出塞词。
百济河山愁处到，三韩文献幸今兹。
屈平即放天何问，杜甫无家别有诗。
方信当年身不死，千秋斯道已如丝。

他还在《哭吏部大来八首》中有句：“共洒十年前代泪，独留数卷后人思。”道出了左懋泰诗作中充满着深厚的眷怀故国之情。

左懋泰的朋友、尚阳堡流人丁澎也曾在《左莱阳著书宅》中缅怀他：

生平苦忆左莱州，谪去龙沙万里流。
按曲能传中散调，遗书应耻茂陵求。
黄榆夜雪长躯倰，紫塞春风几换裘。
潦倒暮年夸健笔，至今辞赋满沧州。

季开生有一首为左懋泰送葬之诗，名《送左大来先生葬》，诗中深切表达了对同病相连者的心曲和自己内心深处的希冀。诗云：

重关不禁旅魂过，梦里看君渡塞河。
白日总悲生事少，黄泉翻美故人多。
荒台啼鸟围松柏，废苑寒云锁薜萝。
未遂首丘须浅葬，好留枯骨待恩波。

冰天社成立后只活动了两次，却对当地的知识分子产生了广泛、深远的影响。“它开了清代辽沈文人结社集会之先河，活跃了辽沈地区的文化气氛，在东北诗词及文化发展史上都有重要意义。”①

在函可的朋友圈中，李呈祥是一位很有影响的人物。

李呈祥，字其旋，一字吉津，号木斋，今山东沾化人，年少即有才名，崇祯十五年（1642）中乡试举人，次年春闱又中进士。李呈祥赴京师等待吏部铨选之际，正赶上明清易代。清兵进入北京后，四下搜捕读书人，李呈祥不幸被捕入狱。狱中的他被迫剃发易服，身心饱受摧残。4个月后，他才在同乡的周旋下放归故里。

不久，李呈祥的至交好友高珩、王崇简、王永吉、冯溥和苏剑浦等人渐次降清，李呈祥最后也入仕清朝，顺治三年（1646）补翰林院编修，是《圣祖仁皇帝实录》《大清太宗应天兴国弘德彰武宽温仁圣

①姜念思：《沈阳史话》第224页，沈阳出版社，2017年第2版。

睿孝仁皇帝实录》40卷编纂成员之一，曾两次受到皇帝在礼部设宴奖赏。顺治五年（1648）升任国子监祭酒。顺治八年（1651）迁詹事府少詹，兼侍讲学士，并充清实录副总裁，官至四品。

顺治亲政初，满族议政王会议的力量得到迅速加强，汉官的地位愈发边缘化。越来越多的汉官感到，六部尚书只由满人担任是对汉臣的歧视和压迫。满人不娴于政治，六部在他们的管理下混乱不堪。顺治十年（1653），皇帝就“满汉诸臣胥当一体”的问题下诏求贤，寻求能直言敢谏的大臣。二月初，李呈祥呈上《辨明满汉一体疏》。在奏疏里，李呈祥强调“用人得当”的极端重要性，“帝天之命主于民心，而民心顺逆在于用人当否”。天下民心的向背，决定于施政人才是否恰当。他讽喻当今是“吏治之庞杂已甚，百姓之失所已极”。当下吏治庞杂混乱，已到了必须治理的地步。李呈祥建议：对于满臣，多记录功绩，宽容小过。凡是在各衙门任事的满臣，职务要务虚。如果行为得当则予以升赏，偶尔有不合适的，也要宽容优待。对于汉臣，则要求他们担当任事，杜绝其推诿塞责。凡是在官位上的，一定要清晨工作、晚间思索。工作需要见实效，不做务虚之事。如果当进言而不说，则治他的欺君之罪；应当作为而不作为的，就惩戒他的怠政懒惰。

李呈祥的《辨明满汉一体疏》引起顺治皇帝的极大不满，说：“李呈祥此疏，大不合理”；“朕不分满汉，一体眷遇”；“想尔等多系明季之臣，故有此妄言尔”。李呈祥因此被流放辽东。

这一年，李呈祥36岁。他在侧室张德容、金氏和二子陪同下，辞别痛哭号啕的家人，挥泪拜别送行的同僚好友，被押解出京，走上凄惨而漫长的流放之路。在朝中任大学士、与李呈祥同科进士的直隶真定人梁清标，是与其经常唱和的著名诗人，曾赋《送李吉津出塞》诗，描述了当时的情景：

> 生别妻孥出塞门，严城哀角动黄昏。
> 文章自昔憎时命，痛哭终当感至尊。
> 汉吏多持廷尉法，中朝谁举鲍生幡。

此行渐入龙庭去，不用投诗吊屈原。

李呈祥在尚阳堡结识了函可、左懋泰等流人中的文坛领袖，见到了许多流放至此的朝中同僚、故旧。他与函可过从甚密，称函可为“家尽身仍在，艰难万死余”之人。一年后，郝浴也流放到这里，并结为挚友。在流放期间，李呈祥的文学创作结出硕果，他的《木斋诗稿》为流放时的诗集，如其中《茅屋》诗：

浪迹同飘梗，余生寄此椽。
门开千里雪，爨起一窗烟。
野鹿来相值，闲禽坐不还。
北风吹正力，亦是羲皇前。

表现东北比较荒凉的地方风情，生活气息浓郁，格调清奇高雅。《仲冬一日》更为精彩：

正可闲无事，冬深天自寒。
饥鸭蹲不语，冻犬卧成团。
日出柴门晓，烟高大漠宽。
吾生犹易足，瓶粟了晨餐。

其中“饥鸭蹲不语，冻犬卧成团”句，通过对两种动物惟妙惟肖的神态描写，表现气候的寒冷，委婉表达出李呈祥落寞的情怀，已成为传颂至今的名句。

李呈祥的《木斋诗稿》共有50多首诗，散见于《清代诗》《东北流人诗选》中，流人董国祥编纂的《铁岭县志》中载有李呈祥诗5首。郝浴赞誉他的诗：“漱晚唐之风味，挹盛宋之高明，自成一家言。故无一语不喻于情，无一语不喻于理。”“独吉津先生悠然会心于此，有四目之明。”

顺治十五年（1658），皇帝下诏咨询言官不进谏的缘由。江西道监察御史李森先借机上书，认为“陛下孜孜求治，寻求进谏的诏书屡次下发。但诸臣迟迟观望的缘故，都是因为从前进谏言事的诸臣们，一旦因言获罪，必定遭受惩戒创伤，往往流徙边疆，众人因而恐惧，内心以进谏为祸端的起源”。他向顺治建议：“臣以为欲开言路，应该先宽宥言官的惩罚”。在他草拟的应宽宥的言官名单中，李呈祥排在第一位。

奏疏递上，李森先因偏袒罪臣而被流放到尚阳堡，和李呈祥竟成了难友。不过顺治不久就宽容了李森先，令其复原职。

两年后，顺治帝又重新审视起李森先的奏折来。他下诏命吏部开具因建言而得罪的直臣名单，李呈祥又被列为第一位。

赦免的圣旨终于下达到了尚阳堡，绝处求生中的李呈祥欣喜万分。他赶回京师，上疏称谢。但顺治只是赦免罪责，却并未让他复职，李呈祥只得回到故乡闲居。回到故乡后，李呈祥开始了长达27年的田园生活。

苦闷的闲居生活，李呈祥开始喜读陶渊明诗文，也渐渐发觉田园生活的乐趣，开始养家教子、读书诵经、游山访水，也逐渐和本县的亲朋故旧交往，形成一个活跃的文化圈。其中吴汝桢，绝仕进，以学问渊博著称。苏毓眉，清顺治甲午举人，官曹州学正，能诗善文，更善水墨丹青。苏本眉，毓眉弟，清顺治副贡，官抚州府同知。范明征，道经学博，称“经学大儒”。他们四人，不但是李呈祥的儿女亲家，而且是诗词唱和的密友。如吴汝桢的“芰荷低衬青蒲色，鸥鹭遥闻绿渚声”，苏毓眉的“麦芽抽垄才经雨，梨叶梢簷已醉霜”，都是和李呈祥唱和所得的名句。此外还有新城（桓台）王士禛（贻上）、王士禄（子底），淄川高珩（念东）、唐梦赉（济武），滨州杜漺（湄村）、惠民李之芳（郧园），和李呈祥不但有同年之谊，而且有亲属关系。他们之间的交游和诗词唱和，形成了一个更大的文化圈，并创作出许多诗文精品。而李呈祥的诗文创作，更是进入硕果累累的丰收阶段。

李呈祥流放遇赦时，携东北流人朋友左懋泰的《徂东集》和函可的《金塔铃集》手稿南来，目的是刊刻传世。他回家后，深感力不从心，经慎重考虑，决定去求助两位年富力强、在职在位的朋友。船近江南，杜湄村来迎，次日船到扬州，受到王士禛盛情接待。饮宴中，他谈到此行的目的，写了一篇五言长诗，陈说事情的前因后果：

奎辟落天东，雪窖埋双友。其一黔丈夫，长身而躯厚。
其一僧公子，皤腹恒张口。几时成两顽，予到添三丑。
遂使冰海澜，澎湃闻龙吼。唱和七年间，篇什杂箕帚。
丁宁付一编，垂死明授受。生还身与俱，出入必悬肘。
遍观天下士，此道竟谁有。吾郡两君子，冰玉辉山薮。
流涕拜致辞，积血今当剖。但恐失良时，地下终相负。
雄文一挥洒，春色回衰柳。陶公共远师，炯炯心难朽。
临义岂复避，千载见君手。眼底缃帙开，早为寄林叟。

整首诗语言朴实、铺排缜密、感情充沛、层次分明。他怀着崇敬之情写和两位朋友的诗词唱和经历及接受委托过程；对这两部手稿尽管万分珍惜，由于自己处境艰难，很难实现刊刻行世的愿望；他数千里奔波“流涕拜致辞”，求助“吾郡两君子”，表达“但恐失良时，地下终相负”的担心和“雄文一挥洒，春色回衰柳”的期望；表达他“临义岂复避”的诚信和“眼底缃帙开，早为寄林叟”的情怀。这首诗充分显现出李呈祥重承诺、重情义的高尚品质。

李呈祥是清朝很有成就的诗人之一。康熙四十二年（1703）进士、特授翰林院编修、编著过《四库全书总目》的查慎行对李呈祥的诗评价极高：“先生诗钩经史，囊括百家，气遒而力健，直欲追蹑少陵而复参之韦柳以博其趣，游之元白以畅其支。悲凉激楚，隐跃毫端，要皆因时以成，随遇而安。可与名家李攀龙、王士禛前后鼎足。”顺治九年（1652）进士，江南诗文大家贺拓庵（贺宽）评李呈祥诗文：“先生诗歌追踪李杜，出入高岑，和平温厚归于雅驯。碑版、序记诸文，远接庐陵、眉山，近法震川、荆川。有目者所共见，非余管窥。”

李呈祥祖居坝上村，当时地处沾化东部，其姓氏称东李，他因此将其诗文集命名为《东村集》，由他晚年亲自编定，并由康熙朝文坛盟主、一代诗宗王士禛校阅，但未梓行。李呈祥去世后，其六子李颂，恭请许汝霖、查慎行、贺宽等朝廷重臣、诗文名家作序，交李氏“仪一堂”刻印成书，为《东村集》10卷，附刊1卷。其中载诗888首，载文63篇。

在流放期间，李呈祥结识了以后成为挚友的文士流人，就是郝浴。

郝浴，字雪海、冰涤，号复阳、中山，直隶定州人。顺治六年（1649）中进士，授刑部主事。因其非凡的才干和胆略，顺治八年，升任湖广道御史，并委以钦差大臣重任巡按四川。顺治十一年（1654），他受吴三桂诬陷，流徙尚阳堡。六月，郝浴与怀有身孕的妻子王夫人辞别亲人，走上流放之路。从此，郝浴流寓于沈阳、铁岭，渡过了漫长的22年流人生活。

依照《大清律》，清初所有流放两千里的罪犯，必须在尚阳堡拘役3年，经刑部法司批准后，方可在尚阳堡或附近的开原、铁岭、盛京等地另觅谪居之地。顺治十四年（1657）四月，置奉天府于盛京陪都，朝廷视为喜事，盛京大赦。凡此年以前在盛京的“流移者俱赦为民”，给他们以有限自由，在盛京境内择居安家，但不经朝廷赦准，不得返回故里。郝浴遇赦之后，与好友函可等人于顺治十五年（1658），投奔其好友左懋泰移居铁岭。

郝浴的父亲郝大舫得知儿子获赦在铁岭安家，异常高兴，筹集银两派人送来，助其修建宅院。郝浴在“南门内之右”选中一片风水之地筑室而居。郝浴自记：“戊戌五月下岭，卜居于南门之右，方十许亩，中为书室三间，前有圃种蔬，后有园种花，左壁吾卧室也。右壁一带，皆吾友连屋而居也。”此时，李呈祥已于上年结束流放，谪居铁岭，郝浴所筑居室在李呈祥居所西侧。从此，两家比邻而居。李呈祥长郝浴6岁，被郝浴尊为“吉老”“先生”。两人常在一起读书论学，慨谈人生，同游东北的山水名胜，相互有许多诗文唱和之作存世，两人不但是朝夕相处的近邻，而且成为惺惺相惜，心心相印的挚友。

顺治十七年（1660），李呈祥遇赦还朝。两位挚友分别前彻夜长谈，依依惜别。郝浴有《宿李吉津斋头，时吉津将拜赐还之恩，长子思行来迎，为赋三首》，表达他们的深情厚谊。李呈祥临行前郝浴又赋《送李吉津先生回朝》诗一首：

冲泥拔马送君行，回首银州百感生。
一路河山闻圣旨，七年风雪泣交情。
辞朝乳燕穿云去，抱树惊蝉毛羽鸣
无那古人还送酒，懒残不及见调羹。

郝浴在家设帐办学，传授理学经典、培养生徒、普及文化，直至康熙十四年（1675）官复原职。"致知格物"是郝浴的座右铭，也是他的办学宗旨。他给自己的居室冠以"致知格物之堂"的名字，表示为了在这块小小的茅庐上实现他的宏伟抱负："讲学明理，蓄正方刚之大气。"他教导学生成为品学兼优的栋梁之材："诸士习业于此，毋自鄙落，当思所以为忠臣、为孝子、为悌弟、为良友。修齐诚正之事，皆务实践而体之，即治国平天下，无其事而有其具，庶无负先生之所以名堂之记哉！"接替郝浴办学的董国祥对学生解释说："知者，心之灵也。致者，推而极之以求蔽也。……天下、国家、身、心、意皆物也，诚正修齐以至治平即格物也。……此即所谓：知善知恶是良知，为善去恶是格物。"

在临离铁岭前，郝浴将其住所及讲学之地改称为"银冈书院"。并"手记岁月"，著《银冈书院记》留于铁岭，勒石为碑，以便流传。为了使银冈书院的讲学活动发展下去，他又将"银园"中数十间房舍、20多年购置的250亩土地和城内西南隅的一段地基，全部无偿地留赠给铁岭，作为"银冈书院"的"生徒肄业之资"。"致知格物之堂"，"圆户亮格，颜之以丹"。屋后之冈"隐然龙卧"，又因辽代铁岭置银州，故取银州之冈之意，这就是银冈书院命名的由来。他在屋前种蔬，屋后种花，栽植树木，"筑台于中"，创造幽静的读书环境。他为讲学育人费尽苦心，他的银冈讲学处"富有园林之致"，故又名"银园"。他离开铁岭时，写了一首题为《银冈行》的诗，表达他对银冈的眷恋：

自从束发亲灯火，弱冠登朝遂作狂。
俯身东戍黄龙下，红颇绿鬓尽沧桑。
二十余年寝不寐，天涯回首月如霜。
虽恨百忧沦瘦骨，犹喜心开书一囊。
洛下真儒宗孟子，翰墨直闻泗水香。
晨登讲席歌尧舜，千山翠色落银冈。
可知天道终归正，从此丹山起凤凰。

“银冈书院”是东北地区第一个书院，200多年间，几经修建已有相当规模，培养出不少有识之士。银冈书院的早期学生是铁岭流人左懋泰和戴国士的子侄们十余人。自康熙三年（1664）铁岭建县后，县令胡药缨按“辽东招垦令”招民入境耕垦。辽北居民大增，很多平民的子弟也来银冈就学，生徒日渐增多。

康熙五十三年（1714），郝浴次子郝林升任奉天府尹，他捐银数千两，使银冈书院“益为式廓”，扩大规模。他作《重修银冈书院落成拜祀恭记》：

教泽远贻开后学，讲堂新葺聚群英，
银冈从此留千古，龙首山高柴水清。

康熙五十五年（1716），郝林升任奉天府丞，原顺天府尹屠沂接任奉天府尹。屠沂曾游遍全国各大书院，当他来到铁岭，了解到银冈书院的现状和历史时，大为感慨，把银冈书院与河南的嵩阳书院、湖南的岳麓书院、石鼓书院和江西的白鹿洞书院并列为全国“五大书院”，并撰文勒碑留记。他在《重修银冈书院记》中写道：“维天下之书院多矣，惟嵩阳、白鹿、岳麓、石鼓以大称。岂高阁、周建长廊四起云尔哉！盖大其人，故大其书院也。”“兹铁岭片石，即与嵩阳、白鹿、岳麓、石鼓四大书院而五焉，奚不可也？兴行教化守土之责也。表彰前哲后学之事也。”他认为，郝浴“学探理窟，才蔚国华，岳岳怀方，不移不屈，政绩昭然”，“观公之自记，非真闻道者而言之乎?”

书院教师的水平也很高，有许多著名的学者来此讲学，如新民举人李百川、宁远举人李崇瑞。据史志记载，当时听讲者座无虚席。光绪二十一年（1895）海城举人赵维城避乱来铁岭被聘为主讲，赵维城的古文得之阳湖派，而尤深研理学，至此书院“士子耳目一新”。光绪二十九年（1903）银冈书院总董曾宪文等创办银冈学堂实施西方教育，银冈书院进入了新的历史时期。从此，银冈书院的文化运动增添了新的色彩。银冈书院曾培养出左暐生、左昕生、戴遵先、戴盛先、徐元弼等诗人，以及书法家魏燮均等人。近代，少年周恩来就曾经在银冈书院读过书。银冈书院是我国封建社会后期较有影响的书院之一，至今仍是辽北地区人文精神的象征。

前文提到，李呈祥遇赦离开铁岭时，和郝浴依依惜别。分别后，李呈祥进京拜谢皇帝，然后回归故里。他和郝浴并没有因关山阻隔中断联系，不仅书信来往不断，而且数次到定州唐城探视郝浴父母。康熙六年（1667）郝浴得便回乡探亲，李呈祥得信后，日夜兼程700里，去与郝浴会面。当李呈祥赶到唐城时，郝浴受朋友邀请进山游览。李呈祥等待郝浴归来的几日中，受到郝浴之父郝恒瞻先生的热情款待。这位德高望重的老人，亲自陪伴李呈祥游历唐城的山水名胜，并询问郝浴在铁岭的生活和讲学等多方面情况。李呈祥十分敬仰老人的古道热肠和高风亮节，老人亦佩服李呈祥的为人和才学，觉得儿子交上李呈祥这样的好朋友他很放心，便说“儿浴与子游，吾何忧乎”。数日后郝浴归来，与李呈祥结伴同游太原，游历中呈祥得诗15首，结集为《游中山草》，篇篇精彩。

然而，翌年七月二十日，恒瞻老人却因病仙逝。李呈祥当年九月得到郝浴讣告，又到唐城吊唁。十月，郝浴诚请挚友李呈祥为其父撰写墓志。

康熙十四年（1675），郝浴还朝后，还曾会同李呈祥、刘宗周到孙奇逢在河南辉县苏门山的百泉书院进修，李呈祥、刘宗周并曾应邀讲学授徒。

康熙十六年（1677），郝浴曾奉命以湖广道御史巡视两淮盐政。《清史稿》本传记载："十六年，命巡视两淮盐政，严剔宿蠹，增课六十余万。淮、扬大饥，发仓米赈救，全活甚众。"康熙十八年（1679），郝浴擢左佥都御史，未逾月，再迁左副都御史。

参加冰天诗社的还有一位也是声望较高的人物，叫季开生。季开生字天中，号冠月，江苏泰兴人。他少年成名，文才卓越，有"江南才子"之称。顺治六年（1649），他22岁进士。官累迁至礼科给事中、兵科给事中。在朝期间，直言敢谏，史家称其为"清朝第一谏臣"。

顺治十一年（1654）八月，地震频生，声如雷，城垣、楼垛、庐舍、堤坝均有损坏，人畜有伤亡。季开生疏言："地道不静，民不安也。民之不安，官失职也。官之失职，约有十端：一曰格诏旨，二曰轻民命，三曰纵属官，四曰庇胥吏，五曰重耗剋，六曰纳餽遗，七曰广株连，八曰阁词讼，九曰失弹压，十曰玩纠劾。"所列十条"弊端"，道出了巩固大清江山统治关键，深得顺治赏识，立即被予以采纳："疏其目以上，章下所司。"调兵科右给事中。

顺治十二年（1655）秋，北京乾清宫刚刚建成，内务府拨款派太监赴江南采购陈设器皿。时民间盛传宫中往扬州买女子充后宫。季开生听到此言，当即向顺治皇帝上书，极谏此事之非，竭力劝阻皇帝"收回成命"，不要兴师动众到民间收买汉家女子。顺治皇帝对此恼怒不已，斥责季开生不"言国家正务实事"，以"茫无证据之事""妄捏渎奏，肆诬沽直，甚属可恶"。命刑部定"杖赎"并将季开生革职。季开生下狱到刑部判处杖刑，经赎买免杖刑，流放尚阳堡。

顺治十二年（1655）8月19日，季开生被流放尚阳堡。他被革职流放的消息一传开，便得到了广泛的同情，数十人写诗为他送别，"虽远徙穷边，声望益著"、"直声震天下"。

季开生刚到尚阳堡时，生计艰难，满目苍凉，他在《尚阳堡即事》诗中云：

岩风易结杯中雪，炕火难融被上霜。
衡门尽日空车马，冷甑连宵织网丝。
顽山入屋霜连枕，断壑当门月上衣。
窗中既得林峦对，门外从多虎豹踪。

来到尚阳堡，季开生与流人文士多有交往，歌咏不断，创作了大量的诗歌作品，其组诗《尚阳堡纪事口号》用生动的语言描写了当地的风情、自己的清苦生活以及在这清苦的状况下如何坚持创作的情形。季开生与函可本是旧相识，在南京时过从甚密，至是“冰火十年人一见，家乡万里梦同回”，交谊更深。他深受函可、郝浴、左懋泰、李裀推崇，参加了冰天诗社，有许多诗歌唱和往来。

季开生流放尚阳堡5年后，也就是顺治十六年（1659），季开生不幸死于尚阳堡，年仅33岁。

尚阳堡有一无赖，对季开生很不友善。因故行凶，殴打致死，声言欲焚其户，官司不问，怀疑该犯必有主使。《清史稿 · 季开生传》载：（季开生）“后因谏买扬州女子，几遭极刑，戍尚阳堡。在戍所被光棍殴死，官司不问。”季开生之死，成为尚阳堡流人史上的一宗疑案。

前文提到，顺治十五年（1658）五月，御史李森先上奏皇帝说，皇上屡下求言之诏，而大小臣工犹然迟回观望，个中的原因就在于，“从前言事诸臣一经惩创则流徙永锢，遂相率以言为戒耳”。他建议要开路，首先应将因建言被流放的李呈祥、季开生等予以恩赦。顺治皇帝极为恼火，将李森先也流放到尚阳堡。两年后，顺治帝又重新审视起李森先的奏折，将遭流放的李呈祥、季开生、魏琯等人免罪。但是，当信使来到尚阳堡传此喜讯时才得知，季开生已于一年之前去世。朝廷“准复原官”时，恰是他死后第二年。

得知朝廷赦免季开生令其官复原职后，谪戍的艰苦生活中季开生的患难之友们无不为之皓叹苍天。当季开生被平反后灵柩返乡时，同为流人的丁澎写《送季天中给谏奉诏归榇海陵》诗：

龙沙古塞截云霄，北向冰天壮气消。

三载梦回丹阙近，一身愁遣玉门遥。
非关死后求遗疏，不待生还负圣朝。
万里故人齐引绋，灵旗风急路萧萧。

这里我们介绍了函可的几位朋友，下面再接着说函可。

顺治九年（1652）以后，官府对流人的管束有所松动，函可可以离开沈阳，到外地游历。后来，他住到了辽阳附近到一些寺庙里。在此期间，他11次游千山，创作了大量歌咏千山到诗作，表达了对东北大好河山的热爱。从顺治十四年开始，函可离开辽阳，退居到海城的金塔寺，一直到顺治十六年（1660），他在这里圆寂。

函可在流放期间，写了大量的诗篇。函可把诗篇的创作，视同生命。颠沛流离的流放生涯，世道变故及亲友的罹难，成为他诗作的源泉。函可的诗篇，现今存世的近1500首，包括顺治三四年间在南京时所写的。函可生前曾有《语录》10卷、《剩诗》3卷等行世。顺治十四年（1657），函可的法弟真乘，从罗浮山徒步去沈阳，把函可的诗稿带回罗浮山。行前，函可写了诗集的自序。康熙二十九年，函可弟子重刻《语录》，改名《千山语录》行世。函可死后44年，即康熙四十二年（1703），弟子今羞等把所搜集的各种版本和诸家所藏函可诗汇集一起，以《千山诗集》书名缕版印行。

乾隆四十年（1775），即函可死后116年，在查缴禁书大兴文字狱的劫难中，上谕：千山僧函可"因获罪发遣沈阳，刻有诗集，恐无识之徒目为流缁高品，并恐沈阳地方或奉以为开山祖席，于世道人心甚有关系。"命地方官"查明据实覆奏"。结果，《千山语录》《千山诗集》均被列入禁书目录，查抄焚毁；凡函可住过的寺庙及双峰寺所遗碑塔，尽行拆毁。

这位清初以文罹难的函可禅师，殁后百余年亦不得安宁。"生前身后遭受两次文字狱，也是我国流人史上所罕见的。"[①]

①李兴盛：《中国流人史》第680页，黑龙江人民出版社，1996年版。

三 陈梦雷与《盛京通志》

前面提及的以函可为中心的盛京流人文化圈，都是在清初的顺治年间流放和活动的，他们在那个时期的文化活动，形成了清初沈阳城的一个文化高潮。此后，在康熙年间，又有一位流人十分有名，他在流寓沈阳期间，也为沈阳的文化事业发展做出重大贡献。他就是陈梦雷。辽宁社科院学者张玉兴指出：“陈梦雷是清代一位重要学者，中国文化史上的奇才。他因早年的一场不幸遭遇，蒙受沉冤而终生坎坷。他虽处逆境却自强不息，以其聪明才智积极入世，独自设计编纂了万卷大类书《古今图书集成》，创造了中国文化史上的奇迹。”①

陈梦雷，字则震，号省斋，号天一道人，晚年又号松鹤老人。福建闽县人。陈梦雷资质聪敏，少有才名。12岁中秀才，19岁中举人，康熙九年（1670）成进士。选庶吉士，散馆后授编修。

康熙十二年（1673）十二月，陈梦雷回乡省亲。正在这时，发生了震惊全国的三藩之乱。康熙十三年（1674）三月，靖南王耿精忠在福州举兵反清。他在福建遍罗名士，强授官职，胁迫士人同反。陈梦雷遁入僧寺，因老父被拘，不得已入耿幕，但仍托病拒受印札。当时，与陈梦雷同年进士、同官编修的安溪人李光地，也被迫来福州，迅即以“父疾”请假回家。据陈梦雷称，二人曾在福州密约：由陈梦雷从中“离散逆党，探听消息”；“藉光地在外，从山路通信军前”，共请清兵入剿；并由陈梦雷主拟请兵疏稿。在分别前，李光地向陈梦雷保证：“他日幸见天日，我之功成，则白尔之节；尔之节显，则述我之功。”但李光地“挨延半载，始肯遣人。”隐去陈梦雷的名字，单独向朝廷上疏请兵。李光地因此大受赏识，青云直上，累官至文渊阁大学士兼吏部尚书。而陈梦雷不但功被埋没，还因京师传陈梦雷任耿精忠“学士”，又受到耿党徐鸿弼诬告，致以“附逆”罪被捕，入狱论斩。

陈梦雷入狱前后，曾多次要求李光地为自己作证辩诬。李光地于康熙十九年（1680）返京后，也曾为陈梦雷“代具一疏”，但对陈梦

---

①张玉兴：《明清史探索》第517页，辽海出版社，2004年版。

雷在福州“离散逆党，密图内应及同谋请兵之事，一语不及。”陈梦雷因此大恨李光地，责其“欺君负友”，还写了《绝交书》。李光地断然拒绝陈梦雷的指责，向康熙奏云：陈梦雷所谓“臣上蜡丸书是他定的稿，实实无此事。”还指出：康熙十四年（1675）五月，自己将上密本之时，曾派人持书到福州找陈梦雷，陈梦雷“一字不见答”，因此只得“与家叔谋之”，陈梦雷对自己的攻击，是受忌妒自己的大臣指使所致。陈、李二人的是非争论，遂成历史公案。

康熙二十一年（1682），经刑部尚书徐乾学救援，陈梦雷免死，改戍奉天尚阳堡。陈梦雷来到沈阳的时候，先前到此地的文人学士多已离开或是死去。他备感孤独，不久就病倒了。他在心月和尚的关照下，住进了沈阳的龙王庙。在流放期间，陈梦雷的妻子和父母相继亡故，他度过了漫长的、冤屈凄苦的岁月。但“面对这种沉重的打击与屈辱，陈梦雷并未消沉，而是以一个正直学者的纯真之心，积极入世，为关东做出了宝贵贡献。”[①]

《盛京通志》书影

康熙二十五年（1686），康熙皇帝向全国下令，编辑《大清一统志》。当时，盛京还没有一本完整的志书。因此，康熙下诏，始修《盛京通志》，并由时任盛京将军的伊把汉做总裁，但修志工作一再延误。陈梦雷到来后，奉天府尹高尔位将他请到了奉天府，让其脱离奴籍，安排他主修通志和负责组织指导各地的修志工作。

①张玉兴：《明清史探索》第524页，辽海出版社，2004年版。

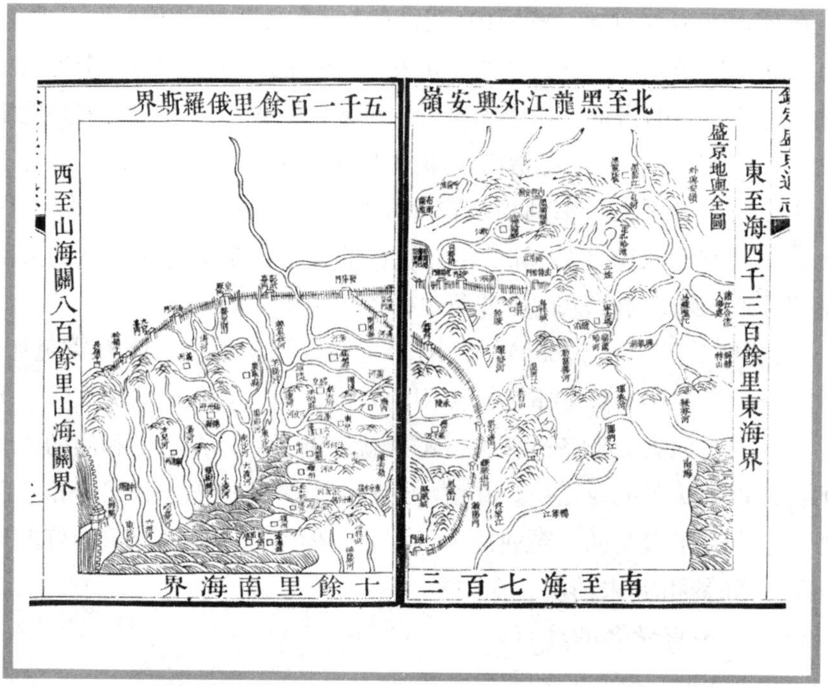

《盛京通志》载《盛京舆地图》

陈梦雷的修志工作得到了奉天府尹高尔位的鼎力支持，他十分欣赏陈梦雷的才华。当志书编修一年之时，康熙二十二年（1683）六月，奉天府尹高尔位调转，董秉忠接任，董府尹一如前任，对陈梦雷优礼有加。正值壮年的陈梦雷，为修志竭心尽力，以报答高、董二府尹对自己的赏识，同时也希望能通过这次修志，让自己的未来走向光明。陈梦雷从收集资料开始，并在汇总所收资料的基础上，精心策划编撰了本通志体例、序言及分卷总序。他对这本《盛京通志》倾注了全部心血，也为后来不断续修本志打下了良好的基础。康熙四十二年（1703）进士王一元在《辽左见闻录》中记载：“甲子、乙丑间（1684、1685）修奉天府志，各州县官挟画工而行，分诣边外深山穷谷中，阅历殆遍，图其形而归，逾年志成，秉笔者原任编修陈梦雷也。”

康熙二十三年（1684），32卷本的《盛京通志》修成问世，“是清初盛京地区修志工作圆满告竣的标志。”《盛京通志》“是清初盛京地区所修志书的集大成优秀之作。”[①]

康熙二十六年（1687），陈梦雷在朋友们的帮助下，于城西筑“云思草堂”。王一元在《辽左见闻录》中曾说陈梦雷的云思草堂“花石娟秀，日以著述为乐，从游者甚众”。草堂落成之日，他的好友黄鹭来特作《陈省斋草堂新成过集漫赋》二首，描述云思草堂是“新筑郊西宅，中庭十亩宽”，“四壁图书列，烟光一径深”，并将陈梦雷比作晋代大诗人陶渊明和三国时隐居辽东的著名学者管宁：“达识推元亮，边人重幼安。”在这种“卷帘风自入，过雨夏犹寒”的环境里过着云卷云舒的娴静生活。陈梦雷亦作和诗《丁卯孟夏云思草堂落成步黄叔威原韵》四首。其中第三首写道：

谁信投荒日，犹居帝里西。
迁莺依近树，巢燕宿新泥。
烟冷蘼芜迳，风吹苜蓿畦。
乡关惊旅梦，夜起待晨鸡。

康熙二十九年（1690）以后，翰林院编修杨瑄、内廷供奉值南书房的戴梓，相继被流放到沈阳。他们的到来，使陈梦雷的朋友圈又多了几位挚友，云思草堂也多了一批鸿儒高士。这些才俊们惺惺相惜，云思草堂成为他们放逐心灵的后花园，他们在这里品茗吟诗，宴乐雅集，互相砥砺，彼此关照。共同的命运使他们在频繁的交往中建立了深挚的感情，而同时，云思草堂里的“四壁图书”则成了他们延续生命的精神支柱。若干年后，戴梓赦回北京，仍牢记着在沈阳与陈梦雷的这段情谊，于《寄怀陈太史省斋》诗中写道：“与君同是白头人，十四年来不复亲。”

以云思草堂为中心，陈梦雷“以学识、人品的巨大号召力，联系团结乃至影响了一大批流人文士，形成了辽沈又一个流人文化圈。”经常到云思草堂交游的“其中主要是流人文士，同时也有流寓文人，乃至地方倾心文化者。在十多年间，几乎所有流放到或寓居于盛京地

①朱诚如主编：《辽宁通史》第2卷，第382页，辽宁民族出版社，2009年版。

区的各类文士都与陈梦雷有交往。……他们研究学问，诗文唱酬，写出了大量的作品，丰富了辽沈文化。”[①]

除《盛京通志》外，陈梦雷先后编撰《周易浅述》《承德县志》《海城县志》《盖平县志》等。陈梦雷在沈阳还留下了许多创作。其中《留都十六景》组诗，颇具才情。所咏16景为：天柱衡云、开城霁雪、东园泛菊、龙石观莲、实胜斜晖、浑河晚渡、御园春望、黄山秋猎、沈水春游、永安秋水、大堤踏月、塔湾落雁、景佑晓钟、天坛松月、南塔柳荫、望云列障。囊括了当时沈阳最具特色的自然与人文景观，后来各种版本的“盛京八景”、“沈阳八景”等大都据此所列。

陈梦雷才华横溢，学识渊博，且通满文，久居沈阳，慕名来访的学子不断，诚如陈寿祺《左海文集 · 陈编修梦雷传》中所说：“诸公卿子弟执经问字者踵接。”于是，他热心设馆收徒，授人学业，满、汉、回等民族子弟纷纷拜在他的门下。“以自己的辛勤劳动为东北培养了一大批人才。”[②] 他执教严肃，对学生多加规范。在他的教授下，康熙二十九年（1690），学生中有6人参加秋闱考试，其中阿锡台中举人，吴澄中副贡。后来，阿锡台和他的另一位回族弟子铁显祖还考中了进士。

陈梦雷在沈阳期间，还向朝廷提出了许多充实和开发东北的设想。他建议将流放到东北的大批“三藩诖误之众尽隶州县为民”，以充实边地。如此不出10年，即会出现“户口可殖，农桑可蕃，国用可充，军实可足，辽河东西直接畿辅，鸡犬相闻，室庐相望”的繁荣局面。这在当时东北人口顿减，土地空旷，民生萧条，大清立业之根基不稳的情况下，陈梦雷此番主张，可谓颇有见地。

沈阳作家初国卿在《陈梦雷的沈阳十六年》一文中指出：“是清前期遣戍到沈阳的流人开创了沈阳文学创作的先河，奠定和发展了城市的精英文化。是否可以这样看：陈梦雷等流人的到来，使沈阳成为

①彭定安总主编，顾奎相分卷主编：《沈阳文化史 · 古代卷》第384～385页，沈阳出版社，2014年版。

②张玉兴：《明清史探索》第527页，辽海出版社，2004年版。

承载文化人的土地。对流放者来说，从杏花春雨的江南，从金碧辉煌的朝堂之上来到这凋敝萧条之地，是他们个人或者整个家族的悲哀，但同时，沈阳和它的周边之地却因此得到了文化的滋养。这正如余秋雨先生所说的那样，不要把视线老是停留在那些轰轰烈烈的大事件上，那些战争和事件，其实并没有给这块土地带来多少滋养，是流人，用他们那软软的南方口音，给这块蛮荒的土地注入了文明与文化。当我们重新面对三百年前的历史时，真的无法评定流人现象到底是文化的幸还是不幸。从地方文化上讲，这当然很难说不是历史的幸事。”“在流人对沈阳的文化贡献中，有两个人最为突出，那就是函可和陈梦雷。函可和他的‘冰天诗社’开创了文人结社和文学创作之先河；陈梦雷的修志编史，开馆授徒，筑云思草堂等，在沈阳城市文化的开拓与发展中具有里程碑式的意义。以他们二人为首的文化流人群体使沈阳的城市文化形态首次有了连续性，使数次中断的中华文明又一次在沈阳的大地上开始新的传承，其冰天雪地中对于文化的执着与热爱，对窘迫命运的不屈和对自由的追求都尤其令人赞叹，诚如《沈故》一书所言：‘亦流寓之不可不纪者’。”

康熙三十七年（1698）九月，康熙皇帝巡视盛京，陈梦雷借机进献一首120韵的七言排律《圣德神功恭记》。康熙帝赏其才华，特赦回京师，被任命为词臣、侍读。次年，入内苑，侍奉康熙第三子诚亲王允祉读书。

皇三子诚亲王允祉喜爱治学，延揽许多博学之士，编纂多种书籍。在康熙那个时代，有许多来自欧洲的传教士在康熙朝廷活动。他们向康熙皇帝介绍欧洲的国家科学院，并建议皇帝也在中国建立科学院。康熙五十二年（1713），康熙建立了“蒙养斋算学馆”，翻译西方历算著作，编写《律历渊源》等书籍。馆址设在号称“京师第一园林”的畅春园。传教士们将其誉为中国的“皇家科学院”。康熙让允祉主持蒙养斋，并从全国各地选了300多人，经过考试，遴选72位文人学士在蒙养斋工作。在蒙养斋工作的包括一批懂天文、数学的年轻人。在蒙养斋算学馆里工作的还有欧洲传教士，包括杜德美、傅圣泽、杨秉义、纪理安、白晋等人。同年，诏修《律吕》诸书，于畅春园蒙养斋立馆，求海内畅晓乐律者。《清史稿》说：“凡有一技之能者，往往召直蒙养斋。”当时在宫廷的法国传教士傅圣泽曾描述了这个算学馆的情况：“一个学校性质的机构被建立了。一些获选的听众将每天来到（皇帝）面前，他会向他们讲解某个欧几里得的命题。（康熙帝）享受着精通抽象科学的快感以及他的新学生们不失时机地给予他赞扬的愉悦，虽然这些学生通常是听不懂（其讲授的内容）的。”

蒙养斋进行了许多科学观测活动，包括在畅春园里测量黄赤交角，还到全国各地测量经纬度。当时蒙养斋的科学活动很多仿效法国科学院的做法。蒙养斋融汇当时西方科学成就，编撰成了包含有天文数学乐理等内容的、中国科技史上高水平的总结性巨著《律历渊源》，包括《数理精蕴》《钦若历书》和《律吕正义》3部书。传教士们也参加了编译西方科学著作的活动，法国传教士白晋说：“我们曾奉命编各种专书18种至20种，均蒙皇帝赞赏。”

笔者没有看到陈梦雷与上述蒙养斋有什么关系的材料。但陈梦雷回京以后的生活，是与允祉紧密相关的，而且就是在蒙养斋建立和活动频繁的时期。都是治学，都是编书，所以，很可能陈梦雷也参与了蒙养斋的活动，只不过陈梦雷关注的重点不在西学。陈梦雷的学问才识和人品甚得允祉好感，为他提供住所，让他住在允祉的赐园熙春园。这个熙春园的遗址现在就在清华大学院内，与蒙养斋所在的畅春园相距并不算远。道光年间，熙春园被分成东、西两个园子，西边的园子起名为“近春园”；东边的园子仍名为“熙春园”。咸丰登基之后，将东边的熙春园改名为“清华园”。

陈梦雷的很多诗作中曾提到熙春园的景色以及他的住所。在康熙四十九年至六十一年间（1710～1722），陈梦雷住在熙春园附近的“水村别墅”里。关于这座别墅的购置和修建，陈梦雷在《水村十二景》诗的“短引”中有概括的记述：“村在城西北，河流环绕，榆柳千株。旧有其地，俗称‘一间楼’。后入于贵戚，而台榭增高矣。吾王殿下购得，命余居之。兼赐河西田二顷，俾得遂农圃之愿也。续建斗阁三楹，晨夕祝圣，命余典其事。”陈梦雷在《水村纪事》3首诗中云：“花茎早开迎旭日，草堂初葺待春风。”

在此前的康熙四十三年（1704），康熙皇帝曾为陈梦雷题写了“松高枝叶茂，鹤老羽毛新”一副联语垂赐。为感戴康熙赐此荣誉，陈梦雷自称“松鹤老人”，在住进水村别墅后，陈梦雷将二层小楼取名“松鹤山房”。这里成为他的书房，并在这里全身心地编纂《古今图书集成》。陈梦雷此后的著述也取名《松鹤山房文集》《松鹤山房诗集》。

陈梦雷积极参与允祉的图书编纂活动。他关注的重点在中国传统典籍。他认为，现有类书“详于政典”、“但资辞藻”，有许多缺点，因此决心编辑一部“大小一贯，上下古今，类列部分，有纲有纪”的大型类书。此事得到允祉支持，特拨给“协一堂”藏书，在陈梦雷藏书的基础上又颁发“协一堂所藏鸿编”，还提供了补充文献、皇帝谕文、地方志书等，大大丰富了编书内容，并筹措所需的经费。

自康熙四十年（1701）十月起，陈梦雷根据“协一堂”藏书和家藏图书共15000余卷，开始分类编辑。经过“目营手检，无间晨夕”的辛勤劳动，到康熙四十四年（1705）五月，终于编成大型类书《古今图书集成》。这是中国现存最大、搜集最博的大型类书。全书共1万卷，目录40卷，分历缘、方舆、明伦、博物、理学、经济6编；每编分若干典，全书共32典；每典又分若干部，全书共有6109部。该书内容繁复，区分详晰。他在编此书时说：“凡六合之内，巨细必举，其在十三经、二十一史，只字不遗；其在稗史、子、集，十亦只删一二。”全书总约1.6亿字，分订5020册，装520函，其内容庞博，被后人称之为“康熙百科全书”。

这部《古今图书汇编》初稿的编纂工作，是陈梦雷独自完成的。他在康熙四十八年（1709）写给允祉的《进汇编启》一文中，详细记述了书稿完成的经过和对以后编辑工作的建议：“自揣五十年来无他嗜好，惟有日抱遗编，今何幸大慰所怀，不揣蚊力负山，遂以一人独肩斯任……”

康熙五十五年（1716），陈梦雷完成了送呈稿。康熙帝将《古今图书汇编》定名为《古今图书集成》，并开设“集成馆”，命允祉主持，陈梦雷具体负责编纂事务。集成馆有80人的工作队伍，做编校、誊写等工作。当时的诗人、文学家黄任曾写过一首《题集成馆纂修图》诗，其说：

> 藏珠府接大罗天，握椠怀铅各并肩。
> 不比兰亭修禊事，群贤毕集永和年。
> ……
> 清夜西园宴集图，图中人尽食天府。
> 他年收入宣和谱，可有萧梁跋尾无？

诗中描写了集成馆的人员紧张地忙着编纂和校勘，群贤毕集于此，从事有意义的工作，定会像东晋永和年间那些人一样为后世所崇敬。

1720年左右，《古今图书集成》定稿。康熙帝恩准奖励纂修人员，并诏准用铜活字版正式开印，传旨印刷60部。到康熙六十一年（1722），已印刷超过9621卷，占全书的96%，只剩下279卷未印。康熙六十一年（1722）正月，陈梦雷为康熙帝千叟宴所作七言诗说，万卷《古今图书集成》即将印完。他写道：

> 承恩五十有三年，旷典虞庠近御筵。
> 万卷书成传盛世，嵩呼圣寿永同天。

《古今图书集成》是陈梦雷一生最大的成就。《古今图书集成》与《永乐大典》《四库全书》一起，是为我国历代王朝规模最大的3部书，在古代文化史上占有重要的地位。《古今图书集成》刊印后，即受各方好评。清人张廷玉称："自有书契以来，以一书贯串古今，包罗万有，未有如我朝《古今图书集成》者。"英国著名科学史家李约瑟博士曾说："我们经常查阅的最大的百科全书是《图书集成》……这是一件无上珍贵的礼物。"

雍正皇帝即位后，允祉被贬斥，陈梦雷受牵连，雍正元年（1723）一月，陈梦雷即以"交结邪党，扰乱国政"的罪名，被再度流放到黑龙江，这时，陈梦雷已是72岁的老人了。

在流放期间，陈梦雷与因《南山集》文字狱案流放来的方登峰、方式济父子及另一流放者图尔泰等，以诗相交，过从甚密。方登峰曾有《赠省斋》一诗：

五十年前旧史管，谁从荒漠识衣冠？
邹枚作赋名空老，歆向仇书墨未干。
过眼风经风浪恶，扪心长抱雪霜寒。
新仇往事纷如许，白发青灯话夜澜。

方登峰在诗中赞颂陈梦雷的学识才华、贡献及其节操，对他的悲惨遭遇寄予同情。

乾隆六年（1741），在流放20年后，91岁的陈梦雷在戍所逝世。

雍正元年正月初五降谕，改组集成馆，清洗编辑人员中陈梦雷的亲属、门生和同乡，将书校改后印刷出版。他降旨经筵讲官、户部尚书蒋廷锡重新编校已经定稿的《古今图书集成》，说：“《古今图书集成》，皇考费数十年心力方成是书。今印刷校对之工尚有未完，特派尔为总裁，陈邦彦为副总裁。尔等务其竭心尽力，将通部重新校看，凡讹错字句及有应删应添之处，必逐一改正，以成皇考未完之书。”

蒋廷锡等人对《古今图书集成》中的类目名称和卷数做了一些改动，而内容一仍其旧，然后宣布定稿。雍正四年（1726），由雍正作序，《古今图书集成》正式出版。此书的署名为蒋廷锡等“奉旨撰述”，而陈梦雷和允祉的功劳完全被抹杀了。

但是，《古今图书集成》的事业及其在中国图书史和文化史上的重大意义是抹杀不了的。后代的人们，我们，都记住了陈梦雷的名字，记住了陈梦雷的贡献，而蒋廷锡这个人，则很少被提及。

第五章　请愿风云与辛亥年

一　晚清的“仿行宪政”

1900年，人类进入一个新的世纪——20世纪。在这个世纪之中，人类社会的历史将发生重大的变革，是人类有史以来变化最为激烈和影响最为深远的世纪。

中国的20世纪也是从大变动开始的。义和团运动的失败和八国联军入侵北京以及《辛丑条约》，进一步加剧了中华民族的民族危机，也改变了中国的政局，引起了清廷内部的各派政治势力消长进退。

庚子事变是中国政局变化的一个分水岭。从戊戌变法失败到八国联军入侵这一时期，极端排外的清朝权贵势力在清朝统治核心政治中占有主流地位。在八国联军入侵北京之后，列强之间在如何瓜分中国的问题上也产生了严重分歧。在他们的争论中，焦点之一是所谓“惩凶”问题，即如何惩处慈禧太后和其他主张与八国联军开战的王公大臣。俄、美、日等国主张免去“懿亲”的死刑，而德、意、奥、英等国则主张严办，凡列入名单者都应处以极刑。它们在“惩凶”问题上的不同主张，实际上是为了挑选各自的代理人。俄国极力保全西太后，甚至建议清政府迁都盛京，就是为了把清政府控制在自己的手里，而英国则企图废后立帝，把光绪皇帝重新扶上台，还曾考虑挟持清政府迁都南京，使其成为自己控制的傀儡政府。后来，列强达成妥协，同意“懿亲不加刑”，同时又规定，主张招抚义和团对抗列强的端王载漪、辅国公载澜定为死刑，由皇帝酌情宣布减刑，流放新疆，永远圈禁。其余因主张招抚义和团抵抗八国联军而被定为祸首的王公大臣，由清政府以各种方式处死，已死的追夺原官，撤销恤典。这些被惩处的所谓祸首，大部分都是忠于西太后的守旧派分子。经过这样的惩处，清廷中的守旧势力大为削弱，而原来主张进行一些改革的洋务派人物，地方督抚刘坤一、张之洞、袁世凯等人重新受到朝廷的倚重。

帝国主义列强在侵入北京后，不断向清政府施加压力，希望清政府早日变革，积极推动中国变法。例如日本天皇在致清皇帝的信中就明确提出，希望清皇帝“断不举用守旧顽固之人，亟应简选中外重望有为者为大臣，另立一新政府。”① 担任清总税务司的英国人赫德不仅“忠告”清朝亲贵大臣“认真改革才是最好办法”，而且还写了一份《更新节略》，就清政府的内政、外交、武备、商务分别提出更新建议。清廷则向列强表示：“敝国现议力行实政，正期图报各大国之惠于后日……将来中外必能日加修睦，与各大国永享无穷之利益。”

另一方面，在西方列强酝酿《辛丑条约》的时候，国内曾有一股强大的呼声，主张惩处皇太后，支持主持戊戌变法的光绪皇帝复辟。在部分社会上层人士看来，八国联军的入侵，完全是由于慈禧太后推翻戊戌新政，重用顽固守旧大臣造成的。正如时人所言：“自戊戌变政，与民更新，而忌之者辄曰祖宗成法万古不易，无论成法之如何积久弊深，新政之如何有裨实济，而概以‘祖宗’二字钳制天下之目，卒以开衅邻国，而太庙不守，负罪祖宗。”其“所谋者，不过以废立皇上，排斥外人，遏绝新学，冀遂其愿而后已。”“其酝酿所积，风旨所在，而义和团适起，而复以勾结纵遣于其间，则祸乃立发。故今日之事，举二年以来政府任事诸臣实无一人可辞其责，况于执大权而总诸事者乎！”

迫于国内外情势的变化，为挽救清王朝摇摇欲坠的统治，慈禧太后不得不考虑变法维新的问题，并把自己装扮成一位历来就主张改革的人物。

---

①《光绪朝东华录》（四）第4553页。

1901年1月29日，慈禧太后以光绪名义发布了进行变法的上谕，即《辛丑变法诏书》，向中外宣示变法决心，并反复强调她与光绪皇帝之间是“母子一心”，没有分歧，过去镇压康梁变法是“剪除叛逆”，而不是反对变法。“康逆之讲新法，乃乱法也，非变法也。”上谕宣称：

> 世有万祀不易之常经，无一成不变之治法。穷变通久，见于《大易》，损益可知，著于《论语》。盖不易者三纲五常，昭然如日月之照世；而可变者令甲令乙，不妨如琴瑟之改弦。
>
> 深念数十年积弊相仍，因循粉饰，以致酿成大衅。现在议和，一切政事尤须切实整顿，以期渐致富强。
>
> 法令不变，锢习不破；欲求振作，当议更张。著军机大臣、大学士、六部、九卿、出使各国大臣、各省督抚，各就现在情形，参酌中西政要，举凡朝章国故，吏治民生，学校科举，军政财政，当因当革，当省当并，或取诸人，或求诸己，如何而国势始兴，如何而人才始出，如何而度支始裕，如何而武备始修，各举所知，各抒所见，通限两个月，详悉条议以闻。①

这份诏书标志着清政权从庚子事变时期的极端保守政治倾向向改革的政治倾向的基本转变，也标志着此后“新政”的开端。

1901年4月21日，清廷成立了以奕劻为首的督办政务处，筹办“新政”。督办政务处提出《开办条规》，称变法大纲一为规复好的旧章，二为参用西法。并进一步申述：“维新之极而有康逆之乱，守旧之极而有拳匪之乱”，均在屏出之列，表示其变法路线在维新派与守旧派之间。10月2日，西太后又特颁布懿旨，表明其“变法自强”的决心，命令大小官员“实力奉行”。1902年初，西太后回到北京，宣布与光绪同时听政。

---

①《光绪朝东华录》第4601～4602页。

一时间，维新变法之言谈，“弥漫磅礴于国中，无论为帝、为后、为吏、为士、为神、为商”，均以侈谈维新变法为时尚，而“人人欲避顽固之名”。

变法上谕发布之后，引起社会各界的纷纷响应，特别是在戊戌变法失败后受到压制的洋务派官僚，纷纷条陈上奏，提出变法主张。1901年4月，袁世凯提出筹办新政措施10条。7月，刘坤一、张之洞会衔上奏三折，即著名的《江楚会奏变法三折》，影响最大。慈禧太后批阅刘坤一、张之洞的会奏三折后，认为“事多可行，即当按照所陈，随时设法，择要举办”。于是，他们的这三折便成为当时“新政”的范本。

新政改革进行了长达10年的时间，是清朝政权体制的重大改革。这些改革在许多方面都取得了一定的成果，促进中国在政治、经济、教育、文化以及社会生活的各个方面由传统向现代化转变。它是近代以来中国学习西方的第一次比较成功的尝试。这场改革的思路，实际上是洋务运动、戊戌变法的继续，是自鸦片战争以来中国人试图通过学习西方而实现民族自强的努力的继续。特别是戊戌变法直接为新政开启了道路，在很大程度上规定和影响着新政在各个领域中的政策和实施。有人批评“新政不新”，新政的内容不超过洋务运动和戊戌变法，诚然如此。但是，从实际效果上来说，它比洋务运动、戊戌变法都广泛和深刻。所以，可以说，新政既是洋务运动和戊戌变法的继续，又是对这两者有极大超越的发展。

不过，清王朝进行这些改革的目的，首先是为了维护自己的统治地位。然而实际发生的情况是，新政的实行却释放出社会变革的巨大能量。“新政”推行的结果，不仅没有能够挽救清王朝的覆亡，反而为清王朝的覆亡准备了思想和物质条件。

在当时各地官员给朝廷的改革奏折中，有不少人主张进行宪政改革，实行君主立宪制度。但是，这些关于立宪改革的意见并不为清廷所采纳。在1901年开始新政改革以后，教育改革和军事改革都迈开了步伐，随之又开始了法律改革，但新政改革最为重要的一个方面——立宪政体的准备与实行却迟迟没有进行。因为实行立宪就将会触动整个封建统治的基础。

从1903年起，当年积极进行维新变法的康有为、梁启超以及追随他们的维新派势力又活跃起来，顺时应势，把立宪作为政治目标，在国内外同时发起攻势，广为宣传，要求朝廷实施宪政。君主立宪作为一种社会政治思潮在国内和海外留学生、华侨中初步勃兴起来。人们把主张君主立宪的人称为“立宪派”。

当时，海内外舆论纷纷批评清王朝的新政变法，认为“变法不自设议院、改宪法始，则变如不变”。天津《大公报》发表文章指出，现在国家内忧外患已达于极点，皆由专制制度造成。“图治之根原，首在立宪法，予民权。如此则上下相安，君民一德，联合大群以防外患之来，则中国之前途或犹可补救于万一。”还有人直接上书，呼吁立宪。1903年6月，上海部分人士召开国民议会，康有为的门徒龙泽厚在会上提议“乘势向清廷请愿立宪”。

日俄战争之后，立宪的呼声更加高涨。舆论大都认为，俄国的失败，与俄国未实行宪政而日本实行了宪政有密切关系。“日俄之役也，群以为非军队之竞争，乃政治之竞争。卒之日胜而俄败，专制立宪，得失皎然。”“此非日俄之战，而立宪、专制二政体之战也。”日俄战争有力地刺激了中国人士的觉醒，相信只有通过立宪才可以救亡图存。在这种情况下，立宪运动迅速高涨起来，赞成立宪的人骤然增多。一时间，立宪成为人们关注的话题。正如时人所说：“今日立宪之声，洋洋遍全国矣。上自勋戚大臣，下逮校舍学子，靡不曰立宪，一唱百和，异口同声。”立宪的声浪响遍全国，“乃如万顷洪涛，奔流倒注，一发而莫之或遏”。

在广泛呼吁立宪、大造舆论的同时，立宪派还进行许多实际活动，策动地方和中央权要赞成立宪，派遣大臣出国考察政治。到1905年7月初，在8位总督中有5位奏请立宪，一位请派员游历各国。军机大臣、巡抚等也多有人主张立宪。实施立宪已经是呼之欲出了。

1906年8月29日，慈禧太后召见会议宪政大臣，询问立宪之事，做出实行立宪的决定。9月1日，在经过朝廷内部的激烈辩争之后，朝廷颁布了宣布“仿行宪政”的上谕。上谕在叙述了中国国势不振和各国富强的原因之后说：

> 时处今日，惟有及时详晰甄核，仿行宪政，大权统于朝廷，庶政公诸舆论，以立国家万年有道之基。但目前规制未备，民智未开，若操切从事，涂饰空文，何以对国民而昭大信。故廓清积弊，明定责成，必从官制入手，亟应先将官制分别议定，次第更张，并将各项法律详慎厘订，而又广兴教育，清理财务，整饬武备，普设巡警，使绅民明晰国政，以预备立宪基础。著内外臣工切实振兴，力求成效，俟数年后规模粗具，查看情形，参用各国成法，妥议立宪实行期限，再行宣布天下，视进步之迟速，定期限之远近。[①]

这个上谕规定，首先要改革官制、整顿武备、普设巡警以及普及宪政教育等。待这些预备立宪的基础完善后，再“妥议立宪实行之期”。这道上谕确立了实行立宪的基本国策，国家由此进入预备立宪时期，也就是由封建专制政治向资产阶级民主政治过渡的新时期。

这道预备立宪的上谕使许多维新人士很受鼓舞，认为这是“诚古今未有之盛举”。他们“奔走相庆，破涕为笑”，莫不“额手相庆曰：中国立宪矣，立宪矣，转弱为强，萌芽于此”。他们纷纷成立宪政团体，出版报刊，进行宣传鼓动，积极为实施宪政做准备，以响应和督促清廷尽早实行立宪。其中比较著名且影响较大的有郑孝胥、张謇等人领导的立宪预备公会、梁启超在日本领导的政闻社和杨度、熊范舆等人发起组织的宪政讲习会等。流亡海外的康有为也决定将保皇会改名为“中华帝国宪政会”。各地的立宪团体互通声气，彼此唱和，并在要求清廷立宪的运动中逐渐联合起来。

从宣布进行预备立宪的1906年开始，清朝廷便开始进行中央官制和地方官制改革，使政府组成具有现代国家政府的雏形。1906年9月，朝廷任命了载泽等人为编纂官制大臣，起草中央体制改革方案。经过各种势力的激烈争论，最后朝廷于11月6日颁布裁定中央官

① 《清末筹备立宪档案史料》上册，第43～44页。

制上谕，对原有官制进行了一定程度的改革，确认了三权分立的原则，行政、司法开始分离，准备增设资政院、审计院、海军部和军谘府，向世界各国体制看齐，将使国家体制趋于完善。中央体制大体确定后，清廷便开始考虑地方体制的改革问题，并在一些地方开始进行试点。到1907年，朝廷加快了筹备立宪的步伐，迭次命令各级官员速设宪政研究会和法政学堂，讲求、调查宪政，培养、推荐立宪人才。同时，改组考察政治馆为宪政编查馆，性质类似立宪国家责任内阁的法制局；成立了具有西方国家议院性质的机构——中央之资政院和地方之谘议局。1908年8月，颁布了中国历史上第一个宪法大纲——《钦定宪法大纲》和《宪法重要信条十九条》。又宣布9年预备立宪期，要求各省谘议局在9年内将各项筹备事宜一律办齐。这些在中国历史上都可以被认为是破天荒的重大举措。

二　国会请愿风云

但是，清朝廷实施立宪并不是想对王朝的政体进行真正的变革，而且企图借立宪之名，实行中央集权、满族贵族集权。所以，虽然许诺立宪，但在实行立宪的时间上却是一拖再拖。为了促进清朝廷早日立宪，各个宪政团体广泛进行宪政的宣传和组织社会力量的工作，发动要求清政府速开国会的请愿运动。

1906年冬，杨度在《中国新报叙》中提出："立宪之事不可依赖政府，而惟恃吾民自任之。"1907年春，他又提出应把国民的注意力完全集中到请开国会这一目标上来。他认为，实行君主立宪，最重要的莫过于制定宪法、建立责任内阁和召开国会三事。而这三者中国会最为重要。中国人民所当注意者，"惟专心竭力以求国会之早成而已，"召开国会乃是"惟一救国办法"。杨度不仅大力宣传鼓动召开国会，而且身体力行，组织同志上书朝廷，请愿召开国会，首创和平请愿活动。1907年秋，杨度领导的宪政讲习会选派代表熊范舆、沈钧儒、雷光宇、恒钧等人赴京，给清廷上了要求速开国会的请愿书，提出中国正处在"存亡危急之秋"，外部列强环逼，内部革命蜂起，如不赶紧实行立宪，“恐数三年后，燎原莫救”，要求一两年内开设国会。

这份请愿书在报纸上发表后，在社会上得到广泛的响应。一些海外华侨、留学生等也相继上书或通电朝廷，要求速开国会。11月，杨度再次起草请愿书，发动四千多人签名，要求一二年内召开国会，由此带动各省发起请愿签名活动，从1908年3月以后，各省都陆续派出代表赴京上请愿书，要求速开国会。政闻社、预备立宪公会和宪政讲习会还在上海组织了国会期成会。至1908年，已是“国会之声，日日响彻于耳膜”了。

但是，清朝廷一开始就对这场国会请愿运动持抵拒态度。它一直执着地认为，立宪必须循序渐进，只有先把资政院办好，立下基础，才能决定召开国会的期限。并对请愿运动发展深感不安，伺机镇压。1908年8月13日，朝廷下令查禁政闻社，逼使请愿代表各自回省，企图杀鸡儆猴，将国会请愿活动扼杀在萌芽状态。

到1910年，国会请愿运动走向新的高潮，声势更为浩大，接连发动了4次请愿。

第一次国会请愿是在1909年10月酝酿发动的，发起人是江苏谘议局议长张謇。他派人到各省联络，邀请各省谘议局派代表到上海，共同讨论速开国会的问题。各省谘议局鉴于国势日危，9年立宪期限过长，资政院不能代表民意，无法促进政府改革，欣然同意派遣代表赴上海参加会议。按照张謇、雷奋等江苏谘议局立宪士绅的设计，请愿运动有官、绅两条线路。一路由江苏巡抚瑞瀓出面，联络各省督抚集体联名上奏；另一路由张謇出面，联络各省谘议局，以联名请愿的方式，向朝廷施压。两路并进，倒逼朝廷放弃“九年预备立宪”，提前召开国会。

这个请愿速开国会的运动得到广大知识分子的支持。在这期间，发生了徐特立断指血书的感人事件。12月6日，湖南各界推举代表赴沪参加会议。长沙修业学校教员徐特立闻信十分兴奋，8日在学校谈及外交失败，时局艰危，“既已筹备宪政，以图补救，则非早开国会，不足以促进行”时，他热血沸腾，“乃觅刃自断左手小指，濡血写‘请开国会，断指送行’八字”，表达了支持请愿的坚强决心。他将血书转送请愿代表，并代达己意。徐特立是以甘洒热血为代价换取国会速开的第一位志士，为请愿者树立了榜样，极大地鼓舞了请愿代表。在上海召开的各省代表会议上，湖南代表展示了徐特立的血书，“众咸感泣，益思亟行”，表示“不请则已，请必要于成，不成不返。又激之者则谓不得请，当负斧锧死阙下”。

12月，各省代表在上海连续开会数天，决定了请愿书的内容和进京请愿代表。1910年1月，请愿代表陆续抵京。1月16日，代表们列队齐赴督察院，呈递了请愿书。请愿书要求清朝廷速开国会和速设责任内阁；召开各省谘议局联合大会，推定各省谘议局赴京代表，组成请愿代表团，向督察院呈递请愿书，提出内政外交危机严重，非速开国会不足救急，强烈要求“速开国会”，力主朝廷“速降谕旨，颁布议院法及选举法，期以一年之内召集国会”。但是，这份请愿书呈递后不久，就遭到了朝廷的明确拒绝。

第一次请愿遭到拒绝后，请愿代表认为，“各国要求国会，无不几经波折，备历艰苦，甚者乃至流血，而后国会乃得成立”。他们怀着外国先辈们的悲壮，以为只要坚持不懈，继续请愿，必可达到目的。于是，他们开会决定组织“请愿即开国会同志会”，厚集势力，联络各省绅、商、学团体，发动了第二次请愿活动，再上请愿书。请愿代表不断邀约各界人士商讨进行办法，表示国会一日不开，代表一日不得言旋。为了唤起人民争取国民权利的民主意识，鼓起要求速开国会的勇气，请愿代表将徐特立的血书印刷成红色传单，分送各省，广为散发。直隶的立宪派人士还把徐特立断指血书的故事编成国会热潮新戏，在天津同乐舞台与该园著名艺人同台演出。徐特立由此声名鹊起，成为全国敬仰的志士。江苏的郭毅为表示其“以血购国会”和支持请愿的诚意，鼓励代表勇往直前，也效法徐特立，自刺臂血，书写了“以购国会，国会乎，政党乎，血乎！”连同一信，邮寄请愿代表。代表不胜感动，立即将其血书制版印刷，分发各省。到4月，请愿代表再次集会，决定将请愿即开国会同志会改名为“国会请愿同志会”，并创办《国民日报》作为同志会的喉舌。他们发表的《国会请愿同志会意见书》说“宪政之确定，则必在专制日久而一旦不能保守专制之时期”，“吾国今日正此时期也”，鼓励人民为实现立宪而奋斗。代表们还组织了国会请愿代表团，通告各代表于5月28日齐集北京。全国各省谘议局和立宪团体都积极支持代表继续请愿，响应号召，组织了同志会支部。

第二次请愿，据称国民签名者达30万人。1910年6月16日，146名请愿代表前往督察院，呈递请愿书10份，请为代奏。这10份请愿书分别代表直省谘议局议员、直省和旗籍绅民、各省政治团体、各省商会、直省教育会、东三省绅民、江苏教育会、江苏商务总会、雪兰峨中华商务总会、澳洲全体侨商，内容各有侧重，但均要求一年之内召开国会。19日，代表团又推举数人出谒军机大臣，上书摄政王府，以冀减少请愿书上奏的阻力。但是，6月27日，摄政王载沣明确表示必须等9年后筹备完全，方可召开国会，再一次拒绝了请愿要求。清廷上谕说：“宪政至繁，缓急先后之间，为治乱安危所系，壮往则有悔，虑深则获全”，并严厉申斥请愿代表“宣谕甚明，毋得再行渎请”。

请愿代表决心继续请愿。他们一直抱着一种极其美好善良的愿望，“始终冀以军民一德，不惊不扰”，促令宪政“安全成立，以垂为特色之改革历史”。希望以最和平的方式，通过政治改革，创造出一条具有中国特色的由封建社会通达资本主义社会的康庄大道，永垂青史。他们坚信，“精诚所至，金石为开”，只要全国人民一致“惨怛呼号”，是能够感悟政府的，所以主张继续和平请愿。各省的各团体也纷纷致电代表团，谓请愿无效，代表万不可离京，各省当再推代表来京，进行第三次请愿。在北京的请愿代表组成了新的国会请愿代表团，并扩大请愿规模，造成更浩大的声势。要求签名须普及农工商各界，人数至少需百万以上。各地团体也纷纷致函，表示声援。10月3日，国会请愿代表团通告全国人民，决定举行第三次国会请愿，表示代表团“抵死请愿，无论如何危险，皆所不计”。

10月7日，正当代表团整装待发之时，奉天留京学生赵振清、牛广生等17人赶来，交给代表一封信。信中写道：

起视我政府，狃于积弊，醉生梦死，其不足与列强较优劣、比强弱也，稍有知识者所共知矣。所赖者，我同胞激发热诚，以爱种爱国之心，出而理天下事。

今我代表诸君热血潮涌，不惮牺牲一切，为同胞博莫大之幸福，吾侪具有天良，何惜此少数之血液，洒书数字，以表示此次将以血购国会，决不似前之以文字购国会者不足之动我政府也。

他们还对代表说："第三次请愿势不能再如前之和平，学生等与其亡国后死于异族之手，不如今日以死饯代表诸君之行。"说完，赵振清、牛广生拔出利刃，欲自杀以明心迹。代表们惊骇万分，紧握二人之手，苦苦相劝。在代表防备稍疏之际，牛广生突然持刃割下左腿一块肉，赵振清割下右臂一块肉，在致代表书上涂擦数遍，惨不忍睹。各代表纷纷落泪，答谢学生，誓死请愿到底。赵振清、牛广生诸人遂高呼"中国万岁"、"代表诸君万岁"，拭泪踉跄而去。①

8日上午，又有青年张成珍将自己的血书、红禀和所断左手食指及青年张云湖的血书送交代表团，表示他们要求速开国会的诚意和对代表团的支持。

10月9日，第三次请愿书再次呈递，请于明年召开国会，成立责任内阁。当时，全国上下形成一片速开国会的请愿声，沸沸扬扬，不绝于耳。许多省份，主要是省城，都举行了浩浩荡荡的民众游行。奉天的发动最为广泛，为全国之冠。到10月中旬，奉天全省已有20多个城市举行了集会，每次参加集会的民众，均在万人以上，并欲联合前往省城游行请愿。数十万人涌入省城，其规模使得支持游行的谘议局也心生惶恐，担心失控，而不得不加以阻止，让他们暂且观望，"如总督不奏，再来不迟"。

与人民请愿的同时，以东三省总督锡良、鄂督瑞瀓为首的十几省督抚、将军，两次联名致电军机处代奏，立即组织责任内阁，明年开设国会。

但是，清王朝的统治者不谙时势，一再拒绝，结果大失人心。

---

①《国会代表团刊布血书》，《申报》1901年10月14日。

1910年11月3日，朝廷召开御前会议，决定对请愿代表稍做让步，提前3年，于宣统五年实行开设议院。上谕宣称，此次缩定期限，“应即作为确定年限，一经宣布，万不能再议更张”，“此后倘有无知愚氓，借词煽惑，或希图破坏或逾越范围，均足扰乱治安，必即按法惩办”。要求“所有各省代表人等”，“即日散归，各安其业，静候朝廷详定一切，次第施行”。

清廷的态度令许多积极主张实行君主立宪的人士大失所望。立宪派人士有感于严峻的国内形势和日益深重的民族危机，急切地希望政府能够真心改革，早开国会，振刷朝政。他们“匍匐国门，请求国会，积诚罄哀”，洒下眼中之泪、指头之血，甚至割股刓臂，心不可谓不诚，未料清政府不仅坚持几年后方可立宪，而且强行遣散请愿代表，遂使海内外立宪派十分懊丧，意志萧索。他们企图在维护清王朝的前提下、依靠朝廷来实现民主政治的梦想破灭了。他们已经无可奈何。第三次请愿代表团在给各省致书中说：“千气万力，得国会期限缩短三年，心长力短，言之痛心。”“朝命即下，度非挟一公呈、一请愿可以力争也，又非复少数人奔走呼吁可以终得请求也。惟诸父老实图利之。”

与此同时，各省纷纷发动群众游行。奉天谘议局在第二次常会上

奉天省谘议局旧址

通过的第一个议案就是呈请代奏速开国会。至10月中旬，全省已有20多个城市举行了集会，参加群众均在1万人以上，并函告谘议局，准备到省请愿，签名者达30余万。[①]

第三次国会请愿失败后，请愿代表团就解散了，国会请愿同志会的主要任务转向参与拟订宪法、组建政党方面。12月上旬，国会请愿同志会通告全国的政治纲领提出督促政府速立新内阁、要求参与宪法、请释党禁和灌输国民宪政知识等四项主张，作为组建政党的基础。

三　奉天学生泣血请愿

但是，在人民群众中，仍然坚持继续进行国会请愿斗争。不过，这些请愿活动不是如前三次那样由立宪派领导，而是由进步学生发起和组织的。而在这次请愿活动中，奉天的青年学生和知识分子起到了带头作用。

朝廷将于宣统五年召开国会的上谕颁布后，奉天各界数千人自动集会于谘议局，决定进行第四次请愿。谘议局遂电资政院再奏明年即开国会，并电各省协同力争。12月，奉天、直隶的青年学生又一次发动了群众性的请愿活动，全国学生纷纷响应。奉天学界率先推举出刘焕文、舒继祖作为赴京请愿代表。

12月2日，奉天学界30余人前赴省谘议局，与议长商定赴京请愿行期。谈及第四次请愿前途渺茫，群情激昂，学生金毓黻即抽刀截指，李德权持刀割股，正副议长吴景濂、袁金铠急夺刀救护，然已来不及了。金毓黻以鲜血大书“至诚感人”和“至诚”，李德权大书“请速开国会”数字。在座者无不深受感动。[②]

4日，奉天学生5000余人手执“请开国会”的旗帜，至督署游行请愿，群情激奋。据《盛京日报》当日记载，1910年12月4日上午，奉天省城学生5000余人手执“请开国会”的旗帜前往总督衙门哭

①侯宜杰：《二十世纪初中国政治改革风潮》第311页，人民出版社，1993年版。

②《盛京时报》1910年12月4日。

诉："学生等都知道东三省就要亡了，非即开国会不能保存"，总督锡良很同情学生，也赞成速开国会，他对学生说道："上谕有言：'民情可使上达，民气不可嚣张'，固然很有道理。但依我的心理，不怕民气嚣张，若是民气不嚣张，便不能知道国家之亡不亡。你们学生都知道亡国的道理，本大臣也是很喜欢的。"学生遂一齐叩头，高呼"皇上万岁""中国万岁""东三省万岁"，然后返回学校。[①]

奉天学生血书请愿的当天，在遥远的俄罗斯圣彼得堡召开了一次非常内阁会议，外交部、财政部、陆军部、海军部、商务部多个部门的大臣参加，讨论俄国驻华公使沙查诺夫向圣彼得堡提交的关于美国向北京提供开发满洲的报告。沙查诺夫建议圣彼得堡联手巴黎、东京、伦敦阻挠美国的借款计划，因为美国同德国人将利用同中国的财政、军事合作在满洲等区域获取更大的利益。沙查诺夫询问圣彼得堡是否可以在军事和财政上支持自己，甚至必要时俄国远东军可以在满洲地区进行军事示威。圣彼得堡的非常会议最后一致同意，为了确保俄国在满洲的利益，将来的事态发展也许需要并吞北满，甚至进一步吞并满洲，如果必要，应准许使用武力。俄国外交大臣同日本驻圣彼得堡大臣进行了会晤，俄国在保障日本在朝鲜的利益的前提下，日本承认俄国有权采取任何必要措施以实现他在中国的利益。日俄的军事危险进一步加剧。[②]

地处日俄侵略的前线，人民的危亡感备加深切。紧张的满洲局势令东三省民众对北京相当失望。12月6日，举行了奉天全省人民大请愿，有全省各团体和46州县代表一万余人，陆续集合在谘议局门前。行前，《商务日报》编辑张进治突又断指书写旗上，人们愈益感动，请愿现场哭声震天。走在队伍最前头的是打着写有"奉天全体人民请愿即开国会"字样的几面大旗，接着是手捧请愿书的谘议局议长吴景濂，其后是谘议局、各团体、各州县的代表群众。队伍整齐严肃，颇具声势，观者如堵，沿途自动加入的又有近万人，到督署请总

①《盛京时报》1910年12月8日。

②李德林：《最初的国会——晚清精英救国之谋1910—1911》第75～76页，九州出版社，2015年版。

东三省总督府旧址

督锡良代奏请愿书。在请愿书上签名的共有各团体各州县代表10889人。[①] 锡良接见了代表，答允代奏。群众欢呼“国会万岁！”“大清帝国万岁！”鼓掌声、欢呼声、号哭声混融在一起，轰动如雷。

锡良立即向北京汇报，言辞急切，东三省形势“迫不容待”，速开国会为救亡之良药，“早服一日即早救一日之亡”。摄政王载沣接到锡良报告震怒，斥责锡良：“缩改开议院年限，前经廷议详酌，已降旨明白宣示，不应再奏，东三省地方重要，该督有治事安民之责，值此时限，尤应力任其难，毋许藉词诿卸，致负委任。”

北京的不耐烦进一步刺激了奉天各界民众，跪在东三省总督府前的请愿民众不愿离去，各界推选出赴京的全省人民代表董之威、刘焕文、舒继祖等15人，希望人民代表赴京请愿，向皇族亲贵们力陈东三省之危，速开国会以救危亡。10日，各界公饯赴京代表，当晚又召开了盛大的送别会。这一天，又有一些中学生以血书勉励学界代表刘焕文、舒继祖“救万民于水火之中”，“热心保种”。

11日，董之威等肩负着东三省人民（吉、黑代表未及时赶到）的重托，乘车启程赴京。

“奉天人民给予代表有力的支援。请愿同志会和各校学生都分赴各地和乡下演说，商务总会也函告各地分会密切配合，共同发动全省人民，许多州县都建立同志会，选出了代表，多次召开大会，新民、

① 《盛京时报》1910年12月8日。

铁岭、开原、锦州尤其积极。青年学生表现特别激烈，断指割股之事时有发生。各地自愿签名进京者多达1万余人，表示政府若不允代奏，大家一起进京恳求，再不允，宁可牺牲生命，绝不空归。”①

21日，奉天代表至资政院呈递请愿书，次日，请愿代表们谒见了奕劻、那桐，希望两位军机大臣能够将请愿书面呈摄政王载沣。恰值此时，发生了资政院弹劾军机处的风波——资政院是立宪时代的产物，用朝廷的话说，是将来上议院、下议院的雏形；军机处是旧时代的遗存，而且还是专制权力之所在。资政院之所以弹劾军机处，乃是因为军机处非但不愿让自己的权力接受资政院的监督，而且在政务处理上隐然将资政院当作橡皮图章呼来喝去。24日，资政院通过弹劾军机案，摄政王载沣大怒，称资政院此举是“干越君上大权，迹近嚣张”，而且进一步阐释说“若骤开国会，必更纷扰”，仅仅一个资政院已然如此，若开了国会，那还了得！朝廷颁布上谕训斥请愿代表：“开设议院缩改于宣统五年，乃系廷臣协议请旨定夺，并申明一经宣示万不能再议更张。诚以事繁期迫，一切均须提前筹备，已不免种种为难，各省督抚陈奏，亦多见及于此，乃无识之徒，不察此意，仍肆要求，往往聚集多人，挟制官长。”清廷在上谕中点名批评了东三省的请愿代表：“今又有以东三省代表名词来京递呈，一再渎扰，实属不成事体，著民政部、步军统领衙门立即派员将此项人等迅速送回原籍，各安生业，不准在京逗留。各省如再有聚众滋闹情事，即非安分良民，查拿严办，毋稍纵容，以安民而防隐患。”要求民政部、步军统领衙门把代表遣送回乡，不得在京逗留。军警荷枪实弹，在城内城外、资政院、各学堂、车站巡逻盘查，严密监视，城中舆论大哗，人心惶惶。当天晚上，肃亲王、民政部大臣善耆亲自带着军警，将东三省请愿代表董之威一干人强行架至车上，押回奉天，部分代表坚决不走，被拘留警厅，旋亦被劝回。

奉天代表进京路过天津时，特下车到直隶谘议局陈说东三省危险情形，散发传单和血书，与各界人士座谈。12月15日下午，由东三

①侯宜杰：《二十世纪初中国政治改革风潮》第324页，人民出版社，1993年版。

省籍的在津学生函请各省在津学生与奉天代表共开茶话会，各省在津学生和天津各学堂学生1300余人与会。董之威等发表了演说，希望同学作请愿中坚，组织全国学生请愿同志会，作为东三省的后援。与会者热情奋发，公决组织“全国学界同志会”，开展第四次请愿，并推举著名立宪绅士温世霖为会长。秀才出身的温世霖曾在直隶总督府出任幕僚，在官场拥有相当的人脉。同学们热血沸腾，踊跃签名，倡议罢课，推举代表，准备游行请愿。

19日，天津学界发出公启，指出，国民奔走呼号，惟恐中国灭亡；“而政府丧心病狂，惟恐亡之不速”。“全国生命在速开国会，而彼冥顽不灵，特意延期”，“故送四万万同胞于死地”。他们呼吁全国学生罢课，“誓死请愿”。“造原动力者确为学界。学界唯一之手段曰全国学界罢课，共谋对待，希图进行”。青年学生承当了请愿的主力军。

之后，各校学生和学界请愿同志会均开会研究，多数主张激进，军医学堂学生方宏蒸自断左手中指，用鲜血书写“血诚”二字；北洋法政学堂学生江元吉割下左臂肉一块，以鲜血大书“为国请命，泣告同胞”8个字；继又有杨可等十余人割臂刺指，书写血书；北洋师范学堂学生杨畅时自刎，为人救护。同学们热血奔流，踊跃签名，倡议罢课，推举代表，准备游行请愿。一切进步的爱国青年学生都投入了这场运动，李大钊、白坚武就是北洋法政学堂的学生代表。

20日，3859名学生在全国学界同志会会长温世霖、谘议局议长阎凤阁和商会总理王竹林带领下，打着各色旗帜，高举着“立宪救国”、“速开国会”等标语，呼喊着“誓死请愿”等口号，游行至督署请愿。总督陈夔龙极不情愿地答应代奏。次日，朝廷电令陈夔龙宣示不准再联名要求代奏。陈夔龙立即照办，声言再聚众要求，就是“意存扰累治安”，定要查拿严办。学生愈加愤怒，22日开会，推举了进京代表，决定各省在津学生派人回省发动，并以全国学界国会同志会的名义通电各省谘议局转教育会、商会，告以天津的情况，号召全国学生罢课请愿，呼吁各界速起支援，再掀起一次请愿热潮。陈夔龙大怒，立派数百名军警前往镇压，下令解散同志会，停印学生血书，包围学堂，勒令开课。1911年1月2日，朝廷又严令各省督抚“随时弹压”，“从严惩办”。

“在遭到政府一次次的拒绝，申斥和镇压后，他们对政府的态度也就变得愈为决绝，由热切的希望变成无限的失望，再变而为切齿的绝望，而且义无反顾，永不回头。”[①] 于是，许多参加请愿的仁人志士纷纷萌生了革命的思想，大骂“政界反动复反动”，直至“公决密谋革命”，或“秘密会议，将以各省独立要求宪政”，走上了同情或参加反清革命的道路。

1911年5月，清廷宣布成立第一届责任内阁，在内阁大臣13人中，满族贵族占了9人，而其中皇族又占5人，被称为“皇族内阁”，军政大权进一步集中到皇族亲贵手中。立宪派认为清廷此举“不合君主立宪国公例”，要求另外组阁。清廷断然拒绝了他们的要求。各省谘议局联合会发表《宣告全国书》，痛苦地承认“希望绝矣”。几个月之后爆发了辛亥革命，立宪派的主张，清廷的立宪计划，也就再没有机会实现了。

但是，预备立宪在中国近代史上仍然是具有重要影响的事件。“预备立宪从肇始而至武昌起义宣告终结，历时近6年。在此6年中，出现了中国历史上第一个宪法大纲，设立了第一个具有西方国家议院性质的机构……中央之资政院与地方之谘议局，任命了第一个并非对皇帝负责而是对议会负责的责任内阁，经过官制改革而使政府组成具有了现代国家的雏形，这些都可以被认为是破天荒的。更重要的是，在这些法律文件或是机构、活动后面支撑着的，是时代大潮所带来的理念转变。”[②]

四　张榕的辛亥年

1911年（清宣统三年）10月10日，武昌起义爆发。大清王朝应声坍塌。

①侯宜杰：《二十世纪初中国政治改革风潮》第339页，人民出版社，1993年版。

②许纪霖、陈达凯主编：《中国现代化史》第1卷，第224页，上海三联书店，1995年版。

这一年是辛亥年。

武昌起义的消息传到奉天后，奉天革命党领袖人物张榕会同新军第二混成协协统蓝天蔚积极酝酿响应起义。

这位张榕，是沈阳历史上与辛亥革命关系最为密切的人物。正是由于张榕，在这场改天换地的大革命中，沈阳没有缺席。

张榕原名焕榕，字阴华，号辽鹤，辽宁抚顺人。祖上随顺治帝“从龙入关”，为八旗驻防官兵，后回到关外老家，世代为努尔哈赤守陵，家资巨富。1903年，张榕入北京译学馆学俄文。1904年，日俄战争爆发，张榕目睹帝国主义在中国土地上互相争夺，把灾难强加在中国人民头上的悲惨景象，认识到欲挽救祖国危亡，免受列强欺侮，只有推翻昏庸的清朝政府，别无他策。于是，他弃学回辽，凭借父、叔的财力和声望，于1905年来到兴京（现新宾县），与丁开璋等组织“关东独立自卫军”。当时兴京府有刘单子（即刘永和）领导的忠义军，打着“御俄寇，复国土”的旗号，出没于通化、海龙、兴京一带。张榕想利用这批力量，便传檄绿林好汉，召集地方豪杰，改编地方团练，准备在适当的时机发动武装起义，谋倡满洲独立，以抵御外侮，挽回主权。为此张家拿出数万金，资助组织武装。一时间，自卫军云集东边道，声势浩大，洋人都为之惶恐，清廷驻陵官吏亦有所畏惧。为了使斗争合法化，他们向政府请求备案。清政府恐怕他们会聚众谋反，严令解散。

辽宁辛亥革命先驱张榕

张榕受挫后毫不灰心，乃于1905年7月入关到北京，创办秘密刊物，继续鼓吹革命。此间结识了吴樾，成为生死之交。吴樾，字孟侠，是安徽桐城人。自幼读书，喜诵古文，尤好读史，颇具游侠之气。1904年，经蔡元培介绍加入光复会，会见革命党人赵声，共商反清革命活动，由赵声介绍结识杨毓麟，成立北方暗杀团，吴樾任北方暗杀团支部长，主张以“五步流血”的暗杀手段对抗清政府。吴樾所著《暗杀时代》一书，书中包括暗杀主义、复仇主义、革命起义、揭铁良之罪状、敬告我同胞、复妻书、与章太炎书等13篇，字字血泪，言明暗杀的意义和决心，愿以身殉，敢为天下先。他写道：

> 夫排满之道有二：一曰暗杀，一曰革命。暗杀为因，革命为果。暗杀虽个人而可为，革命非群力即不效。今日之时代，非革命之时代，实暗杀之时代也。以复仇为援兵，则愈杀愈仇，愈仇愈杀。仇杀相寻，势不至革命而不已！予愿予死后，化一我而为千万我，前者仆后者起，不杀不休，不尽不止，则予之死为有济也。

张榕也是暗杀团成员，他精于刀术，曾战胜日本黑龙会二刀流的高手，轰动东京。另外，陈独秀、蔡元培、秋瑾等都曾是暗杀团成员。

此时，由于日俄战争和民族危机加深的影响，要求立宪的舆论日益高涨，驻外公使和地方督抚也纷纷奏请仿效日本及欧美政治，实行君主立宪。清廷决定派王公大臣出洋，深入考察欧美及日本等国政治，归国报告后再做决策，于是就有了1905～1906年的五大臣出洋。1905年7月16日，光绪皇帝发布了“考察政治上谕”：“兹特简派载泽、戴鸿慈、徐世昌、端方等随带人员，分赴东西洋各国，考求一切政治，以期择善而从。嗣后再行选派，分班前往。其各随事咨询，悉心体察，用备甄采，务负委任。”[①] 考察政治的上谕一颁，公众舆论普遍将遣使之举视为政府推行宪政的标志。

---

① 故宫博物院明清档案部：《清末筹备立宪档案史料》上册，第1页，中华书局，1979年版。

清廷所派考察政治出使大臣的人选几经变动，最初曾拟派贝子载振、军机大臣荣庆、户部尚书张百熙和湖南巡抚端方，后因荣庆、张百熙不愿去，改为军机大臣瞿鸿与户部侍郎戴鸿慈。以后又因载振、瞿鸿公务在身，不能出洋，改派镇国公载泽、军机大臣徐世昌，不久又追加商部右丞绍英。

1905年9月24日，五大臣正式出洋考察。在此前一天，吴樾与张榕从随同五大臣一同出国考察卧底的杨毓麟那里得知了他们详细的出行计划。他们在安徽会馆设宴招待各方友人，席间悲歌慷慨，举止豪放，有人不解其意，问之，云不日将有所图，人皆赞之。第二天杨毓麟怀揣事先制好的炸弹离开会馆，留置一信于枕下，详书其此次行动的缘由，并说与会馆众人无关。以便万一事泄，不拖累旁人。

五大臣原定10点出发，铁路局预备的专车一共5节车厢，前面两节供随员乘坐，第三节是五大臣的花车，第四节仆役所乘，最后一节装货物，一大早就停在了前门车站。8点刚过，送行的人陆续到达。出访人员中，首先到的是徐世昌，接着是绍英、端方、戴鸿慈，最后到的是载泽。吴樾穿的是学堂的操衣，被拦不得入内。他急购了一套清隶仆役的衣服，蓝布薄棉袍，皂靴，无花翎的红缨帽。他混入仆役之中进入车站上了第四节车厢。张榕在他的身后本想随之上车，但涌动的人群把他挤到了送行人群的后面。吴樾在试图由第四车厢进入中间花车五大臣包厢的时候，被卫兵拦住，因吴樾说的不是北方话，引起了卫士的怀疑，正纠缠间，又上来几个兵卒。吴樾见此冲进花车，借火车开动之际，引爆身上的炸弹欲与五大臣同归于尽。

此时，倒退车头接上了车厢，冲撞力大，五节车厢一起大震，砰然巨响，车厢顶上开了花，硝烟之中飞起来碎木片、鲜血、断手、断足，哗啦哗啦地落在车厢顶上，好一会儿才停。共计炸伤多人，内有端方亲属，徐世昌、戴鸿慈因有仆人在前颈受轻伤，顶带花翎皆被削去。绍英受伤较重，载泽用一只受伤的血手，摸着自己的脖子问："我的脑袋呢?"而吴樾腹破肠穿，手足齐断，血肉模糊，当场壮烈牺牲，年仅27岁。

张榕因离得较远，加之杨毓麟掩护，趁着混乱脱险。

事后，北京全城戒严，慈禧一面下令追查，一面下令为防止有刺客携炸弹潜入颐和园，故将围墙在原有高度上又增加3尺。园内设电话；增派驻军昼夜巡逻。现在北宫门两侧围墙上看到的痕迹，就是那次增高留下来的。

吴樾谋炸五大臣的事迹迅速传遍天下，中国同盟会创办的报刊《天讨号》增刊将吴樾的遗著《暗杀时代》全部发表，追认吴樾为中国同盟会会员。孙中山先生亲撰祭文，有“爰有吴君，奋力一掷”之句。

肃亲王耆善奉旨亲自主持侦破。此时袁世凯任北洋大臣，闻知五大臣被炸之事，立即派“长于缉捕”的天津巡警赵秉钧驰往出事地点查办。缉查10日，将张榕逮捕，押解天津。

张榕犯了杀头之罪，张家的世交翰林世仁甫联合朝野的东北籍知名人士，共同奏请保赦。张榕的好友、时任分省候补道的黄中慧，四处奔走营救，又请父亲黄永思帮助解救，并联合户部主事梁玉书等人联名写了一封保释张榕的呈文，随后又通过其父黄永思的关系，找到了大太监李莲英。张榕的姐姐张桂也从老家带来了巨款，请黄永思转贿李莲英。李莲英特地挑了个慈禧太后心情好的时候说：“张榕是咱老家兴京府的旗人，是咱家里的孩子，年轻不懂事，请老佛爷恩典恩典吧。”这样，西太后批了个“永久禁锢”，才留了张榕一条命，关押在天津模范监狱。

狱中的张榕仍不忘革命，他在给朋友的信中写道：“西哲有言：为人群谋利益而死者，死有余荣。”又在狱中墙壁上题诗云：“一声霹雳困龙起，震灭人天诛不平。”并钻研兵书和政法，写出了《阴符经新义》《行政法精义》等著作。

张榕的姐姐张桂极力营救，经常到监狱探监，并用重金打通各方面关系。典狱长王璋原是义和团的一个头领，义和团运动失败后，投到北洋军当了一名下级军官，后升为典狱长。张桂买通了王璋的母亲和媳妇，她们常为张榕说好话，加之王璋颇有爱国热情，在张榕被囚的日子里，经常和他交谈，久而久之，两人成了莫逆之交。1908年夏，王璋和张榕一起越狱后从塘沽登船逃往日本，王璋的老母和媳妇也被张桂接到沈阳，妥善安置。

在日本东京，张榕化名黄仁葆，加入了同盟会，结识孙中山、黄兴，并经常与宋教仁等领导的同盟会辽东支部通信联络。不久，张榕考入日本士官学校，与其堂兄张焕相同校学习军事。张焕相劝他放弃革命，求进仕途。张榕拒绝了他的劝告，一如既往。1910年他毕业后返回东北，肩负起孙中山交付的革命重任，策划推动革命。

张榕返回奉天后，颇受东三省总督赵尔巽器重，初委任军备处提调，后升为参赞。张榕利用职务上的便利，与新军统制吴禄祯、张绍曾、蓝天蔚共同商讨起义之事。昔日的旧部闻讯纷纷来归，势力日渐扩张，响应人员多达3万余人，张榕被推举为首领。张作霖在给赵尔巽的呈文上写道："闻（张榕）党羽甚多，以满洲人宝琨、田亚斌为死友。一切结会通匪，多系宝琨为之主谋，田亚斌辅之。"同盟会满族成员何秀斋带人来到了清朝八旗兵驻防重镇凤城，号召当地满汉军民奋起革命。满人鲍化南竖起革命义旗，招兵买马，征集武器，当地满汉农民纷纷剪掉辫子，投奔义军。

1911年8月，张榕与同盟会骨干策划乘清军大操之时，举事起义，欲带领民军由锦州入关，直捣北京，推翻清政府。但此计划还未来得及实施，武昌起义就打响了辛亥革命的第一枪。

武昌起义爆发后，张榕积极奔走于奉天新军和革命党人之间，策动东三省独立，声援武汉。

《东三省时报》《盛京时报》等媒体在武昌起义之后立即刊载了有关起义的消息。10月下旬，张榕组织革命党人张根仁、柳大年、商震等百数十人，分途聚集奉天省城，在南满铁路附属地设置秘密机关，共谋响应武昌起义之大计。

11月上旬，革命党人推举蓝天蔚为关外革命军讨虏大都督，张榕为奉天省都督兼总司令。蓝天蔚毕业于日本陆军士官学校，参加过同盟会，被誉为"北洋三杰"之一，在军界颇有名望。谘议局局长吴景濂为奉天省民政厅长。1911年11月6日，张榕再次同蓝天蔚等集会讨论，会上决定采取军事行动，先占领军械局、总督府，然后由谘议局会同地方团体公推大都督，宣布独立。

早在武昌起义爆发不久，赵尔巽就秘密约见日本领事小池，乞求协助镇压可能爆发的革命运动。日本外务相内田康哉曾电示该领事称：为清政府效劳而向革命党人施加压力的活动，日本政府不应参与。随后赵尔巽向日本横滨正金银行、俄国华俄道胜银行各借款500万元，“专备东省非常缓急之用”。

辽宁辛亥革命先驱蓝天蔚

11月7日，赵尔巽得知新军协统蓝天蔚与张榕等密谋起义，不胜惶恐，遂一面电奏奉天省各界力谋独立的形势，向清廷讨取对策；一面密令后路巡防营统领吴俊升（当时驻辽阳），速率所部进驻沈阳。这时前路巡防营统领张作霖在洮南击溃了蒙古起义军陶升陶，抢先命令所辖步骑兵7个营，立刻离开洮南，星夜奔回奉天。张作霖的这次军事行动，是他一生的又一重大转折。在这种重大的历史机遇面前，张作霖抓住了其他人没有抓住的机会。赵尔巽对张作霖的“擅自行动”非但不责备，反而加以奖励。11月10日，委张作霖为全省营务处总办。这时张作霖统辖的兵力已达15个营之多。15日，清政府应允赵尔巽的奏请，撤销了蓝天蔚的协统官职。赵尔巽又以派赴东南各省考察为词，逼蓝天蔚出走。吴景濂也被指派为代表，随从蓝天蔚离开奉天。

11日，奉天谘议局召开各团体代表会议，筹谋成立保安会，逼赵尔巽入关，实现奉天独立。12日，谘议局和各团体代表继续开会，但因蓝天蔚已被褫夺兵权，第二混成协未能按革命党人预先的部署行动，会场被张作霖的武装所控制。这次会议的结局是君主立宪派占了主导地位。赵尔巽被选为保安会长，袁金铠为总参议长，吴景濂、伍祥祯、张榕为副会长。会后，公布了《奉天国民保安会章程》。因保安会被君主立宪派把持，张榕未到任。

蓝天蔚等被逼出走后，奉天的革命党失去了重要力量。为了组织和领导革命力量，“建立满汉联合共同政体”，张榕组织革命党人成立“联合急进会”。会长张榕，副会长柳大年、张根仁、李德瑚。“这个组织的主要领导者是同盟会成员，他们多半又是武昌起义前就在东北各地进行革命活动的知识分子和军人。”① 根据东北地区满汉杂居的实际情况，提出团结满族人民共同斗争的纲领，声称：“我急进会尊重人道主义，且以建设满汉联合共和政体为目的，故若清帝退位说则尤为吾党之所赞成。”此举得到了满汉人民的热烈拥护，入会者10多万人。当时反动统治者的武装力量集中于省城，其中有出卖革命当上第二混成协代理协统的聂汝清及张作霖的巡防队、金寿山的游击队、吴庆桐的先锋队和伍祥祯的第三十五协等。鉴于这种形势，在省城发动起义已不可能。该会一方面派张榕代表急进会和赵尔巽等进行谈判；一方面派会员分赴各地组织武装起义，以便牵制省城。

复州联庄会首领顾人宜、顾人邦等先后来奉天，与张榕等磋商起义事宜。他们返乡后联络庄河县抗捐斗争首领潘老四等，以复州顾家岭为根据地，招募民军，准备起义。1911竿11月20日，顾人宜等率民军向驻李家卧龙的清军巡防队发起进攻，打响了辛亥革命以来东北地区武装起义的第一枪。

1911年11月26日，辽阳警察教练所教官徐景清率学员30余人，进占辽阳城西刘二堡，挨户宣传，张榜募兵，准备起义。次日，起义军成立“中华民国”军政府关东第一军，司令部设于李家卧龙，顾人宜为司令，张壁为参谋长。28日，革命党人商震、程起陆等在辽阳城高丽门外聚众200余人，准备起义。30日，庄、复起义军攻占水门子。1911年12月12日，柳大年在宁远州（今兴城）组织起义被捕，次日被押赴奉天省城。

在这期间，张作霖与赵尔巽合谋，疯狂对革命党人进行镇压。他们通饬所属“乱未起预防之；乱初生，力制之；乱既起，痛剿之”。在省城的张榕和张根仁向赵尔巽提出质问，但因为赵尔巽持有重兵，

①民革辽宁省政府直属机关工作委员会编：《辛亥革命在辽宁》第152页，辽宁教育出版社，2011年版。

所以对他们的质问根本不予理睬。

1911年12月29日，十七省革命党人代表会议选举孙中山为临时大总统。1912年1月1日，孙中山在南京就任临时大总统，宣告中华民国成立。赵尔巽令驻奉天新军统制，巡防营统领张作霖、聂汝清、潘矩楹等，通电吉、黑、鲁、豫、直隶各督抚，宣称奉天省已“编就勤王之师”，决定“以铁血解决政体”，愿与上述各省对独立省份进行“痛剿”。

不久，孙中山令蓝天蔚节制北伐沪军和“海容”等三艘军舰。1月16日，蓝天蔚率北伐军千余人，由“海容”等三艘军舰护航在烟台登陆，与关外民军遥相呼应。奉天省城内，张榕等革命党人也借助大好时机加紧活动，他们在大街小巷贴出许多署名“民党”的传单，号召满汉各族民众团结起来，参加斗争，推翻清王朝。

面对风起云涌的革命运动，赵尔巽暗起杀机，密令保安会参谋长袁金铠到革命队伍中当卧底。早在武昌起义前，张榕由日本回国到大连组织急进会，密谋响应起义时，袁金铠曾密报赵尔巽：“张某，人杰也。今兹归来，恐于大局不利，须遇机除之，以免后患。”袁金铠为了掌握动向，向张榕假献殷勤。张榕年少性爽，坦然不疑，认为袁金铠知事明礼，可以与谋，并委任袁金铠为联合急进会参谋部长，因此革命党的许多内部机密，袁金铠都已掌握。而张榕对袁金铠、赵尔巽、张作霖三人的勾结则无觉察和警惕。

1912年1月23日，由袁金铠与张作霖密谋，设下了杀害张榕的圈套。袁金铠假称张作霖有意拥护共和，建议张榕在此宴请张作霖。张榕接受了袁金铠的建议，在大西关平康里的德义楼宴请张作霖。宴会结束，袁金铠借口有事先走了。张榕与张作霖同出德义楼，准备进一步商谈起义具体事宜。走到平康里深处，尾随于后的张作霖的侦探长于文甲等人掏出手枪，向张榕连开3枪。张榕牺牲时年仅29岁。“怒眦尽裂，露尸一昼夜，目亦未瞑”。

张榕，这位清朝贵族的叛逆，东北革命的领导者，血溅在“中华民国”门槛上。

两天后，《盛京时报》刊登了一条震惊东三省的消息：“张榕被杀。初五日晚，谘议局副议长袁金铠协同急进会会长张榕在平康里宴饮。袁副议长先兴辞而出，比张榕出时，有常服者二人觑定张榕，用手枪三发击中要害，登时毙命。时在夜二十钟也。”据《盛京时报》报道，紧接着，张作霖派人连夜枪杀了张榕的革命伙伴、《国民报》的主编田亚斌，而张榕的好友宝琨也在睡梦中被拖下楼用刀猛刺身亡。

一时间，奉天陷入腥风血雨之中。史载张作霖当晚从张家抄没了五万两白银，这对日后他扩充军备起到了很大的作用。与此同时，还有汤玉麟等三路人马全城搜捕革命者。从第二天起全城戒严，张作霖大开杀戒，在八王寺、沙土坑、小河沿、大南门外4个地方设立刑场，杀害了824名革命者，无辜被杀的群众还有500余人。

张榕被害时，一家老小逃到其姐张桂的家里。张桂唯恐敌人斩草除根，便把家里的4个男孩打扮成女孩模样逃到大连。民国成立后，张桂带着张榕的儿子张多喜到了南京，孙中山在南京亲自接见了张桂姑侄，并专门为张榕举行追悼会，尊称张榕为“关东革命第一人”。

张榕被杀害，是东北辛亥革命历史的重大事件。而张作霖则是直接杀害张榕的刽子手。张作霖在拜见日本驻奉天总领事落合谦太郎时说：“目前东三省兵马实权全在本人掌握之中，断不容许革命党之类南方人任意蹂躏……本人认为与其将东三省委于南方人之手，勿宁让予外人更为了当……张榕不除，最为危险，我不下手杀彼，彼必下手杀我，为了加强防卫，故予处刑。”赵尔巽在给清廷奏折中盛赞张作霖“不动声色，连毙三凶，实足以快人心而彰显戮”。清廷下诏，委任张作霖为关外练兵大臣，赏戴花翎。将其所部改编为第二十四镇，由张作霖任统制，相当于师长，不久又兼任巡防营务处总办，还是娃娃的张学良都被封了官。

张作霖“东北王”的生涯就是在这一天拉开了序幕。

第六章　司督阁与盛京施医院

一　近代来华传教士与“医学传教”

19世纪中期鸦片战争后，有许多西方传教士来华开展传教活动。19世纪的来华传教士以新教为主体，按照中国的习惯称之为基督教。美国著名汉学家费正清曾经说过：“在19世纪中西关系中，新教传教士是研究最少，却是最有意义的人物。”实际上，在19世纪的中西文化交流中，新教传教士发挥了很大的作用。

最早开始在中国开展传教活动的新教传教士是由英国派遣的。18世纪中期，英国人卫斯理创立卫斯理宗，掀起“奋兴运动”，重新激起英国人尤其是中下层人们的宗教热情，改变了他们的宗教状况，“奋兴运动”甚至“与工业革命一样有力地改变了英国人的生活。”[①] 这个运动的重要成果之一，就是近代新教传教事业的兴起。到18世纪末，随着英国在世界范围殖民势力的发展和强大，英国开始积极派遣新教传教士到国外开展传教活动。

新教在中国的传教活动始于1807年英国伦敦会的马礼逊来华。马礼逊到中国6年后的1813年，伦敦会派另一位传教士米怜来华与马礼逊一起进行传教活动。1817年，伦敦会传教士麦都思来华。这3位是最早到中国来的新教传教士。到1840年，传教士增加到20人以上，代表6个不同的差会，主要活动在南方沿海地区。据《中国丛

① ［英］克莱顿·罗伯兹：《英国史》下册，第658页，台湾五南图书出版公司，1986年版。

报》统计，1842年以前，英美等国教会派遣来华的传教士共61人，分属于伦敦会、荷兰布道会、美部会、美国浸信传道会、美国圣公会、美南浸信会、英国教会传道会等。[①]

马礼逊等早期入华的新教传教士，是在清朝禁教时期来到中国的。当时清朝政府对外国人和外来宗教在中国的活动管制非常严格，马礼逊等人是在非法的情况下进行活动的，他们的处境十分困难，也只能在澳门、广州一带和南洋的华人群体中开展活动，传教的范围是十分有限的，只能做一些传教的准备工作。

鸦片战争后，这种情况发生了根本性改变。《南京条约》并没有解禁基督教的条款，但在中国与西方列强之间议定的条约中都有治外法权条款，使传教士不受中国法律管辖，还明确允许外国人在开放的口岸建立教堂。《剑桥中国晚清史》说："传教士是外国人,他们自然从条约的某些条款中获益。英国获得香港和五个开放口岸给外国人居住,还明确地允许外国人在开放的口岸建立教堂。治外法权使传教士不受中国法律的管辖,而传教士之在内地工作尽管仍然是不合法的,但也没有太大危险了。"[②]

道光二十四年（1844），中国与美国签订《五口贸易章程》即《望厦条约》，准予"合众国民人"在口岸设"礼拜堂"；同一年，中国与法国签订《五口贸易章程》即《黄浦条约》，准予"佛兰西人亦一律可以建造礼拜堂"，"倘有中国人将佛兰西礼拜堂、坟地触犯损坏，地方官照例严拘重惩"。于是，这两个章程使基督教在中国的存在获得了一种合法性。

第二次鸦片战争后签订的《天津条约》和《北京条约》使传教士获得了在中国全境进行自由传教的特权。英、法、俄、美各国强迫清政府增开了天津等11个口岸，允许外国传教士深入中国内地传教，并置产业、建教堂。基督教由此获得了不再受中国政府管辖，而受其

---

①熊月之：《西学东渐与晚清社会》第96～97页，上海人民出版社，1994年版。

②［美］费正清、刘广京编：《剑桥晚清中国史》上卷，第534～535页，中国社会科学出版社，1985年版。

本国政府保护的在中国内地传教的权利。此后，基督教来华传教士调整了其北移的战略，除继续以上海为活动中心外，更将中国的政治中心北京作为工作的重心，并向全国各地辐射，基督教在中国的传教活动空前地发展起来。传教士开始深入中国内地，19世纪末时，新教各主要宗派相继传入中国，传教区域逐步遍及全国。1864年，在中国有189名新教传教士，1874年有436名。1900年，新教教团数目计有61个团体；1906年，教团数以增至82个，传教士数目增至3833人，1914年教团数增至170个，传教士增5978人。在中国传过教的基督教传教士的总数迄今尚无准确的统计。据1907年《基督教在华传教士大会记录》的统计，当时在华的传教士总数超过3700人。新教传到了中国几乎所有的省份，包括偏远的少数民族地区，如西藏、云南等地。

为了配合和推进基督教的传播，来华的传教士也都从事一些文化教育活动。他们在这方面的工作，充当了中西文化交流的重要载体，为西学东渐做出了很大的贡献。

在新教的传教过程中，起初主要是采取习惯上所称的“直接布道式”，就是涉足中国的乡村、城市，面对广大的平民百姓，宣讲教义，歌颂上帝，发布传单，广送宗教图书，选择合适地点建立教堂。多数传教士都是采用的这种方法，也取得了一些成果。19世纪80年代后，西方神学界开始兴起以社会福音为特点的现代派神学思想，并逐渐影响到传教运动。与此同时，面对在华传教遇到的种种困难，部分传教士感到中国传统文化与基督教文化的不同是传教的最大障碍。因此，要使中国福音化，必须用以基督教为核心的西方文化改造中国，即建立一个有利于基督教传播的社会文化环境。在这种情况下，“间接布道”形式在一部分传教士中逐渐兴起，即以传播西方先进的科技文化为手段，如办教育、建医院、办报纸等，提高中国人的素质，扩大基督教文化的影响力，吸纳更多的华人入教。因此，积极参与文化活动，也是与新教的性质有密切关系。

19世纪的来华传教士，大多数都抱有“文化征服”的信念。他们自觉承担了“文明化”的使命。一直到20世纪初，传教士习惯于将基督教与西方文明成就联系起来，普遍相信自己的使命不仅仅是传布福音和让更多的人受洗，同时还包括传播西方文明，把中国这样的“半文明”的国家改造成“文明”的国家。他们要么借助于西方文明的成果，特别是科学来辅助宣教事业；要么致力于用西方文明来改造中国社会和瓦解中国传统文化，以培育有利于福音传布的社会环境。这些传教士们把西方文明视为基督教的同盟，坚信文明的胜利就是福音的胜利。广学会的一份文件曾说：

> 把西方知识和西方文明如实地作为真正基督教的成果和具有明显的基督教特性予以引入，这对中国和西方都是极端重要的。……使中国人在接受自然科学教育的同时接受道德和宗教教育，这是非常重要的一件事。①

有学者指出，直到20世纪初，凝聚西方传教士的不仅是传布福音的共同目标，同时还包括共同的信念，即坚信“西方文明从根本上是正义的，并且几乎不可避免地获得胜利”。费正清等人的《剑桥中国晚清史》则进一步指出：

> 19世纪时，商人们来中国谋求利益。外交官和军人来到中国则谋求特权和让步。外国人中间唯有基督教传教士到中国来不是为了获得利益，而是要给予利益；不是为了追求自己的利益，而至少在表面上是为了中国人的利益效劳。那么，在19世纪所有那些来中国冒险的人们当中，为什么基督教反而引起了最大的恐惧和仇恨呢？
>
> 如果对这个问题有任何一个答案的话，这就是传教士深深地、不可避免地坚信这一主张：只有从根本上改组中国文化，才能符合中国人民的利益。天主教徒和新教徒，自由主义和保守主义者，全都有这种信念。他们的区别不在最终目标，而在用以达到此目标的策略。他们的共同目标是使中国

---

①《广学会年报》第9期（1896）；《出版史料》1990年第3期。

皈依基督教，而且他们是不达目的不肯罢休的。[①]

布道、出版、教育和医药，是基督教传教事业的四大支柱。1885年8月抵达芝罘的美国医疗传教士满乐道写道："此时在华传教事工可分为3种：牧师、医疗和教育（clerical，medical and educational）。牧师指那些负责教会事务、主持教会活动以及巡回布道的传教士；教育传教士则指那些创办教会学校，负责讲授、翻译西方近代科学和基督教教义的传教士。"[②]

"以医辅教"是各种宗教传播的一种重要形式或手段。早在汉唐时期，佛教在向中国传播的过程中，也将自身的医药学知识以及印度医药学传播到中国，丰富了中医药学的宝库。唐代的景教徒也有一些医药活动。到了明清之际，来华的传教士也把医药活动作为开展传教活动的一个重要手段。例如法国传教士白晋、张诚等人凭借西药治愈了康熙皇帝的病，因此得到康熙的信任，并为西医药进入宫廷开了先河。在当时的清廷，不仅有传教士进行医疗活动，还有大量的西药被采购入宫，作为宫廷太医院为皇帝及其后宫医疗保健的补充。不仅如此，方济各会传教士还在澳门和广州开办药局和医院，成为中国最早的西医院。

晚清的来华传教士继承了这一传统，他们也把从事医疗活动作为进行传教事业的重要手段。所不同的是，晚清的传教士来华的时候，西医药学已经有了突破性的发展，在诊断手段、治疗技术、用药水平等方面都已经发展成熟，所以，他们带到中国的西医药学知识和技术要比明末清初时先进得多，治疗的效果也要好得多。第二点不同的是，这时来华的传教士有许多是专门的医学家或职业医生，他们虽然有着传教士的身份，并且是通过差会的渠道来到中国的，但他们主要是从事专业性质的医疗活动。第三点不同的是，晚清来华的传教士的医疗活动，不是像清初的传教士主要是为宫廷皇族服务的，而是面向

①［美］费正清、刘广京编：《剑桥中国晚清史》上卷，第599页，中国社会科学出版社，1985年版。

②胡成：《何以心系中国——基督教医疗传教士与地方社会（1835—1911）》，《近代史研究》2010年第4期。

广大群众，特别是为下层百姓服务。他们开创了许多教会医院，同时还深入到偏远山区和边疆地区，为那里的贫苦人民施医赠药。

香港礼贤会牧师李志刚的《基督教早期在华传教史》指出："1842年以前，英美西医之东传概可分英属东印度公司之医生时期以及英美传道会之医生时期。而东印度公司之医生时期，乃为伦敦传道会马礼逊牧师自1807年至1834年在华工作之时；而英美传道会之医生时期，亦即美国美部会牧师伯驾医生于1834年来华以医药传教之时期。"①

马礼逊来华后，英国的哈克尼公司计划探究全球野生植物分布情况，请马礼逊帮助了解中国百姓的生活习俗、疾病分类、医疗法和中草药的使用和鉴别。马礼逊委托东印度公司医生利文斯顿来进行这项调查。于是，利文斯顿购买了800多卷中医药书籍，对中医药和中国疾病分布状况展开研究。他将研究的成果写成一篇报道，发表在《印支搜闻》上。这次调查引发了利文斯顿对中医药学的兴趣。1820年，他在澳门设立一家诊所，所内配备各种中草药，并聘请一位在当地有声望的老中医和一位中草药专家，到诊所讲解中医中药。李文斯顿说，自己的目的是想了解中国的药物和疗法是否"可以对现今西方所掌握的、能减轻人类痛苦的手段再做点补充"。我国学者马伯英指出，这家诊所"在以后相当长的一段时间里，是推行和宣传西医学的唯一窗口。西医学的传播就在这简陋的条件下开始，并且是从西洋基督教传教士办的中医诊所起步"。②

1827年，东印度公司的医生郭雷枢在澳门开设眼科医馆，医务日增，求诊者每天有40人之多。据统计，从1827年到1832年的5年中，共治愈患者4000多人。行医得到了当地中国人的欢迎，他们"常以水果、鞭炮等为酬；也有写信谢其'恩重如山，情深似海'者"。1832年，郭雷枢关闭了这家诊所，移到广州另设诊所，更名为"广州诊所"。郭雷枢的诊所不仅治疗眼病，还治疗脚病及各症候的患

---

①李志刚：《基督教早期在华传教史》第243页，台湾商务印书馆，1985年版。

②马伯英等：《中外医学文化交流史——中外医学跨文化传通》第325页，文汇出版社，1993年版。

者，接受诊治的患者遍及临近乡镇。“这家诊所的绩业并不大，但它标志着西医传入的途径由澳门移向广州，一个新局面意味着一份新成就。”[①] 1835年，郭雷枢还在广州黄埔设一大英海员医院，对中国船员实行救治。当时居住在澳门的爱尔兰画家钱纳利与郭雷枢是至交。为了传扬郭雷枢的人道主义精神及留下历史记录，钱纳利绘就了一幅画《医学传教的先驱》，在画中，郭雷枢一手扶着老妇人挂于前额的眼镜，面向他的中国翻译请他向老妇人传译如何使用眼镜，在他膝下的儿子向他递上谢柬。诊室的角落里还有一个包着眼睛的穷人在候诊。这幅画在伦敦展出时为郭雷枢的诊所募得了一笔捐款。[②]

1834年，美国海外布道会首次派遣医药传教士伯驾来华，使西医入华出现了一个新的局面。此后，陆续有许多传教士医师来到中国，开办教会医院，为中国患者服务，同时也成为西方医药学向中国传播的一个主渠道。据统计，自1805年到1860年陆续来华的传教士医生共有30人，分属14个差会，开设了32个诊所或医院。[③]“传教士医师个人的努力在早期传入过程中的作用是显著的，他们一方面在国内向教会和教徒宣传向中国输入西医的必要性和可行性，另一方面依然靠着自己个人的魅力和勤奋在中国诊治疾病进而传授西医知识。”[④]

各教会差会在派遣传教士医生的时候，都比较注重医生职业道德，将其放在传道工作之上。美国平信徒调查团曾指出：“内外科艺术的品质，不必一定靠着屋宇的宏大，科学设备的齐整，以及传道工作的热心。品质的高低由职业的标准而定……职业的标准高，然后一切基督教的美德，如个人的注意、同情心、一视同仁、不分贫富信仰地位的精神，才能彰显基督教的荣誉。”许多传教士医生效法耶稣的

---

①马伯英等：《中外医学文化交流史——中外医学跨文化传通》第327页，文汇出版社，1993年版。

②陈继春：《钱纳利与澳门》第1～4页，澳门基金会，1995年版。

③马伯英等：《中外医学文化交流史——中外医学跨文化传通》第343页，文汇出版社，1993年版。

④马伯英等：《中外医学文化交流史——中外医学跨文化传通》第337页，文汇出版社，1993年版。

牺牲精神，放弃在本国较优裕的生活，深入偏远乡村、山区和边疆少数民族地区，在进行传教活动的同时，也民众提供医疗服务。在一定程度上给老百姓减轻或免除了精神和肉体的痛苦。美国喜嘉理牧师于1883年到香港，常往广东恩平、开平、新宁、阳江等地乡村传教。他“曾习医学，每下乡时，必俱备药料，救人疾危急，施药传道，两尽所能”。1915年，在滇东北苗族地区活动的传教士柏格理，因治疗和护理学生而染上恶性伤寒，直至临终都坚持将所剩不多的针水让给患病学生。此事在当地激起了强烈的震动。

传教士医生在施医送药过程中，由于传教士业的发展，他们不失时机地发展教徒，并且有不少成功的事例。如在1913年，各基督教差会在东北地区已设立的医院有12所，传教医生有19名，接受医疗的患者约计15万人。著名的传教医生司大夫（司督阁）藉行医以传教。他以外科手术闻名遐迩，被称为“奉天圣者”，经他医治的病人而信教的颇多。一位叫常森的盲人接受司大夫的治疗以后，便回乡到处传扬基督教，据称曾劝化约2000人归信了基督教。

进入民国以后，教会中有人提出不能强行向病人传教，不少教会医院已不再借行医为传教工具，走上以医为专职的道路。20世纪30年代，美国平信徒调查团提出了医院中宗教工作应遵守的原则：“一、用博爱服务的精神，应付民众的需要，不存丝毫作用，尽基督教医士高贵的天职。二、传道工作，在医院中未始没有相当地位……三、但是，利用医病的职业，在病房或诊所内，向病人直接传道，使病人不能躲避，这种方法，未免太富强迫性，未免不正当。”

在中国的各基督教差会几乎都有医疗传教士，最多的如19世纪90年代初，英国长老会仅在华南就开办了8所医院，在华31名传教士中，11名是医疗传教士。1899年9月的统计数字是，在华男性传教士1177人，女性传教士1723人，其中男性医疗传教士164人，女性医疗传教士60人。再至1923年，全世界教会医院53%的病床，48%的医生在中国。中国医生总数的61%、护士总数的32%和医学院的58%属于在华各教会。

二 奉天基督青年会

奉天东关教会

基督教进入中国后不久，就开始到东北地区进行传播活动。1852年冬，“德国人郭际烈由暹罗（泰国）乘船到盖平传播基督教，成立两个福音堂。它是东北最早的基督教堂。”[①] 这时，传教士进入中国内地尚属非法，所以这次传教活动影响不大。基督教在东北真正意义上的传教活动始于1866年。是年，英国圣公会传教士韦廉臣从牛庄登陆，到东北传播基督教，3年时间内，足迹远达扶余、阿城、三姓（今黑龙江依兰）等地。[②] 其后，西方基督教差会以营口为中继站，不断向东北派遣传教士，建立教堂。较早在东北传教的基督教差会是爱尔兰长老会和苏格兰长老会，它们开辟了东北地区最早的五个宣教师驻在地，即“牛庄（爱长老会，1869）、沈阳（苏长老会，1875）、辽阳（苏长老会，1882）、锦州（爱长老会，1885）、宽城子（即长春，爱长老会，1886）。”[③] 1891年，两派联合，组成“关东基督教长老会”，携手发展。甲午战争以后，两派信徒达6000人左右。[④]

---

①营口市地方志编纂委员会办公室：《营口市志》第1卷，第24页，中国书籍出版社，1992年版。

②［日］芝田研三：《满洲宗教志》第269页，满铁社员会，1940年版。

③中华续行委办会调查特委会：《中华归主——中国基督教事业统计（1901—1920）》中卷，第507页，中国社会科学出版社，1987年版。

④［日］芝田研三：《满洲宗教志》第264页，满铁社员会，1940年版。

最早在沈阳开始传教活动的是同治十一年（1872），英国传教士罗约翰牧师，受苏格兰长老会的差派，来沈阳传教，先后在西华、中街、小河沿等处设立教堂布道。光绪十五年（1889）十二月，在大东城门东侧建成基督教长老会。[①] 这里也是当时东北最大的基督教堂。

在来华的基督教传教事业中，还有一支重要的力量，即以美国青年学生为主体的基督教青年会。

基督教青年会（Young Men's Christian Association），简称Y.M.C.A，1844年由英国商人乔治·威廉创立于英国伦敦，1851年介绍到美国后蓬勃发展起来，它宣称的“改进青年人精神的、道德的、社会的和体魄的目的”，适合于扩张变化中的19世纪美国城市社会，逐渐从一种单纯以宗教活动为号召的青年职工团体，发展成以“德、智、体、群”四育为主导的社会活动机构，成为推行“美国生活方式”的重要力量。1866年，纽约基督教青年会总干事麦克班尼正式将“四育”定为宗旨：“青年会之内容为德育、体育、智育、群育诸部。盖所以求完人之幸福，使身、心、灵俱臻理想之发达也。”1854年，美国和加拿大联合成立了“基督教青年会北美协会”。1855年，欧美各国青年会在巴黎举行第一次国际会议，成立了“基督教青年会世界协会”，1878年在瑞士日内瓦设总部，并存在至今，现在约90个国家有青年会组织。

1885年，中国最早的基督教青年会由美国传教士施美志和毕海澜分别成立于福州英华书院和河北通州潞河书院。1895年12月8日，生长在中国、为学生志愿海外传教运动工作过5年的美国青年来会理在天津联合多个学校的学生成立了天津青年会，称“学塾基督会”。1896年9月21日，基督教青年会北美协会总干事穆德来华。穆德的来访，使学生志愿传教运动在中国产生了很大影响。他几乎访问了中国所有高等教育机构，宣讲中国学生加入世界基督教学生团体的利益，很快推动产生了22个学校青年会。1896年11月，穆德召集27个学校青年会在上海召开第一次全国大会，组成“中国学塾基督幼徒会”，

①政协沈阳市大东区委员会文史资料研究委员会编：《大东文史资料》第2辑，第118～119页。

形成了青年会全国组织，随即以团体会员参加世界基督教学生同盟和世界青年会。

青年会认为，基督教传入中国已多年，直到近年才开始接近“思想界者”，如果要使中国基督教化，必须要有德才灵兼备的人才不可，那么学生立志传道团“诚当务之急矣”。传道团的主要事工是促使基督徒学生能立志传道，立志后则“训练之，联络之，勉励之，辅助之”，使其能坚持信仰和决心，成为一名“理想中之牧师”，一切都是“以美国学生海外布道运动为楷模”，青年会北美协会对此也是鼎力支持。

中国基督教青年会把在中国青年学生中传播西方科学作为主要工作之一。北美协会1902年派普渡大学教授饶森伯来华，开始在南京向参加乡试的举子们进行科学演讲，给那些受传统教育的士人们耳目一新的感觉。后来，他扩大了科学演讲的范围，包括教育、卫生、农林、实验等项目，还赴欧美收集题材与仪器。1912年3月在南京演讲时，政府内阁人员皆赴会，一致表示应该提倡科学。

中国青年会一开始就被纳入了世界传教范围序列，与世界基督教团体保持密切联系。1897年，福州神学院教师、青年会成员陈敏望受派到美国诺思菲尔德和威廉姆斯参加世界基督教学生同盟大会，成为青年会派往国外的第一人。1904年，曹锡赓以友谊学习名额赴美国考察，这种“友谊学习”方式后来发展成为固定方式。1900年，南京金陵大学黄荣良出席法国凡尔赛的世界学盟大会；1902年，北京大学陈维城出席丹麦苏罗城的世界学盟大会和挪威克利荀尼亚的青年会世界大会；1905年曹锡赓出席荷兰新德城的青年会世界大会。正是通过这些活动和会议，中国青年会密切了与世界青年会和世界学生运动的联系。

1915年11月召开青年会第七次全国大会，改称“中华基督教青年会全国协会”，一直沿用至今。费正清在论及基督教对中国社会改革的影响时，提到对中国的西方教育最具影响力的机构之一就是中华基督教中华青年会。他指出：“从第一任总干事来会理1885年到中国直到1949年，青年会一直是中国社会改革的推动力。它对中国政治和社会发展方面产生的影响，在世界上任何其他国家和地区找不到同样的例子。”

基督教青年会在20世纪初开始进入沈阳活动。1912年，基督教青年会北美协会派遣穆德博士、普赖德、邱树基、艾匡国、华茂山、葛力扶等先后来奉天城活动，在大南门里景佑宫胡同（现在朝阳街139号）东城根下租了一处房舍，成立“奉天基督教青年会”[①]。

普赖德是一位美籍丹麦牧师，1918年出任奉天基督教总干事。奉天基督教青年会和其他的基督教青年会一样，并不是单纯的宗教活动场所，它是以发展“德、智、体、群”四育为标榜的社会活动机构。会内报纸、刊物齐全，藏书丰富，因而吸引了大批青年来此阅读，并参加该会举办的一些有益的活动。

青年会提倡“人格治国”，标榜“非以役人、乃役于人”以及“社交公开、男女平等”等带有民主、自由、平等色彩的口号，使当时一些急欲摆脱封建主义束缚的青年，在这里得到精神解脱。“总之，奉天基督教青年会无论是精神氛围还是休闲方式，都吸引着大批青年，使其成为社会精英、名流、政要汇集之地。”[②]

随着奉天基督教青年会会员的增加，青年会场所也在不断扩大。两次直奉战争期间，与奉系政权关系良好的普赖德3次到前线活动，特别是在第一次直奉战争中，奉军出现败势，普赖德出面调解。在秦皇岛外英国巡洋舰“麦尔迪”号上，普赖德与天津基督教青年会总干事联手帮助直奉双方达成协议，从而使奉军减少了损失。张作霖为表达谢意，决定把景佑宫一段地皮拨给青年会。

于是，美国普赖德、丹麦华茂山、爱尔兰司徒尔3位牧师联手为奉天基督教青年会督建新式洋房，资金由美国、丹麦方面赞助，张学良也鼎力支持，“共襄盛举”。新大楼在1923年破土动工，1925年5月竣工。奉天基督教青年会迁址到朝阳街151-1号。“青年会新址在当

---

①齐守成：《沈阳（奉天）男女青年会概略》，政协沈阳市委员会文史资料研究委员会编：《沈阳文史资料》第9辑，第135页，1985年版。

②张洁：《历史回眸——沈阳“九君子”与国联调查团》第3页，辽宁大学出版社，2012年版。

奉天基督教青年会旧址

时称得上一流建筑，既保存了东北古老浑朴的风格，又揉入了欧美简洁明快的色调，可谓中西合璧。由于受传统基督教的影响，整体建筑摒弃外表的奢侈华丽，追求内里的典雅别致，高雅而不落俗套。大厅内雕梁画栋，富丽堂皇，辅以构思新颖的浮雕，可谓匠心独具。院内辟有假山、喷池、青砖铺砌的甬道，清幽静谧。新会址面积比旧址扩大十倍，不但增加了藏书甚多的图书室，还增加不少现代化的设施，如集会所、讲演大厅、西餐厅、高档宿舍、招待所，还有健身厅、影戏院、沐浴厅、理发厅等场所。会员可享受会内这些特殊利益，所以来这里参加各种活动的青年越来越多。他们热衷于体育运动，读书活动，学英文、搞辩论，他们关注国际局势，更忧心国家的命运。”①

青年会吸引了一批先进青年，如阎宝航在当时奉天最高学府奉天两级师范学校读书的时候，就经常与同学杜重远、卢广绩、王化一、王少源、萧树君、毕甘霖、宁恩承、冯庸等到青年会参加各种活动。他们受五四新文化运动的影响，接受爱国主义思想，积极参加爱国学生运动，致力于拯救东北危亡的斗争。后来，东北大学、冯庸大学、

①张洁：《历史回眸——沈阳“九君子”与国联调查团》第4页，辽宁大学出版社，2012年版。

医学院的一些学生也来参加青年会组织的学术讲演、读书报告会、时事报告会以及各类球赛等。1918年底，阎宝航接受普赖德之邀，到奉天基督教青年会任学生部练习干事，并逐渐成为基督教青年会的核心人物，也成为奉天进步青年爱国活动的精神领袖。他浑厚善良，长于交际，有佛家的仁慈智慧，并有耶稣基督舍己救人的精神。友人回忆说："青年会是当时关外东三省唯一最大的民众组织，集会之所。干事的职责是聚集青年、领导青年，提倡体育和群育。青年会有智力讲演，有科学讲演，是当时沈阳最现代化的机构……老阎加入青年会成为青年领袖。他的智慧功德不是表面上所能看出来的。"①

三　司督阁的医药活动与盛京施医院

在来沈阳进行传教活动的基督教人士中，司督阁是影响最大的一位牧师。司督阁英国苏格兰人，从1882年至1923年在我国东北地区施医传教，历经40年，先后创办了盛京施医院、女施医院、盛京西医学堂，是第一位将西方医学传入我国东北地区的传教士。他曾任中国教会医学委员会主席（1907），也是中国博医会创建人之一。

司督阁医生

1855年，司督阁生于英国苏格兰高地上的兰赫诺荒原，父母在格伦科伊经营金斯豪塞牧场和金斯豪塞客栈，是家中最小的孩子。6岁时到巴拉胡利什读书。7岁时父亲去世，全家因此迁往因弗内斯郡的

①宁恩承：《阎宝航纪念文集》，《阎宝航与我》第31页，辽宁人民出版社，1995年版。

因弗加里，母亲经营牧场和客栈。1863年，司督阁11岁时，母亲去世，全家搬迁到洛哈崴桑那港口附近的一个农场。1868年，司督阁在洛哈崴斯德克拉迪赫学校读书，学习阅读、写作、朗诵等方面的完整知识。在著名教师唐纳德教导下，奠定了尊重知识和为理想奋斗的终身志向。

1871年，司督阁搬到格拉斯哥，进入布匹公司学徒3年，他积极参加社团和宗教活动。1874年5月，19岁的司督阁决定把基督放在生命的第一位，做年轻的传道者，并为获得全面的大学教育而努力。1876年，司督阁决心成为一名医学传道士，并将其作为终生的事业。他考入爱丁堡大学医学传教士学院学习。1877年秋天，司督阁开始在爱丁堡大学学习医学课程。

1881年7月，司督阁完成学业，成为为期一年的常驻医生。其间，在利斯航海学院短暂学习。1882年，司督阁接受苏格兰长老会传教会的委派，到中国工作。他“不以一己之学术有成，生活安逸为满足，反以即得神厚恩，必须施之于众为己任，故不避艰险，重洋远涉”，偕同新婚妻子伊丽莎白·黑斯蒂·史密斯，从爱丁堡来到中国。

1882年秋末冬初，司督阁经水路由上海抵营口牛庄。当时牛庄是东北地区第一个对外开放的商埠。这是他第一次与营口发生联系，此后他多次将这里当中转站进出中国。1882年11月，司督阁和罗斯牧师从营口来到沈阳小河沿考察选择建立诊所地点。但这次由于没能在奉天租下房子，只得原路返回营口。

1883年5月，司督阁再次来到沈阳，在小河沿附近一户孙姓人家租用了几间破旧的民房，总算安顿下来。清末的小河沿还属于郊区，是奉天人消暑度假的好去处，能够在这样一个清幽的场地安定下来，司督阁十分高兴。“6月，经过简单修缮后，盛京西医诊所正式开诊，并宣布免费为盛京城的民众治病。这是司督阁在奉天府内地创建的第一家西医诊所，也是东北内地第一家现代医学诊所。”[1] 这简陋

①陈醒哲：《盛京医事——东北现代医学典籍人司督阁与盛京医院的历史绘卷》第17页，辽宁大学出版社，2012年版。

的诊所就是奉天施医院的前身。

初期的诊所条件十分简陋，低矮的平房，狭小的院落，就连唯一的火炕也是四处冒烟。司督阁不得不将门诊、病房、药房和卧室安置在一起。由于得不到信任，诊所初期的病人都是一些乞丐，或是奄奄一息的人，真正来诊所看病的人寥寥无几。

沈阳有一位商人因白内障失去了视力，他遍寻名医，甚至找了当地有名的萨满，但是依然看不见东西。百般无奈，商人抱着试一试的态度找到司督阁。100多年前，在沈阳患眼病是非常普遍的，历史上还没有过盲人可以复明。司督阁准备为其做手术的时候，有谣言说洋鬼子要挖中国人眼睛，造成人心恐慌。于是司督阁决定在大庭广众之下做这个手术。当时很多人前来观看。患者躺在一张露天的手术台上，围观的人们屏住呼吸，拥挤在周围，随着手术刀的迅速切割，患者的晶体被剥离。接着司督阁大声地问患者："我竖起几根手指？""3根。"患者说道。"我看到了，我能看到了。"这是东北第一例成功的白内障手术。手术成功的信息迅速在奉天传播开来。此后，诊所又成功为腕部砸伤导致全手坏死的患者做截肢手术，为关节脱臼导致关节废用性强直的蒙古族少年恢复关节功能，使原本内心排斥洋人的老百姓对司督阁才多了几分好感与信任，诊所的名声也渐渐远扬。司督阁认为，治病同传教一样，整治人们的灵魂，给人们带来福音，应该是免费的，故称"施医院"。凡来院就诊病人，进入门诊无需交费，

初创时期的盛京施医院

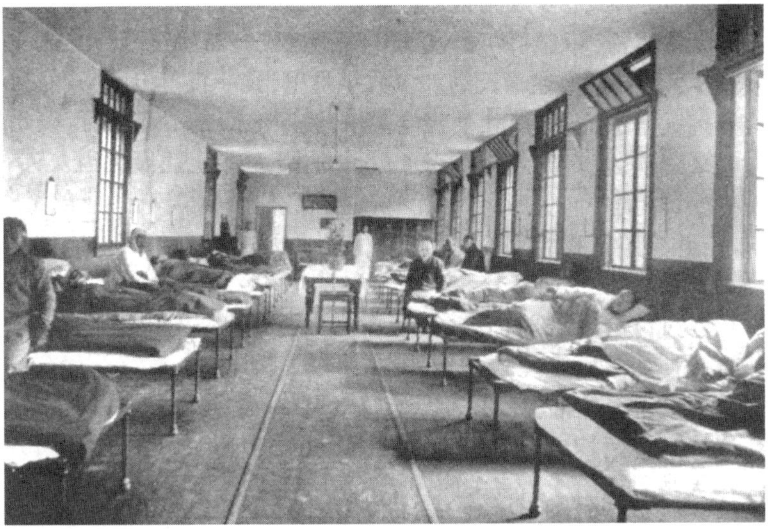

当年盛京施医院的一间病房

住院病人只需交纳伙食费，无论什么人一律平等。

盛京施医院在沈阳很快受到热烈欢迎。在医院门口，“每日都可见到摩肩接踵的拥挤状况。清晨从四面八方拥来的车马、轿子，络绎不绝。那些官员、侍从、马夫、轿汉，把医院门口大街挤得满满的，候诊的队伍排在大街上，还有很多围观的人簇拥着看热闹，人们常常把小孩举过头顶，否则小孩就会挤伤。”一位官员说道：“对西医和传教医师热烈欢迎和诚挚感激的人，更是不计其数。医院之士民云集挤拥，老幼男女如蚁来……儒农官员，各品人等，病来痊去矣。”

到1884年，这个诊所的男病房已拥有了12张病床。据统计，1883年7月至1884年9月，诊所门诊量达到3792人次。1884年10月到12月门诊人数迅速上升，达到5096人次。1885年春季，“司督阁把盛京西医诊所后面的一座破旧建筑租来做病房，建起一个临时医院，取名‘盛京施医院’。他还请了一位盛京城里有名的书法家写了一块‘博施济众’的牌匾，挂在医院的门额上方，直接表达出医院的慈善性质。”[①] 医院规模有所扩大，设有男病床60张，女病床20张。同

①陈醒哲：《盛京医事——东北现代医学典籍人司督阁与盛京医院的历史绘卷》第33页，辽宁大学出版社，2012年版。

时，他还在铁岭建立一个诊所。1886年门诊人数有11857人次，手术251例，108人住院治疗。1887年就诊人数达到12845人次。几年后的门诊量，最高时达到每年4万多人次。

1888年8月，奉天暴雨成灾，洪水猛涨，浑河两岸和万泉河一带一片汪洋。施医院的门诊、病房和住宅均遭水淹。医院的医护人员，在整个汛期和灾后的一年中，先后救出很多逆水灾民，在治疗伤病员和控制传染病流行方面做了大量工作，仅治疗疟疾即达4000余例。

为了扩大基督教和现代医学的影响，司督阁医生以沈阳为中心，巡诊的足迹遍布辽宁和吉林两地。

1884年春天，司督阁带着行李和几件生活必需品，还有一包药品和医疗器械，与约翰·麦金太尔牧师第一次去辽宁南部和东部进行医疗考察，了解沈阳周边地区民众的生存、卫生、疾病情况，并随时诊治一些病人。他们每到一个城镇和村庄都要深入民众中间，告诉人们一些简单的防病知识及一些传染病的传播途径，了解地方病和常见病的分布情况。

此后，司督阁经常深入沈阳周边地区开展巡回医疗。1886年11月中旬到12月上旬，司督阁带着医疗队进行了一次历时半个月的巡回医疗。他们从沈阳出发，北到铁岭，东南到云岭，全程大约340公里。1893年春天，司督阁的医疗小组，利用4天时间，在3座较大的城镇为患者巡诊，共有680名患者接受了治疗。当年，还在铁岭为2237名男患者和1208名女患者进行治疗。

1884年到1903年的9年间，司督阁第二次巡诊足迹踏遍了沈阳、辽阳、铁岭、本溪、营口、丹东、长春、吉林等地的城镇与村庄，治疗患者几万人。巡回医疗使东北的民众更了解了现代医学的治疗方法，并渐渐接受了“洋人的医技”，也使司督阁更了解了东北地方病、流行病、多发病的特征，熟悉了东北的乡土民情，并与更多人成为朋友，奠定了现代医学的发展基础。

由于取得了社会的信任和支持，医院有了较大发展，1890年在东关小河沿所办医院不敷使用，获奉天府尹兴升倡捐巨款，择地新建男施医院，“有病房容床百余”。

此时，司督阁坚持每周出诊4天，有时半天门诊量达200余人。医院培养医务助理，药房技士和助理护士，讲授西医知识，开设戒毒病房，帮助吸毒者戒除鸦片毒瘾。

1896年，在盛京男施医院北邻购地筹建的女施医院落成开诊，积极推广新法接生，由来华女传教医师何美丽和邓大夫负责。

当时的英国驻营口代领事亚历山大·霍斯在《满洲——它的人民、资源及最近的历史》中说："我们也参观了克里斯蒂医生医院的病房，看到许多学生正在这里学习医学和外科手术。在这所医院里，克里斯蒂医生为那些苦难的人民所做的工作最为出色。1893年，克里斯蒂医生收治了539名住院病人，做了594例手术，其中914例治愈，36例改善，3例没有效果，只有1例死亡。"①

1894年，中日甲午战争爆发。司督阁南下营口，在地方官员的支持和配合下，以红十字会的名义租下一家客栈，经过简单整理，于1894年12月13日成立了中国历史上的第一个战地红十字医院。当时的营口红十字医院共有8位医生，其中有在营口多年的外国医生戴利和从营口港军舰下来的两位外科医生，还有跟随司督阁到营口的助手、盛京施医院的魏晓达、陈慧等医务人员，其余都是医学传教士。医疗抢救工作由戴利医生主持。

红十字医院成立的消息在清军中迅速传开，送到医院的伤员越来越多，仅1895年1月在盖州保卫战的3天战斗中，医院就收治了169名清军伤员。司督阁相继又租了几家客栈，建起6所红十字医院。1895年3月6日，营口失陷。红十字医院又成了军民避难所。司督阁在红十字医院门口挂上"英国居民"和"外国教会"的牌子，插上红十字会旗帜，以保护仍留在医院内的清军伤员。恐慌中的营口人都希望有一面红十字旗帜保护家人安全。营口市史志办学者周立国说："在中日甲午战争期间，清军节节败退，伤病满营，战火1895年3月6日烧到了营口。一个叫杜格尔德·克里斯蒂的医生担起了救死扶伤的责任，他的'红十字医院'在那个腥风血雨的恐怖岁月里，成为民众向

①张士尊：《国内现存的有关司督阁研究的几本参考史料——在〈司督阁与中国现代医学传播学术研讨会〉上的发言》。

往的避难港湾。”这里说的“杜格尔德·克里斯蒂”就是司督阁。

1894年12月至1895年3月，7家红十字医院共收治1000多名伤员，做了几百例断肢手术和清创手术，有效避免了各种感染和败血症的出现。上海的《申报》专门对此进行了报道。

在回忆营口红十字医院时，当年主持医院工作的戴利医生写道：“克里斯蒂（司督阁）医生全身心地投入了工作，充分利用了自己娴熟的医术和丰富的经验，改进医疗方法和措施以克服那些可怕的困难。他不但保证自己医院的助手们努力工作，而且训练外国人和中国人成为帮手。他是所有7所红十字医院的总指导，同时也是我最忠诚的顾问和伙伴。红十字医院的工作成就大部分是由于他智慧的有创建性的意见……红十字医院提供的伟大服务促进了中国人和外国人之间的友好关系，而这一点正是克里斯蒂医生一直追求的。在整个满洲，克里斯蒂医生声名远扬，深受人们的爱戴。”

这次红十字救护行动，对于中国的医学事业影响重大。沈阳作家陈醒哲说：

> 司督阁在营口创办红十字医院，战地抢救伤员的行动，写下了中国战地红十字医疗的第一个篇章。从此红十字行动开始进入中国人的视野。
>
> 红十字医院的良好影响不仅表现治疗伤员和抢救生命方面，而且所有接触红十字医院的人都留下难以磨灭的印象，都被司督阁医生冒着枪林弹雨、不顾个人安危的国际主义和人道主义精神所感动。
>
> 司督阁在营口港建立红十字医院抢救战地伤员的行动使清朝政府认识到了红十字会的重要性。随后，清政府公开承认国际红十字会，表示愿意随时为红十字会提供帮助。①

甲午战争结束后，光绪皇帝为表彰营口战地红十字医院在救治清

①陈醒哲：《盛京医事——东北现代医学典籍人司督阁与盛京医院的历史绘卷》第162～163页，辽宁大学出版社，2012年版。

军伤病员工作中所做的贡献，特授予司督阁和魏晓达等几位主要医生“双龙宝星”勋章。

1900年，义和团打进奉天城，疯狂地杀戮洋人。医院外籍人士先后避难于田庄台或经上海回国。司督阁在友人的劝说下，远避日本。6月30日，义和团将盛京施医院的男、女医院全部烧毁。8月，义和团运动结束，司督阁又由国外归来，看到苦心经营18年的事业毁于一旦十分痛心。当时，政府对医院遭受损失深表遗憾，并对医院重建给予大力支持。

1904年，日俄战争暴发，大批难民涌入沈阳，流落街头，无处安身。司督阁积极联系上海和天津的红十字会等机构为沈阳提供资金和药品援助，并和东北地方当局合作，建立起一个又一个难民营。1905年前3个月，清朝政府收容的难民总数为38000人，而司督阁组织收容的难民却有1万多人。整个战争期间，司督阁先后在沈阳建立起4家医院，工作相当繁重。他不但每天为难民营众多的患者看病，而且还要为来自附近战场受伤的农民疗伤。出于人道主义考虑，司督阁的医院还收治俄国和日本军人。战后，直隶总督袁世凯代表清朝政府致电司督阁，为其对中国难民所表现出的仁慈和提供的帮助表示真诚的感谢，中国政府、俄国政府和日本政府分别授予他红十字勋章。

1905年，司督阁得到盛京将军赵尔巽的支持，事业迎来转机。1906年，赵尔巽拨银4000两给司督阁，同时，沈阳社会各界也开始认识到医院的重要性而予以资助，商会先后捐银约2万元，重建盛京施医院。1907年

盛京施医院大楼

3月5日，盛京施医院新院正式建成开业，整个医院包括一座两层的门诊大楼，拥有60张病床，有合乎要求的手术室、调剂室和附属设备，成为国内颇为先进的医院。开业典礼时，赵尔巽亲临剪彩，并发表演讲。盛京城里的所有高级官员全部到场，各国驻盛京总领事馆的官员也都参加。到11月末，盛京施医院的第二期工程全部竣工，建成了拥有110张床位的东北最大的现代化医院。

医院坚持"施医"原则，贫困病人免费就医，甚而免费供餐，社会反应极佳。富裕病人可自愿捐助，以补偿经费之需。1909年司督阁回国又募集到5000英镑，缓解了经费开支的困难。

1913年以后，医院规模不断扩大，拥有8名外国医生，设3个诊室，分别是内科、外科、眼科。1914年，张作霖捐赠1台X线诊断机，开始应用放射线诊断技术。在以后的18年中先后增设3次放射线设备，包括X线治疗机、太阳灯，并建立太阳玻璃室，组建了光疗科。1916年，女医院增设"产院"，新建两层楼的产科病房。后又于1930年再另建4层的产科楼1座，设病床30张。当年，共收顺产妇240例，难产481例。以后的几年中每年平均收产妇百余例，结束了当时20%新生儿死于破伤风的厄运以及因难产而导致母婴双亡的历史。

截至1930年，盛京施医院共有男、女、产3个医院和附设高级护士学校，临床分内、外、眼、肺、小儿、皮肤花柳、耳鼻喉、产、妇和光疗等10个科室。男医院病床160余张，主要为一般病房，设有少数特殊病房，有手术室3间、诊察室6间，光疗室和调剂室等。女医院病床130余张，分别开设一、二、三等病房，有手术室2间和调剂室等。全院共有医师40余人，护士60余人，药剂师10余人，人员精干，工作紧张，热情为病人服务，还进行多种教学工作和院外社会服务。据1930年统计，全年完成门诊99487例次，手术4572例次，包括外科3787例次，妇产科113例次，眼科、耳鼻喉科200余例次。

1923年，司督阁退休归国，行前在北京受到民国总统徐世昌的接见，并获所颁嘉禾勋章。

司督阁28岁来到中国，直到68岁之后才离开，为中国的医学事业奋斗了40年。依靠高超的医术和谦逊的品格，司督阁赢得了奉天人的信任与尊敬。司督阁的好友达里博士曾记述：

> 司督阁医生，将他的全身心投入到工作中去，灵活地运用他出色的医术和经验，采用一些临时方法和措施，克服许多难以想象的困难……无论是对中国人还是外国人，司督阁都一视同仁，因而在整个满洲司督阁赢得了声誉，为人们所尊敬。

沈阳作家陈醒哲说："司督阁先生是享誉世界的国际友人，沈阳人民的伟大朋友。100多年前，他以医学传教士的身份，带着传播西方医学先进理念、改变中国面貌的宏伟理想，偕同新婚妻子伊丽莎白从爱丁堡来到中国施医布道，在沈阳工作、生活了40年。司督阁先生在东北经历了晚清时期7任盛京将军、3任东三省总督，中华民国初期2位奉天都督、1位东三省巡阅使主政的不同时代。他把人生中最美丽的青春年华奉献给沈阳；把对大爱的传播，对医学和教育事业的贡献留给了沈阳；把自己所有的财富都留给了他的'第二故乡'。""司督阁先生给我们留下了许多遗产——现代化的医院、先进教学理念的医科大学、欧洲风格的苏格兰建筑、完整的疾病控制体系和红十字会等等……但是，最珍贵的遗产还是他的开拓精神和大爱情怀。开拓精神可以开启我们的心智，大爱情怀可以净化我们的灵魂。"[①] 陈醒哲还说：

> 司督阁始终全心全意为中国民众服务，他以天使般的慈爱与善行，创造了永载史册的12项丰功伟绩：
>
> 第一，创建满洲第一家盛京现代医学诊所，传播现代医药学知识；
>
> 第二，开展卫生考察和巡回医疗，开创医疗下乡的先河；
>
> 第三，创办盛京现代医学堂，培养和训练现代医学助手；

①陈醒哲：《司督阁：沈阳人民的伟大朋友——兼谈〈盛京医事〉的写作因由及史学意义》，2016年在沈阳档案馆《司督阁与沈阳》研讨会上的发言。

第四，在甲午战争中创建红十字医院，实行战地医疗；

第五，创建满洲第一所女子医院、高级护士职业学校，第一个实行男女生同堂授课；

第六，在日俄战争中救死扶伤，开设救助站援助大批难民；

第七，领导中国博医会制定规范现代医学术语，提出把医院管理权逐步转给中国人；

第八，在盛京城组织指挥抗击大鼠疫，建立盛京城现代医疗防控体系；

第九，反对东北种植鸦片，积极参加禁烟活动，救赎“大烟鬼”；

第十，在辛亥革命中创立盛京医学院，开始东北现代医学教育；

第十一，建立规范的现代教育体系，亲手培育出东北第一批医科大学生；

第十二，创立了中国苏格兰友好协会，以一生努力架设起中英友好的桥梁。①

司督阁和他的夫人写作了《满洲十年》和《奉天三十年》，记述了他们在沈阳的生活。《奉天三十年》日译本译者、日本学者矢内原中雄在译著的序言中说：“提起司大夫，奉天城无人不知，无人不晓，人们感激他的恩惠，像神灵一样崇拜他。不仅如此，就是地方官也对他特别尊重，称誉他为传播文化的使者，聘他为外交工作的名誉顾问，给予其超越国界的信任。”另一位《奉天三十年》日文节译者，日本学者卫滕利夫说：“在我研究那些枯燥无味的奉天地方史料的同时，阅读了克里斯蒂的《奉天三十年》，我发现它凝结着人们的血汗和眼泪，是奉天永垂不朽的东西，即使其他一切都消失了，这篇回忆录也将流传下去，因为他发自笔者的内心，具有浸透人们灵魂的

①陈醒哲：《盛京医事——东北现代医学典籍人司督阁与盛京医院的历史绘卷》第2页，辽宁大学出版社，2012年版。

作用。”①

回国后，司督阁仍不忘奉天医科专门学校和盛京施医院，不断为之募款奔走呼号。1925年奉天的教育部门和社会团体，感念司督阁的医德与贡献，“对于三省民众一片婆心”，出资为其铸造半身青铜塑像，立于奉天医科专门学校教学大楼正面东侧，以纪念他为中国医学事业所做的贡献。铜像揭幕之日，张学良亲临剪彩，并发表演讲。司督阁的事迹也受到国际社会的高度评价。英国乔治国王授予他CMG勋章、爵士之位。1915年1月，司督阁到美国参加医学传教论坛，威尔逊总统和国务卿布莱恩等政要会见了他。当时美国路透社记者布鲁克爵士在《满洲亲历记》中说：“在满洲，英格兰享有盛誉，这主要归功于司督阁先生的救生工作。”

司督阁于1936年在爱丁堡去世，享年81岁。

四　创办奉天医科大学

司督阁不仅在医疗方面为我国东北地区做出了贡献，而且在医学教育方面也做出了突出成绩。

中国传统的医学教育以师傅授徒为主要方式，或通过家传秘制或私淑学习来传播医技。常见的“祖传世医”成为一些家庭之职业。民国初年，著名医师连伍德曾在《东方杂志》撰文指出：“数千年来，吾国之通病，偶有所得，秘而不宣。则日久渐就湮没，而各国则反是。有所发明之理，惟恐人之不知。朝得一方，夕遍全国。”②

在传教士来华的早期阶段，为了医务的需要，传教士往往采取招收中国学徒的方式，传授一些浅显易懂的医学知识，以培养助手为目的。马礼逊、利文斯顿、伯驾等人都曾有过训练华人做医务助手的教

①陈醒哲：《盛京医事——东北现代医学典籍人司督阁与盛京医院的历史绘卷》第4页，辽宁大学出版社，2012年版。

②连伍德：《论中国当筹防病之方实行卫生之法》，《东方杂志》第12卷，第2号。

原奉天医科大学

学经历。不过，规模很小、没有系统地讲授西医学基础理论，所以，谈不上正规的近代西医教育。据美国医生尼尔在1879年的调查，当时在华的教会医院中，有39所兼招生徒，其中5所超过10人，其余为2~6人。这种以教会医院为依托、医生兼授生徒、医院兼办学校的做法，被后来的传教差会接受并延续下来，成为中国近代西医教育的一种实用性很强的办学模式。传教士医生雒魏林回忆他在广州医院见到的中国助手说："这些青年人先前都受过良好的中文教育，后来又学会了英文，他们在医院里既是医生的助手，又是翻译。我耳闻目睹，对它们的造诣和在治病中显示的才华，大为惊叹。他们中的不少人后来离开了医院，到广东省边远地区私人独立行医。"他们是"中国医学业界的先导人"。[①]

司督阁起初在施医院也是采用这种带徒弟的方式，培养自己的助手。从1885年开始，他在医院以助手、带徒弟方式招收12名学生。一边工作，一边学习，对他们进行医务培训，以半工半读的方式培训助理医师、药剂师和助理护士，为诊所服务。

但是，从全国来看，"随着西医影响的扩大，医学教育越来越成为医学传播的重要手段，医学校从无到有，出现了名校博济医校，香港西医书院、协和医学院，北洋西学堂等，这些医学专门学校，既适应了培养更多的西医专门人才的需求，也将西方传入的医学新知识、

①刘圣宜、宋德华：《岭南近代对外文化交流史》第62页，广东人民出版社，2009年版。

新技术、新观念、新制度，通过有序的方式进行普及。”[①] 教会医院和医学教育输入了西方的教育体制和教学方式，培养了中国最早期的一批西医人才，对中国近代医学的发展、医学教育体系的完善产生重要的影响。西医学校的产生与发展，不仅构成中国近代教育的组成部分，而且对中国近代社会造成了深远的影响。通过教会医学教育机构，培养了中国近代最早的一批西医人才。

司督阁很早就萌发了建立西医学堂，在中国东北进行医学教育的想法。他在《满洲十年（1883～1893）盛京医务传教活动史》一书中曾说：“我不仅要把医疗技术传给东方人，而且还要传入医学知识。”他的目标是在东北建立一所像爱丁堡大学那样的医学院。

1892年春天，司督阁开始创建“盛京医学堂”。他选择了14名东关基督教会推荐的年轻人参加考试，最后录取了王宗承、刘玉棠、刘志学、王雅臣等6名青年，年龄平均十六七岁。他制订了5年培训计划，亲自担任主讲教师，教授药剂学和配方、生理学、解剖学、化学、眼科学、外科手术治疗等，还聘请了营口的外籍教师讲授诊断学、内科学、临床检验等课程。这是司督阁医生为中国培训首批有医学理论和临床实践经验的正规医师。“这所盛京医学堂开创了中国满洲现代医学教育事业的先河，是司督阁第一次具有前瞻性的尝试，是后来创办奉天医科大学的雏形。”[②]

1907年，在清朝政府东北总督徐世昌和奉天巡抚唐绍仪的支持下，司督阁医生开始筹建奉天医科大学。徐世昌拨出一块地皮供建学校使用，并决定由省库每年拨银3000两，作为筹办资金，10年为限。1908年再获直隶总督袁世凯支持。学校的教师由司督阁在英国和欧洲聘请，不足的资金由司督阁募集。1909年，聘英国剑桥大学毕业的亚瑟·杰克逊博士和利物浦大学毕业的病理学家毛乐尔医生来沈，协助司督阁建校。

“新建的奉天医科大学楼由三层楼房和一层地下室组成，建筑紧

①何小莲：《西医东渐与文化调适》第192页，上海古籍出版社，2006年版。

②陈醒哲：《盛京医事——东北现代医学典籍人司督阁与盛京医院的历史绘卷》第136～137页，辽宁大学出版社，2012年版。

凑而坚固，因为位于小河沿一带的制高点上显得特别醒目。”“盛京施医院和奉天医科大学像一对孪生兄弟，并肩耸立在小河沿边。”① 1912年，盛京医学堂更名为奉天医科大学，大学全部竣工，成为东北三省第一所医科大学，也是全东北地区的医学教育的最高学府。同年1月24日至26日，医科大学举行入学考试，大学招收首届50名学生。3月28日第一期学员正式入学，开学典礼非常隆重。校训是“非以役人，乃役于人”。这句同样在各地基督教青年会盛行的口号，提倡的便是“爱与服务”。校徽为针、蛇、火炬组成的图案，针、蛇象征救死扶伤，火炬象征学术光明之灯。司督阁担任了首任校长。医科大学的课程标准是按照苏格兰大学的模式设立的，学制为5年。教学过程使用汉语，但学生每天要用一个小时学习英文。学生毕业后授予内外科双学士学位。9月份，学校成立校董事会，聘请有中国、英国、丹麦三国德高望重人士为董事，英国总领事任董事会主席。这所大学成了沈阳、东北乃至整个中国最早的西医大学，在沈阳的医疗事业史和医学教育史上占有重要地位。

1917年冬，该校在北京政府教育部注册备案，并改名为“奉天医科专门学校”。司督阁为了进一步提高学校的知名度和教育质量，又确定了3条办学原则：一是专业水平必须达到高水准，二是必须有中国人参与合作；三是学校的气氛和环境必须使学员自然成为基督教徒，并以基督精神从事医疗工作。除此外，施医院还提供医疗设备和实习教具，有比较完整的尸体（张作霖批准的犯人尸体）供学员解剖实习用。该校全年经费国币310420元，以后逐年递增，开始稳步发展。

1917年6月，第一届学员经过5年的学习毕业。“这是司督阁非常期待的一个历史时刻，是司督阁生命的一个重要里程碑。”“司督阁所经历的种种困难、种种灾难、种种考验、战争与迫害，每一种努力都是朝向这样一个伟大的目标，每一个准备都是朝向这样一个伟大的目标——培养具有伟大理想的中国现代医学的职业人才。”②

①陈醒哲：《盛京医事——东北现代医学典籍人司督阁与盛京医院的历史绘卷》第314页，辽宁大学出版社，2012年版。

②陈醒哲：《盛京医事——东北现代医学典籍人司督阁与盛京医院的历史绘卷》第329页，辽宁大学出版社，2012年版。

奉天医科大学毕业生与在校生合影

奉天医科大学的第一期毕业生绝大多数留在施医院和学校，作为临床医生或充实教员，有的还被送到英国爱丁堡医学院进修深造。

1923年，司督阁退休回国后，安乐克博士接任学校校长。1924年，遵照北京政府教育部指示，修改学校章程，改学制为6年。预科1年，本科4年，临床实习1年，并且改组了校董事会，由中国人高文翰任副校长。

伪满时期，校名改为“盛京医科专门学校”，学制7年。1932年英国爱丁堡大学发表声明，承认本校毕业生的医学士学位，可选派人才赴该校进修，经费由英国资助，从而增加出国深造的机会。

抗日胜利后，学校改名为“辽宁医学院”。联合国善后救济总署对学校和医院倍加关照，相继调拨了医疗设备、药品、被服等，一些英籍教授先后返校任教。1948年沈阳解放后，盛京施医院曾改名为辽宁医科大学，1949年6月并入中国医科大学。到这时为止，该大学共招收学员31期。据《盛京医科大学要览》统计，至1923年司督阁退休辞职回国后，培养4届毕业生共107名，而至1927年第七届毕业生共170名（不包括在校的学生），发展至1941年第十八届学生毕业，共370名。这些学员大都成为中国西医界元老级人物，如我国眼科奠基人高文翰教授、我国结核病学奠基人刘同伦教授、耳鼻喉专家李宝实教授、儿科专家李助萱教授等，辽宁省肿瘤研究所前所长傅立人教授为第26期毕业生。

本书后面有一章专讲奉天“九君子”在九一八事变后的血腥恐怖中，不畏危险，搜集、汇编成《TRUTH》（《真相》），通过国际友人向国联调查团实名递交这份用英文书写的日军侵华原始证据汇编，并成为国联调查团起草报告书的重要依据，促成国联裁决日本发动九一八事变、建立伪满洲国的行为是破坏国联盟约的错误行为。在这“九君子”中，于光元、刘仲明、张查理、毕天民、李宝实均是奉天医科专门学校早期学生，且都留在了该校任教，留在了盛京施医院施医。在求学期间，这5位“君子”有无数与司督阁朝夕相处、当面聆教的机会。特别是刘仲明，他是司督阁最早以助手、带徒弟方式招收的12名学生之一。刘仲宜并非该校毕业生，但也是该校的教授、盛京施医院的医生。当年，司督阁听说他们的爱国事迹后，从英国写信来表示声援，强烈谴责了日本人迫害中国医生的暴行。①

五　奉天国际鼠疫会议

鼠疫是危害人类生命的最危险的传染病之一。在14世纪黑死病大爆发之后，鼠疫虽然没有再出现那样的大规模泛滥，却也是每隔一段时间就出来肆虐一番，不断地给人类社会造成灾难性损失。由于人类一直没有找到鼠疫的病因以及有效的防治方法，到19世纪末，鼠疫在世界范围内发生了第三次大爆发。

这次的鼠疫爆发是从中国的香港开始的。19世纪殖民时代的香港，欧洲人因不适应湿热的气候，多选择在山顶聚居。而华人的住宅区则拥挤地兴建在中环商业街边缘少数的平地上。未经规划的华人住宅区狭小窘迫，生活环境恶劣。1882年，英国卫生工程师瞿域考察香港后曾批评华人区街道系统和排水系统的混乱。他说香港的“公共污水管都没有排气孔，以致污水管内的浊气只有从住宅排水沟渠的排水

①陈醒哲：《盛京医事——东北现代医学典籍人司督阁与盛京医院的历史绘卷》第396页，辽宁大学出版社，2012年版。

口溢出。”他警告说，如果这种情况得不到改变，将可能发生大的灾难。但是，他的这个警告并没有引起港英当局的重视，香港的公共卫生状况并没有得到应有的改善。结果，瞿域的预言得到了应验。1894年，香港果然爆发了大规模鼠疫，并且传播到中国内地以及印度、非洲、美洲、欧洲及澳洲各地，总共波及60多个国家，至20世纪30年代达最高峰，死亡达千万人以上。这是继“查士丁尼瘟疫”和14世纪黑死病之后第三次鼠疫的世界大流行。此次流行传播速度之快、波及地区之广，远远超过前两次大流行。这次流行的特点是疫区多分布在沿海城市及其附近人口稠密的居民区，在家栖及半家栖动物中也有猛烈流行。①

在鼠疫爆发的1894年那一年里，香港的死亡人数为2547人；其后二至三年间，每年有1000～1500人死亡。有文献记载：“鼠疫传至香港，华人传疫而死者超过2000人，离港避难者多达8万。”疾病暴发后，卫生工程师瞿域再度被请回香港。他在新的报告中指出，因为代表土地利益的议员的阻挠，过去20年多个关于建筑物条例的提案都被封杀。根据他的建议，1903年，港府制定了新的公共健康及建筑条例，规定每个成年人室内空间不得少于4.65平方米，每个房间隔成的小室不得超过两个；新建建筑物必须提供相当于其覆盖面积三分之一的开放空间，建筑物的高度不能超过街道的宽度等。在鼠疫蔓延期间，港府焚烧了大量贫民窟。面对拥挤脏乱、瘟疫侵蚀的华人社区，殖民政府的歼灭行动并不手软。但是，新的建筑条例虽然标示着新的秩序，却也让移民劳工在香港居住更为不易。结果竟造成数万华人返乡的大迁移。鼠疫夺人性命，新建筑法则让人们彻底无家可归。

---

①对世界第三次鼠疫流行的路线，比较传统的说法是：鼠疫在云南经过长时间的反复流行后经思茅、蒙自沿广西百色、龙洲传入北海、钦州、廉州等雷州半岛沿海城镇，相继传入广州和香港。1894年再由香港传到世界32个国家。但现在有中国的鼠疫专家对这个说法提出了疑问，认为，如果仔细考察上述鼠疫经过的地方，在此之前有没有鼠疫的历史还很难说清楚。也许这是家鼠疫源地由静息逐步开始活跃的一个过程。此外，在当时的交通条件下，由滇西到香港有近千公里，仅凭时间关系就把云南定为一次鼠疫世界流行的策源地是不严谨的。

鼠疫传遍中国南方各省。由南到北，许多地区出现“十着九难生，漏人不漏户”的严重疫情，成批成批的人被鼠疫夺去了生命。1892年5月，“鼠疫由广西，粤南地区传至广州”。广州是这次鼠疫的重灾区。由于缺乏对鼠疫的认识，又无专门的防疫部门，没有明确的目标和有组织的防治措施，估计广州死亡人数达10万之众。据记载，1894年3月，“广州鼠疫大作，初发于城南南胜里，不十日蔓延全城，死者数万人，全城陷入恐怖景象，历时半年始息”。

早在18世纪末，云南省就已经开始流行鼠疫。同治年间（1862～1874），在香港的鼠疫爆发之前，云南曾有一次大规模的鼠疫爆发。俞樾曾这样记载：“同治之初，滇中大乱……时则又有大疫。疫之将作，其家之鼠无故自毙……人闻其臭，鲜不病者。病皆骤然而起，身上先起一小块，坚硬如石，颜色微红，扪之极痛，旋身热谵语，或逾日死，或即日死，诸医束手，不能处方……其得活者，千百中一二而已。疫起乡间，延及城市，一家有病者，则其左右数十家即迁移避之，踣于道路者无算，然卒不能免也。甚至阖门同尽，比户皆空，小村聚中绝无人迹……云南人为余说如此，盖其所亲见也。”另据记载，云南省死于这次瘟疫的人数就多于10万。在滇东弥勒县（市）的弥勒寺中留有这样的诗句：“十户之中丧九家，黄昏人静寂无哗，从前犬吠鸡鸣地，门前蓬蒿啼暮鸦。”当地老人还记得弥勒有个地方过去叫“万人坑”，埋的全是患了“疡子病”而死的尸体。那时，云南曾有这样的民谣：“东死鼠，西死鼠，人见死鼠如见虎。三人行，未几步，两人横其路……”当时人们不清楚瘟疫是如何爆发的，先是成批的野鼠、家鼠死在人们面前，然后是大批看着老鼠死的人像老鼠一样倒下，瘟疫迅速地蔓延。在贵州，据《贵州通志 · 前事志》记载，同治四年（1865）入夏以来，各属城乡士民患疫之家，十居七八，所患之疫，不过吐泻等症，而毙命即在须臾。甚至栽插之处，秋成极为丰稔，均固死亡之急症，或谷熟而无人收割，或已割而无人挑运。米粒狼藉，委弃田野，惨不可言。病疫之后，户口愈就凋零。

1910年10月底，上海闸北甘肃路源昌里口袁森茂柴房店内，因染鼠疫连死两人，引起租界当局惊恐，工部局派员前往查验，发现阿拉白斯脱路（今曲阜路）、北山西路等处也有染疫，即出动巡捕强令邻近居民、店铺搬迁，进行消毒。由于所派医务人员（洋人）擅入民宅，不分男女一一检查，招致妇女恐慌，又对华人居住环境杂乱污秽横加指责和蔑视，并且越入华界虹口一带，遭到民众的反对，遂加派巡捕，强捉小孩去种牛痘，更引起民间惊扰和恐慌。工部局越界检疫涉及侵占主权，社会各界团体为之进行交涉，引发数千人阻挠检疫，工部局消毒药水车被砸毁。工部局出动大批巡捕弹压，激怒的民众将巡捕疯殴致伤，巡捕逮捕了12名闹事者，酿成“检疫大风潮”。以商务总会议董沈仲礼为代表的华人团体与工部局频频交涉，倡议华人自设医院，由精通中西医的华人医士按华人习俗检疫，为消除妇女顾虑，随派一名女医生同行。几经交涉，工部局接受了此意见，双方议定了查疫区域范围，10天后，上海第一所中国人的医院……中国公立医院正式宣告成立。由于华医工作认真，不辞辛劳，民众满意，热诚配合，工作顺利，至12月4日，10天内查验了8000余户，未发现一人感染鼠疫，就此查疫工作渐停，检疫风潮平静，市面恢复。

不料，时隔半年后又传噩耗，1911年8月初，闸北热河路天何里连日内死人甚多。中国公立医院闻讯即派数名医士前往检验，发现5日内已死10人，患者8人即送公立医院医治。此后，逐日进行挨户严查，发现海宁路、甘肃路、北公益路（今蒙古路），南川虹路（今新疆路）一带均有患者，速以橡皮马车送往公立医院救治。8月12日，设立中国巡警卫生处，发出防疫告示，开始动员染疫地段居民迁入消毒所暂住，10天内不得外出，所更衣服，饮食起居一律由消毒所供给，不取分文。店铺、住家的物件均由巡警卫生处和闸北防疫所派人搬运至棚屋分列暂存，物主跟同编列号记，由巡警看守。又专门配备50名清道夫成立清洁队，50名捕鼠工成立捕鼠队，每人预先注种防疫药浆，分别发给蓝布号衣，由巡警率领带队上岗工作。又将染疫地段以白铁皮围墙隔离，进行熏洗消毒。由于这些措施，鼠疫没有在上海大面积蔓延。

鼠患给人民的生命造成极大的威胁。到清朝晚期，中国政府开始有了用科学去防治疫灾的行动。1910年秋季，在蒙古高原北部中俄边境的土拨鼠捕猎者中间爆发了鼠疫，随着山东、直隶两省劳工返乡，鼠疫沿着铁路迅速向东和南蔓延。“满洲里首见鼠疫，病死人口，旋由铁路线，传至哈尔滨、长春、奉天等地，又入侵直隶、山东”。在鼠疫流行的数月里，东北三省人民惨遭蹂躏，据不完全统计，这次鼠疫流行夺走了5万～6万人的性命。

清朝廷“曾由外务部、民政部、邮传部随时会商切实严防，避免传染。于是，民政部就传谕内外城巡警总厅，下令捕鼠。晓谕居民注意卫生，加雇清道夫，严行清洁。并督促内外城官办医院，添置防疫药品器具，以资应用。凡疫病发生的地方禁止出入，附近一带，竭力消毒。”同时紧急任命伍连德为“东三省防疫全权总医官”，派伍连德深入疫区开展防治工作。

这位伍连德是近代医学史上很有影响的医学家，中华医学会的创始人。伍连德祖籍广东新宁，出生于马来亚北部的槟榔屿，1896年，考取英国女皇奖学金，留学英国剑桥大学意曼纽学院学医。1902年，取得剑桥大学医学士学位，得到了母校资助的每年150英镑研究奖金。他先后在英国利物浦热带病学院、德国哈勒大学卫生学院及法国巴斯德研究所进修与研究，曾得到英国生理学家兼医史学家福斯特、脑神经生理学家谢林顿、生理学家阿勒布特和戴尔、法国巴斯德研究所俄国动物学家兼细菌学家麦奇尼诃夫等著名学者的指导。1903年，他以有关破伤风菌的学术论文，通过了剑桥大学博士考试后，被授予医学博士学位。1907年，他接受了清政府直隶总督袁世凯的邀聘，回国任天津陆军军医学堂副监督（副校长职）。伍连德还是中华医学会的创建人之一和第二、第三任会长。伍连德还曾获诺贝尔生理学和医学奖候选人提名。

伍连德到哈尔滨后，正如他后来所形容那样，“扮演了一个庞大组织总司令的角色”，“给医生、警察、军队，甚至地方官吏下命令”。伍连德解剖疫尸，揭示病源，建立哈尔滨鼠疫研究所，迅速采取断绝交通，隔离疫区，收容疫患，火化疫尸等多项防疫措施，很快有效控制了肺鼠疫的大流行。在后来的奉天国际鼠疫大会上，有人总结：“在新的防疫机制建立之前那个月，死亡人口总数为3413人，在新的防疫机制建立的时候，几乎每天死亡200人，但在30天后，死亡记录为零。”1911年3月，鼠疫在各地陆续消退。

士兵们戴着口罩维持社会治安。值得注意的是，照片中的两位赶车人都没戴口罩

哈尔滨鼠疫之后，伍连德又转战长春、沈阳等地，经过努力，到4月底，东北三省各地的鼠疫被全部消灭。这是人类历史上第一次依靠科学手段，在人口密集的大城市成功控制传染病的行动。这一年，众多媒体连篇累牍地报道着东北鼠疫。《远东报》评价：“其能以如此有效者，皆赖伍医士连德之力。”梁启超也对伍连德称赞说：“科学输入垂50年，国中能以学者资格与世界相见者，伍星联（伍连德字星联）博士一人而已！”

司督阁在这次防治鼠疫中也做出很大贡献。奉天的检疫、防疫是由东三省总督锡良直接负责的。他谢绝了日本多次要求任命日本医生为防疫总负责，聘请与之私交甚好的司督阁作为总顾问，司督阁向锡良详细陈述了肺鼠疫的疫情及危害，在司督阁的建议下成立了奉天鼠疫防疫局，他担任防疫总指挥，全权负责整个城市的检疫、防疫事务。在连续3个月时间里，司督阁夜以继日地工作。他遵照现代医学疾病防控理论制定出全面细致的防控计划，全力以赴投入到抗击肺鼠疫斗争中去，他提出切断传染源、检测流动人口、发布疫病信息、成立鼠疫医院、隔离感染病人、火化死者遗体、实施全城消毒等有效措施。他在皇姑屯车站对旅客逐个进行检疫，并在医院专门设实验室、临时疫病房、隔离营地。

当年防疫大会合影

由于医务人员亲临一线防控，采取措施得当，沈阳肺鼠疫的死亡率很低。经过3个月的斗争，终于取得了抗击肺鼠疫的胜利。沈阳抗击肺鼠疫取得成功后，使得现代医学疾病防控知识深入人心，而后政府进一步采取了有力的步骤，初步建立起疾病防控体系，近代公共卫生事业也随之启动。

司督阁的好友阿瑟·嘉克森（1910年11月被司督阁从英国特聘来院任教）医生为此献出了年轻生命，时年26岁。嘉克森当时的工作是在奉天到山海关的火车上检查是否有疑似感染者，却不幸自己染病。嘉克森去世后，专程赶到奉天来认领骨灰的亲属将清政府发给的1万元抚恤金全部捐献出来，捐作修建奉天医科大学之用。东三省总督锡良说："他心想着拯救这个世界，他对这里的付出有着难以估量的价值，我们永远不会忘记这些。杰克逊医生并非死于鼠疫，而是死于崇高的道义……他遵循上帝的旨意，为人类而牺牲。"

1911年，清政府外务部委派伍连德在奉天省设"奉天万国鼠疫研究会"，邀请英、美、俄、德、法、奥、意、荷、日、印度各国医生参加。这是世界历史上第一次国际鼠疫会议，也是中国历史上第一次国际科学会议，在世界医学史和中国医学史上都占有重要的地位。

东北大鼠疫消退之后，筹办奉天国际鼠疫会议成为锡良的一件大事，他邀请了奉天盛京施医院院长司督阁参与会议的筹备工作。他在给司督阁的函文中提到：“现代医学开会地区定在奉天，拟先觅房屋一所……来者约20人左右，会晤室、化学房最为重要……化学房尤当距会晤室相近。”

司督阁成为政府的接待顾问，所有接待问题政府都要向他咨询。经过协商，会议地点定在司督阁筹办的奉天医科大学隔壁的奉天公立工业学校，化学房则设在盛京施医院院内。

1911年4月3日，奉天国际鼠疫会议正式开幕，来自11个国家的几十位医生出席会议。司督阁作为清政府东三省总督医学顾问，代表中国参加会议。清政府派施肇基为特使莅临，任命伍连德医生为会议主席。会议持续了26天，于4月28日闭幕。

在开幕式上，东三省总督锡良宣读了摄政王的贺电并致欢迎辞，施肇基特使代表清政府致辞。施肇基表示：“从今以后，我们决心用所能获得的最先进的科学知识武装起来，去战胜所面临的鼠疫……”会议主席伍连德医生在致辞时说：“本次会议是在中国召开的第一次国际医学会议，其影响之广泛是难以估量的。除了诸位对鼠疫问题的研究所做出的贡献之外，更为重要的是由于本次会议召开所产生的推动作用，不仅影响到国家的政治生活，而且将促进未来中国的医学进步……”

这次会议从流行病学、临床数据、细菌学和病理学、抗击鼠疫所采取的措施、鼠疫对贸易的影响5个方面做了报告和讨论。在会上，各国专家对东北抗鼠疫行动给予了极高的评价。

司督阁作为奉天鼠疫防治工作的主要负责人之一，始终奔波在防疫第一线，他亲手治疗了大量的患者，积累了丰富的临床经验，他对鼠疫流行情况进行了详细的分析，在大会上做了《临床数据》的报告。司督阁的报告，数据清楚，客观准确，抓住了肺鼠疫的临床特征，提出了临床诊断标准。他对于特殊病例的报告观察细致，说明详尽，得到会议代表的高度关注。

奉天国际鼠疫会议总共举行了24次全体会议，最终形成《奉天国际鼠疫会议报告》。这个会议报告是世界医学史和中国科技史上的重要篇章，极大地推动了中国现代医学的发展与进步。

4月28日下午4时，奉天国际鼠疫会议闭幕。在闭幕式上，荷兰赫休尔斯医生代表会议呈临时报告，他表示："在大约四个星期的时间里，我们在奉天研究鼠疫的传染方式和抗击这种鼠疫的措施。鼠疫的危害实际上似乎消失，但是警觉的中国和世界随时为此担心。我对提交给我们的问题进行全面和详尽地研究，我们借用了过去的经验，以及经历这次鼠疫的中国和其他国家医生们最近所获得的经验……我们相信，如果中国再次遭受到鼠疫的袭击，她将能够在这次会议决议的启示下，即使没有完全预防其爆发，至少在开始时就能控制它，像在其他国家已经做到的那样。"锡良总督问候代表并致辞，他说："我衷心希望诸位在进一步阐明这次会议所遗留的问题时，不断取得成功，并且相信这些成果不久将为人类的健康和幸福做出更大的贡献。"

第七章　从书院到大学

一　萃升书院

书院是我国封建社会后期兴起的一种特殊形式的教育机构。它始于唐末五代，盛于宋、元、明，一直延续到清末民初，有一千余年历史。全国历代创建的大小书院，大约七千余所，为发展古代教育事业和繁荣学术做出了重大的贡献。古代书院由社会名流或当地开明士绅共同捐资营建，一般有学田养护，有些则靠官府资助。其教学形式、办学规模、课业层次不尽相同，但都以教育为基本职能，以培养学员参加科举为基本目标。较高层次的书院多由知名学者授课讲学，也是当地文人学士研讨学术的场所。钱穆说："中国传统教育制度最好的莫过于书院制度。私人讲学，培养通才，这是我们传统中最值得保存的先例"。历史学家侯外庐也说："在历史上，书院是研究和传播儒学的文化教育机构。但它有别于官立学校，多半具有民间色彩，因而也比较容易普及。"1901年，清朝廷为推广新学制，诏令书院改为学堂。胡适对此评论说："书院之废，实在是吾中国一大不幸事。一千年来学者自动的研究精神，将不复现于今日。"

由此可见，书院这种教育形式在中国文化中具有何等重要性。

在明代，沈阳地区就有了书院这种教育形式。明代辽东共设置了7所书院，分别建于弘治和嘉靖年间。这7所书院是：辽阳的正学书院和辽左习武书院、锦州的辽右书院、广宁的河西书院和崇文书院、蒲河的蒲阳书院、懿路的挹清书院。辽右书院是明弘治六年（1493）

设立的，是辽东地区的第一座书院。蒲阳书院建在沈阳中卫境内，嘉靖十三年（1534）由当时的辽东巡抚常时平所建。常时平在辽东任职期间，非常重视文教事业，除了创办蒲阳书院，还主持了对辽阳正学书院和孔庙的维修。

清初的书院之创是从民间开始的。书院的本质是民间讲学交流的场所。由于文人们常在此议论时政，清初统治者鉴于明末书院的兴废斗争，担心文人利用书院"摇撼清廷"，从事反清复明活动，对书院采取抑制政策。顺治九年（1652）曾颁令全国："不许别创书院、群聚结党及号召地方游食之徒空谈废业。"至雍正年间，此禁渐松；雍正十一年（1733），已准每省于省会所在之地建立书院，惟不分官立、私立，皆受政府监督。

清代沈阳陪都时期，最有影响的书院是萃升书院。当时萃升书院与铁岭的银冈书院、辽阳的襄平书院，并称"盛京三大书院"。

萃升书院始建于清康熙五十八年（1719）。前文提到银冈书院，是由流人郝浴在其住所及讲学之地的基础上创建的，属于私人讲学性质。郝浴"筑室于银冈之麓，讲学授徒，说礼乐，敦诗书，文化渐开，士知向学"。银冈书院是清代东北地区最早创立的书院。萃升书院则是由时任奉天府府丞奕璽创建，属于官办的性质。

萃升书院院址设在奉天城天祐门内的府丞公署东面，最初只建厅堂3间，规模较小。乾隆元年（1736），工部侍郎李永绍在文庙学宫西墙外，建立了帮助穷苦人读书的义学，不久改为"沈阳书院"。乾隆七年（1742），奉天府尹霍备率领下属劝募官绅捐献，集资开基拓土，扩建沈阳书院，增建学堂5间，宿舍及食堂21间。从此，沈阳书院规模初备，名声外扬。

乾隆二十七年（1762），时任奉天府尹欧阳瑾取"萃聚英才，升扬文化"之意，题写"萃升书院"四字楷写匾额，悬挂于书院的仪门之上，同时做跋于后，记述书院的发展历程、取得的业绩以及对后人的期许。从此，沈阳书院正式命名为"萃升书院"。

这位为萃升书院命名的欧阳瑾也是历史上有名的人物，他少年得志，26岁时便官任正六品的兵部主事。后历任刑部、工部、吏部主

萃升书院旧址

事，出任奉天府尹、顺天府尹、户部侍郎、仓场总督等要职。他办事认真，清正廉洁，“中朝人士，莫不仰其清风”。离职后，从事著述，留下《三才本说》一部。

萃升书院的历任山长（即院长，亦称主讲）由绅董公荐产生，非德高望重之士莫属，并且多为学界泰斗。嘉庆四年（1799），官至大理寺少卿的王尔烈因到了耄耋之年，卸任回到辽东，掌教盛京萃升书院。王尔烈字君武，号瑶峰，辽阳人，有“关东第一才子”之称。他十六七岁时，诗文、书法便是名声遐迩；44岁参加京师礼部主持的恩科会试，考中贡士，经殿试中二甲一名进士，随即被委任翰林院编修，聘为“侍读”。1773年，四库全书馆成立，46岁的王尔烈任四库全书处纂修官及三通馆纂修官，从事四库全书的编纂工作。72岁时，王尔烈以大理寺少卿离职回乡，掌教沈阳萃升书院。王尔烈的到来，一时间书院之名享誉关内外，“唯沈有才，斯文在兹”。名儒学子趋之若鹜。名儒们都以能同王尔烈切磋为荣，学子们都以能听到王尔烈的授课为幸。道光年间的进士刘文麟，原为广东即任知县，曾备受林则徐器重，后因触忤上司而被弹劾，转归故里，在盛京文坛久负盛名。同治年间进士曾培祺，曾任国史馆编修，主讲萃升书院多年，他也是诗文名家。

光绪二十四年（1898），内阁学士尚贤主持书院，开设时势策论课程，追求学以致用。两年后书院改为“校士馆”，并聘请清朝广宁举人、号称“辽东三才子”之一的刘春烺任主讲。

1900年闹义和团时，萃升书院成为义和团驻地，不久又被沙俄军队占据院舍，辟为军营和马棚，萃升书院从此人去楼空、毁坏严重、荒芜颓废。光绪三十一年（1905），奉天组织教育总会，将这里作为会址，经过一番修葺，恢复了旧貌。

1928年，张学良在听取了一些学者的建议后，出资2万大洋，重建沈阳萃升书院，并在文昌阁设立图书馆。张学良亲自出任院长，并且还决定每年出资4万元，作为书院的日常开支。同时聘请著名学者于省吾担任院监，全权负责书院的日常管理。于省吾字思泊，号双剑誃主人、泽螺居士、夙兴叟，海城人。1919年毕业于沈阳“国立”高等师范。后来他先后任教于辅仁大学、北京大学、燕京大学、东北人民大学等名校。

书院还从北京请来当时著名的国学大师王树枏，古文泰斗吴闿生，史地专家吴廷燮，以及后来的国学大师高步瀛等讲学。王树枏字晋卿，晚号陶庐老人，是清末民初重要的政治人物、博学的文史大家和诗人，时人将其与陈三立以“南陈北王”并称。他是光绪十二年（1886）丙戌科进士，光绪三十二年（1906）补授甘肃新疆布政使，历充学部及宪政编查馆一等谘议，礼学馆高等顾问。中华民国成立后，民国三年（1914）他任清史馆总纂，后来他还任国史馆总纂。吴闿生号北江，学者尊称“北江先生”，是晚清著名学者吴汝纶之子。他曾留学日本，清末任度支部财政处总办，北洋政府时期任教育部次长、国务院参议。吴廷燮、高步瀛也是当时学界的一时之选。有这些著名学者任教，使萃升书院的教学水平和影响力大为提高。

萃升书院以造就国学人才为宗旨，开设经学（易经、尚书、左传等）、文学（古文）、史学（明史、汉书等）、辞章（唐诗、宋词）4科。学生来源主要是通过考试，由奉天省教育厅直接负责，层层选拔，择优录取。萃升书院除正式录取的学生外，还设有旁听座席，也称院外生，即经院监批准，参加旁听的学生。书院规定，不论正式生还是旁听生，一律免收学费，学生只交书费和伙食费。学生只交书费和伙食费。学生学习期间实行严格的考试制度，每月会考一次。由于书院的管理严格，奖罚分明，所以成绩斐然。各府县学子纷纷报考，以到萃升书院就读为荣。

但是，九一八事变后，萃升书院再遭毁坏，被迫关闭。此后，萃升书院就在沈阳消失了。现在，原址的位置上，仅留“萃生社区”这样一个地名。

此外，在民国初年，沈阳还有一家兴华书院。兴华书院创设于1913年1月，是一家私立专门学校，书院以专门成就英语人才为办校宗旨，为国民学习西方先进技术、创办洋务提供基本的交流工具。颇具特色的是，在办学上兴华书院也高调引进西方观念，附设有函授学社，是东北地区远程教育的先行者。

兴华书院，位于今天沈阳市大东区的草仓路。当年草仓路只是城外围的一个小胡同，居于方城的内治门（小东门）外，称草仓胡同。兴华书院是英语专门学校，专业只设英语一科，学制3年。在课程的设置上，兴华书院遵照教育部所定英语专业学科标准开设课程。根据部定，英语专业必修课为英语阅读，英语史，英语小说，英语诗歌，语言学入门，英语语音学，西方哲学史，古典作品（希腊悲剧、英语圣经），英国作家研究，中国文学史等。选修课为作文与修辞，欧洲文学，英语戏剧，英语散文等。

兴华书院学生毕业后的主要就业方向是中小学教员，到1915年，兴华书院毕业学生58人，其中充外县中学教员3人，高等小学英文教员30余人，在各地洋务机构就职以及升入大学继续就读者12人，应该算是小有所成。

1918年1月，兴华书院正式停办。

二　新式学堂的诞生

近代以来，西学东渐，对中国传统文化造成极大的冲击，许多人也开始探索如何接受和学习西方文化，其中，建立新式学堂是一项重要的举措。

19世纪60～90年代洋务运动时期，李鸿章、张之洞等人创办了不少新式学堂，这些新式学堂也被称为洋务学堂，以学习西方的语言文字和科学技术为主，包括外国语学校、工业技术学校和军事学校3种类型。在这些学校中，接受了教会学校的一些教育方式和教育内容，有些学校还聘任西方传教士担任教习或总教习，使中国官办学校成为传教士宣传西学的阵地。比如京师同文馆内，除我国数学家李善兰任算学教习外，其余课程皆聘请英、美、法传教士任教。此外，全国各地兴办的新式私立学校的教学内容和程式，也仿效教会学校。

外语学校中最有名的是京师同文馆和上海广方言馆，这样的学习外语兼习西学的西式学堂还有广州同文馆、新疆俄文馆、台湾西学馆、珲春俄文书院、湖北自强学堂。京师同文馆等外语学堂为晚清政府和社会培养了一批外交、外语和教育方面的人才，他们通晓西学，对中国近代化的进程起过一定的作用。作为官办的新式学堂，京师同文馆等西式学堂也为中国教育的近代化积累了一定的经验。

京师同文馆和上海广方言馆以及广州的同文馆，在创办初期主要还是为了培养外语人才，基本上是语言学校。随着洋务运动的展开与发展，这种学校类型已经远远不适应需要。近代工业企业大规模创办，新式而正规的海军舰队的建设与新式“练军”的训练，对新式的精通格致等知识的科技人才的需要更多和更为迫切，办新型学堂的呼声愈来愈高，办新型学堂的实践也愈来愈多。

实业学堂的历史渊源，可以追溯到1867年江南制造局采纳容闳建议在局中附设的兵工学馆。两江总督马新贻在建立该学馆时就表达了其性质与任务，他说：“查外国造船行船及制各种利器，皆有专门之学。上年局中觅雇洋人翻译制造诸书，正欲先明其理与数之所以然，使门径既辟，得以循序渐进。”制造局办学馆，就是要“挑选聪颖子弟分门学习，以期日起有功”的“明其理与数之所以然”。容闳称这个学馆“造就无数机械工程师”，在一定程度上反映了兵工学馆的真实情况。

洋务运动的30多年间，创办了将近30所新式学堂，主要是洋务运动中应工商各务和医学卫生等需要而举办的以学习西方科学技术和管理知识为主的新式学堂。[1]包括外语学堂、军事学堂和专业技术学堂三大类。早期的如江南制造局兵工学馆和马尾船政局求是堂艺局，虽也带有实业学堂性质，但它们主要是服从于军事上的需要而创设的。随着19世纪70年代从军事工业为主转变为以办民用工业为主，为服务于实业发展而办学堂的目的逐步明确起来。19世纪70年代中期以后，开始创办以服务于工商业为特征的实业学堂。

兴办新式教育是洋务运动的一项重要内容和重要措施，也是洋务时期清政府教育改革的一个重要方面。

洋务派开办的这些工程学堂和军事学堂，聘请西洋教习，教授西方近代工业技术和军事技术，采用西方的教材和教学方法，为中国培养了最早的一批掌握近代工程技术和军事技术的人才，他们在中国近代化的历史进程中起过很大的作用。但这一时期的学堂教育，无论一校之中还是各校之间，缺少配套衔接、循序渐进的层级体系，归属和管理也是五花八门。所学西学知识旨在补充中国固有教育之不足，没有整体取而代之的规划目标。管理则多由总理各国事务衙门等相关部门对口负责。

甲午战争后，人们开始认识到，日本取胜在于其国遍设各学，才艺足用，必须培养造就近代工业急需的技术人才，兴办各种专门、实业学堂。康有为提出：凡农、商、矿、林、机器、工程、驾驶等人间一事一艺者，皆为专门之学。主张各省府州县广兴学务，凡天文、地矿、医律、光重、化电、机器、武备、驾驶、铁路、农业、商业、师范等，均设立专门学校，培养各类专门人才，以适应农工商各业发展及时局的需要。一些官吏也纷纷上书，请求广设学堂，学习西方的科技文化知识。

戊戌变法期间，光绪帝连降谕旨，要求各地重视兴办专门、实业

①洋务派创办的学堂具体有多少说法并不一致，杨益茂在《洋务运动时期的新式教育》一文中认为洋务时期全国共有新式学堂30所；徐泰来在《洋务运动新论》中列为22所；李时岳和胡滨在《从闭关到开放》中统计为24所；夏东元在《洋务运动史》中认为是28所；田正平《论中国教育近代化起步阶段成就特点与问题》一文中认为是26所。尽管各位作者对洋务学堂的统计不一，但是从上述的统计数字可以看出，晚清时期学堂有了一定的发展。

学堂。铁路、矿务、农务、工学、商学、茶务、蚕桑等学堂在各地迅速开办。各省府州县广泛设立中小学堂，一时，学习西学成为时尚风气。著名的有陈宝箴在湖南创办的时务学堂，张之洞在两湖地区也广置学堂，以学习西文西艺，使得两湖地区成为晚清学习西学最重要的地区。各省也向两湖地区求人才，或是学习两湖地区，广置学堂，努力学习西学。维新浪潮在1895～1899的5年间，推出了150所学堂。1905年正式废科举制后，新式学堂取得长足发展。

1895年以前，学堂仅仅分布于沿海7省。1899年扩展到包括云、贵、川、陕等内陆地区的17个省。20世纪以后，蒙、藏、新疆等边远地区也纷纷办起了学堂，新式教育覆盖全国。新式学堂在全国各地不断普及，从城市到乡村，特别是贫民教育及女子教育也有大的发展。1904年，全国有学堂4222所，在校学生92000人；5年之后的1909年，学堂增至52343所，学生人数为156万多人，1912年更达到290多万人，加上未计算在内的教会学堂、军事学堂，日、德等国所办非教会学堂以及未经申报的公私立学堂学生，总数超过300万人。新式学堂成为中国教育的主渠道。

维新运动时期，中国开始创办西式的综合性大学堂。最早创办的西式大学堂有北洋大学堂、南洋公学、京师大学堂和山西大学堂等。这些大学堂的创办，主要借鉴了西方大学的办学经验，同时也有一些熟悉大学教育的西方传教士参与创办。

与其他省市相比，沈阳的新式学堂开办得比较晚。在京师大学堂创办后第三年，沈阳出现了东北地区第一所新式大学“奉天大学堂”。

奉天大学堂建立于光绪二十七年（1901）十一月，虽然经过戊戌政变，许多维新的措施都被取消，但“变法”所推行的兴建新学校的政策却没改变。盛京将军增祺利用小西边门外的依公祠、左公祠及三贤祠等作为临时校舍，后来又将小东门的旧营房进行改建，成为奉天大学堂的新校舍。

奉天大学堂当时可谓“东北第一学府”。学堂对生源进行严格的筛选，先仅各属举人、五贡、监生及高等生童选充，以二取一的比例进行选拔。创办当年报名的考生有500余人，实际招生200人。奉天大学堂大办学宗旨是“以圣贤义理之学植其根本”，“也就是以人文学科为基础，使学生心术归于正统，博采西学，培养技艺，避免空疏，造就适应时代时务的通才。”[①] 开设国文、英文、满文、历史、地理、诸子、数学、体操等课程。

奉天大学堂师资力量雄厚，总办孙百斛、谈国楫都是进士出身。前文提到刘春烺曾在萃升书院任教。他幼年刻苦读书，擅长文学与书法，通晓天文、地理、数学。1882年，33岁的刘春烺中举，名列关东举子之首，与同窗好友房毓琛、荣文达一起被誉为“辽东三才子”。荣文达于光绪十九年（1893）中副榜，于经史、诗文、书画皆深造有得，有诗集刊行。荣文达和刘春琅分别担任过奉天大学堂的总教习。之后担任过总教习的屠寄也是进士出身，翰林院庶吉士，曾入两广总督张之洞幕，任广东舆图局总纂，主修《广东舆地图》，并在广雅书局与缪荃孙等整理《宋会要》稿本，还担任过京师大学堂正教习。他是清末民初史学家、教育家、社会学家。

光绪二十九年（1903），奉天大学堂改为盛京省学堂。随后，日俄战争爆发，光绪三十年（1904）正月，学堂被俄人占据，就此停课。同年六月停办。虽然奉天大学堂仅存在了3年，但却开了东北新学之先河。

“光绪三十一年（1905），清廷最终决定废除科举制，实行新教育制度。奉天省也相继创立中学堂、小学堂和工商实业学堂。”[②] 就在这一年，赵尔巽被任命为盛京将军。上任之初，他便把“兴新学、育人才”看作“盛京目下之急务”，“战后经营之一策”[③]，热心提倡和奖励新学。

光绪三十二年（1906），赵尔巽将著名教育家张鹤龄调到奉天，任奉天省提学使，主持新学教育工作。

张鹤龄于光绪十八年（1892）参加壬辰科殿试，中第二甲第2名

---

①彭定安总主编，胡玉海、董守义、李丽分卷主编：《沈阳文化史·近代卷》第108页，沈阳出版社，2014年版。

②彭定安总主编，胡玉海、董守义、李丽分卷主编：《沈阳文化史·近代卷》第140页，沈阳出版社，2014年版。

③朱诚如主编：《辽宁通史》第4卷，第97页，辽宁民族出版社，2009年版。

进士。同年五月，改翰林院庶吉士。光绪二十四年（1898）四月，任户部主事。光绪二十七年（1901），被管学大臣张百熙聘任为京师大学堂总教习。其间，他为普及中国的新式教育，曾拟订《学务纲要》等20个系统规则，通称“奏定学堂章程”，由张之洞、张百熙等呈奏清廷颁布施行。这个“章程”在近代中国教育史上具有重要意义。张鹤龄治学严谨，博览群书，尤好欧美译著，主张“废科举，兴学堂”，提倡科学文化。所言“变法改革”之主张，被张百熙评为“博大宏深，开拓万古心胸，推倒一世豪杰”。光绪二十九年（1903）冬，张鹤龄任南洋公学总理。光绪三十年（1904），赵尔巽出任湖南巡抚，上奏朝廷将张鹤龄从京师调到湖南，署理湖南粮储道总办，并兼洋务、学务、营务及督办文案事宜。后任湖南按察使。湖南省在其新学规划布置下先后兴建多所学堂。光绪三十二年（1906）四月，赵尔巽上奏朝廷将张鹤龄从湖南调到奉天，首任提学使，命其主持东三省新学教育。到任后，张鹤龄“首先作出规划，制定全省教育纲领，于省城创立全省教育总会、教育官练习所和小学稽察所，于省城创办各种学堂。”① 陆续办起格致测算专修科、实验学堂、省立中学堂，接办商业学堂，对蒙文学堂及简陋的城乡小学加以修缮，添置设备，使这些学校初具规模。光绪三十四年（1908），全省学堂增至2122所，在校学生达8.5万余人。其办学实绩可与长江流域的省、市媲美。他还在奉天创办全省最早的省城图书馆（今沈阳图书馆）。

张鹤龄于1908年逝世，年仅42岁。其灵柩返回家乡，沿途送行者极众。《沈阳县志》记载：“送者充塞达衢，既复设位，遥祭致敬，致哀省垣绅衿学子数千人咸莅焉。”

1905年十月，在赵尔巽主持下，奉天省城设立了奉天仕学馆。奉天仕学馆是一所专门培养官吏人才的学校，在其教学内容中法学教育占很大比重，该馆即为奉天法政学堂的前身。

同年，赵尔巽在宗室学、觉罗学的基础上开办了西式的奉天维城学堂，1906年，又在蒙古官学堂基础上设立蒙文学堂（后更名为蒙文

①彭定安总主编，胡玉海、董守义、李丽分卷主编：《沈阳文化史·近代卷》第141页，沈阳出版社，2014年版。

高等学堂）。1912年，两个子弟学校合并改组为奉天省筹边学校，其中原奉天维城学堂部分被称为筹边北校，原蒙文高等学堂部分被称为筹边南校。1914年，奉天巡按使停办了这所清朝宗室子弟的专门学校，在旧址开设奉天省立第四中学。

光绪三十二年（1906），盛京将军赵尔巽向清政府奏请在奉天设立奉天法政学堂，其目标是“造就法政通才”，为新政储备人才。奉天法政学堂校址设在大南关二道岗子胡同，租用民房两所约50间，作为讲堂、宿舍、办公场所，创立当年即招收在省候补官吏和虚职士绅参加考试，考取新生60名，连同仕学馆原30名学员各为一个班。自此，奉天仕学馆正式更名为奉天法政学堂。此时的奉天法政学堂，虽然校舍规模并不大，但它是辽宁地区首个专门培养法政人才的学校，也是政治制度与社会制度变革一个侧影。

1907年，徐世昌任东三省总督。发展社会的关键在于善用合格人才，随即进行了彻底的官制改革，同时扩建奉天法政学堂。当时奉天省城除法政学堂外，还设有旗员仕学馆。该馆是赵尔巽任盛京将军设立奉天仕学馆时，因校舍有限，不得已分设的，专教旗员。徐世昌到任后决定将奉天法政学堂与旗员仕学馆合并，购置新落成的盛京第一旅馆作为新校址。合并后的奉天法政学堂教学各方面条件得到了显著提升，校舍楼房高大，教室宽敞明亮，教学设备齐全，并设有供学员利用的图书馆，图书馆内设有书画、碑板雕刻、国内大学学刊、商务中华两局周刊及多种杂志。

1907年11月，奉天法政学堂改为东三省法政学堂，从而合用奉、吉、黑三省财力，扩大办学规模，为三省培养人才。1907年年底，又将原由提学司创设、后来由民政司管理的自治研究所及1名日本籍教员划归法政学堂管理。

1908年，清廷批阅了徐世昌等人上奏的“关于遵旨设立奉天法政学堂并实行考验办法”的奏折，将东三省法政学堂又改回“奉天法政学堂”。随后奉天法政学堂修订了学堂办法及章程，委派奉天右参赞兼署左参赞钱能训为法政学堂正监督，留奉补用道彭谷为副监督兼庶务长，调奉补用道唐宗愈为教务长，留奉补用道王秉权为斋务长。而后钱能训和彭谷孙相继调离后，王秉权升任学堂监督，留奉先前补用知县郭进修为教务长兼教员，留奉补用训导陈泽寰为斋务长兼教员。

奉天法政学堂在学制、课程设置等方面效仿西制，走新型办学之路。该校按学制分为别科和讲习科两类，别科两年毕业，讲习科一年毕业，后分别改为3年和一年半毕业。讲习科又分法律讲习科和政治经济讲习科两种。奉天法政学堂各专业的教学内容涉猎广泛，十分丰富，而且课程设置也充分体现了中西贯通精神，既有当时清廷制定的本国法律，也有各类国际法，这样的教学内容及课程设置在当时来讲是比较先进与完备的。

学堂因学制不同授课内容也不尽相同。别科授课内容包括人伦道德、大清会典要义、大清律例要义、政治学、法学通论、经济通论、宪法、行政法、民法、刑法总（各）论、商法、裁判所构成法、平（战）时国际公法、国际私法、财政学、论理学、世界史、世界地理、算学、理化大意、民（刑）事诉讼法、监狱学、货币学、银行学、中国文学、中外通商史、法制史、统计学、破产法、体操、东文东语等31科，共计108课时；讲习科中的法律讲习科授课内容包括人伦道德、大清律师例要义、法学通论、宪法、行政法、民法、刑法总（各）论、商法总则、平（战）时国际公法、国际私法、算学、中国文学、东文东语、裁判所构成法、民事诉讼法、刑事诉讼法、监狱学等17科，共计108课时；政治经济讲习科授课内容包括人伦道德、大清律例要义、法学通论、宪法、行政法、刑法总论、平（战）时国际公法、民法总则、商法、公司法、国际私法、算学、中国文学、东文东语、经济通论、财政学、银行学、货币学等17科，共计108课时。

奉天法政学堂自设立之日起，即对师资十分注重，其教职人员均为专业人士，且以留日归国人员为主，雄厚的师资力量充分保证了教学质量。

奉天法政学堂建立之初，为充实教学力量，赵尔巽最早上奏调来了京师大学堂毕业生唐宗愈与内阁中书王秉权到法政学堂任教。1908年，原提法司为培养裁判人才所设的法律讲习所也归并法政学堂管理。经过这次合并后，法政学堂教职人员得到了进一步充实与加强。

在法政学堂先后任教的有京师大学堂仕学馆法政毕业、花翎四品衔留奉尽先前补用知县郭进修，日本宏文学院教育选科毕业、留奉补用训导陈泽宸，日本东京政法学士、上海东亚同文书院政治科毕业生、东京早稻田大学英语政治科毕业生柏田哲男；日本鹿儿岛县上海东亚同文书院毕业生、政法学士大谷宪，日本岩手县东亚文书院商务科毕业生、商务学士南洞孝，奉天提法司佥事魏倬，日本法政兼警监毕业生李金杜，日本大阪高等实业学校毕业生，候选县丞廖鸣章，日本法政大学毕业生刘文宝，日本法政大学毕业生刘文钊，日本法政大学毕业生陈彰寿，日本法政大学法律专门科毕业生刘蕃，京师大学堂毕业生海青，京师法政大学毕业、日本东京帝国法科大学生梁载熊，京师法政大学肄业、日本东京第一高等学校毕业、帝国大学理科学生、太常寺典簿史锡绰，日本东京高等商业学校毕业生高彤墀等。

奉天法政学堂的考试及毕业录用制度在当时都是相当完善的，学堂用明确的条规与章程来加以规定。毕业生毕业后参照奖励章程规定的相应奖励等级，给予择优分配与录用。奉天法政学堂先后培养学生9个班级，共计600余人。在最早毕业的甲乙两班学生中，有许多后来成为奉系集团的高级官员。如甲班毕业的刘尚清，后历任奉天官银号帮办、东三省官银号总办、黑龙江财政厅厅长、中东路理事长、奉天省长、国民政府内政部长、安徽省省长、监察院副院长等职。刘恩格，后历任众议院议员、察哈尔兴和道尹、众议院副议长、南北议和代表，众议院议长等职。乙班毕业的常荫槐，后历任京奉铁路局处长、局长、京奉铁路交通司令、黑龙江省省长等职。冯涵清，历任律师、法官、县长、税局长、京奉铁路局总务处长、交通司令部秘书长、奉天市政公署秘书长、奉天实业厅长等职。

1914年，奉天省为培养外语人才，特别是急需的通晓日俄两国语言的人才，开始筹建外国语专门学校，饬令奉天法政学堂停止招生，即以其校址和教育经费改办外国语学校，原法政学堂未毕业学生继续在校学习。1916，将奉天法政学堂改办为奉天公立外国语专门学，校曾任法政学堂监督的关海清被任命为该校校长。1922年，奉天公立外国语专门学校又更名为奉天文学专门学校，时任奉天省议会议长的白

原东三省陆军讲武堂

永贞被任命为该校校长。1923年，该校附入东北大学，是东北大学的重要组成部分之一。

除了新建大学，当时还设立了各式新小学和中学，教师成了紧缺人才，为了应对这种现状，1905年，奉天设立了奉天师范传习所，这类似于现在的教师进修学校。学员在此学习3个月就可以到各小学担任教师。第二年增设简易师范学堂，并改称奉天师范学堂。1907年，成立奉天两级师范学堂。1912年改称奉天两级师范学校，1917年更名沈阳高等师范学校。多位东北近现代名人如杜重远、卢广绩、关吉玉、王卓然等都毕业于这里。1923年，该校并入东北大学。

1906年前后，除了综合类的和文科的学校，还成立了一批专科学校，其中比较早的是赵尔巽1906年创办"奉天实业学堂"，这是东北地区第一所培养实用人才的公立新式学校，以培养经济类人才为主。奉天实业学堂招生的学生年龄在14～17岁，学年普通3年、高等2年、专门3年。当时还出现过以培养工程技术人才的奉天测绘学堂，培养收发电报人才的东三省电报学堂，培养农林人才的奉天农林学堂以及培养军事人才的东北讲武堂等。

东北陆军讲武堂与"云南讲武堂"、"保定陆军军官学校"、"黄埔军校"并称中国"四大军官学校"。

1907年月，徐世昌遵照清政府“各省应在省垣设立讲武堂，作为带兵者研究武学之所”的规定，借用奉天陆军小学堂的校舍，建立了东三省讲武堂。后移至奉天省城小东边门外，校名始为东三省讲武堂普通科，又改为陆军讲武堂，选拔巡防营优秀军官入堂培训。讲武堂设立之时，即颁行《东三省讲武堂暂行章程》，规定“本堂为三省各营现带兵官长研究武学之所”，“全堂设总办一员、监督一员、分科教练官四员、总教习一员、分科教习四员、分科助教习二十员、执事官一员”，俱以陆军学堂毕业学生出身人员充当，同时聘请各部队长官来堂讲习。培训对象分为两科，第一科为新编陆军军官，第二科为巡防、捕盗各营军官。每期名额，第一科100名，学期半年；第二科200名，学期一年。学员均由各镇（师）、协（旅）、标（团）、营摊派选送。教学内容“分为学科、术科两类：学科为战术、军制、兵器、地形、筑垒、交通、卫生、马学、服务纲要、军用文牍等项；术科为各兵科操练、野操、体操、剑术、射击等项”。

1908年10月始，开设陆军、巡防两个班，学期6个月，共举办3期。1911年由于爆发辛亥革命，停办一年，1912年又继续开办，名为陆军二十七师随营讲堂，1915年因中日交涉再次停办。

1918年末，张作霖任东三省巡阅使。1919年3月，这里重新办学，并更名为东三省陆军讲武堂，隶属东三省巡阅使署，先后举办8期。讲武堂改总办为堂长，由张作霖兼任，委任熙洽为教育长、孙旭昌为总队长，本部设教育、庶务、军需、军医、兽医、书记各官，学员编为4个区队。1926年6月改称东北陆军讲武堂。1928年6月，皇姑屯事件后，张学良就任东北保安总司令，改校名为东北讲武堂。为了统一东北军事教育机构，所有东北军事教育机构统归讲武堂监督管辖。

九一八事变后，讲武堂正式停止招生。

三　东北大学初创

在近代以来沈阳的新式大学中，规模和影响最大的是东北大学。“东北大学是奉系统治时期成立的具有现代化水平的综合性高等学府，对东三省乃至全国的高等教育均产生了重大影响。”[①]

1916年，省议员郑英澜提出《整顿学务以储人才议案》，提出：“奉省师范各校，毕业者苦无升学阶级。京师虽有各种大学及专门学校，惟距奉较远，费用甚多，家道殷实尚可升入，稍寒之士即难前往，因此辍学改途者实多。奉省若有此项学校便可免去困难。”他建议“拟联合吉、黑二省，并设东三省高师及大学”。这是建立东北大学的最初动议。

后来，在1919年12月，议员李树滋再次提出创办大学的建议，他提议“每省均设一处大学”。此后，奉天省代省长王永江多次建议张作霖“兴办大学教育，培养专门人才”。教育厅厅长谢荫昌也积极建议创办东北大学，他认为：“东西洋文明各国，所以号称文明，主要在于学术发达。他们农有农学，工有工学，商有商学。”

对于这些创办东北大学的主张，张作霖欣然采纳，并准备开始启动。1921年12月5日，张作霖曾说道：“凡国家若想富强，哪有不注重教育与实业，会能成功的呢？我们现在这几天正讨论设立东北大学

原东北大学校门

①朱诚如主编：《辽宁通史》第4卷，第342页，辽宁民族出版社，2009年版。

问题。并且，也计划派送留洋的学生。现在救急的法子，就是凡本省自费出洋的，都由省政府酌量予以救济，不使他们失学。”就在这时，第一次直奉战争爆发了。东北大学的创办事宜只得暂时搁置。第一次直奉战争失败后，张作霖在整军经武的同时，积极抓东北大学的创办。

1922年春，张作霖命奉天省长兼财政厅厅长王永江筹办东北大学。1922年8月，在省长公署成立大学筹备委员会，聘请教育界名流李树滋、范先炬、佟兆元、林成秀、关海清、谢荫昌、王镜寰、恩格、吴家象、汪兆璠、王之吉为筹备委员。12月2日，省长公署发布委任令，令莫贵恒筹备理工科，汪兆璠筹备文法科，吴家象筹备干事科。东北大学筹建工作开始走上正轨。

1923年1月5日，省长公署批准，以沈阳高等师范学校改建理工科，以公立文学专门学校改建文法科。拟定《东北大学组织大纲》，规定设立6科，即文科、理科、工科、农科、商科、法科。每科又设若干系，如文法科设中国文学系、英文学系、俄文学系、法律学系、政治学系；理工科设数学系、物理学系、化学系、土木工学系，机械学系。东北大学的经费来源基本是奉天省，占九成，另一成出自黑龙江省。1923年4月26日东北大学正式成立，校长由王永江兼任，学生480余人。1923年10月24日，东北大学正式开学。学校仿德国柏林

原东北大学教学楼

大学设计，王永江校长亲题“知行合一”为东北大学校训。

为了解决校舍问题，王永江绞尽脑汁。他看中了沈阳昭陵东南的一块500亩地，拨款买下，但其中有300亩是清皇室的陵地，不得随意动用。王永江特地去函，请醇亲王相助，得到同意，才开始动工。1923年5月开工，1925年9月，理工大楼、教授住宅、学生宿舍及相应的附属设施竣工。校园内，理工科大白楼、化学馆、纺织馆、图书馆、大礼堂、实验室、汉卿南北楼、教授住宅东西新村和当时亚

原东北大学图书馆楼

原东北大学体育场（汉卿运动场）

洲最大的体育场鳞次栉比，建筑宏伟、壮丽辉煌。在学校附近另开设东北大学工厂，占地200亩，供学生实习使用，聘留学德国归来的杨毓桢博士任厂长。

1927年3月7日，王永江辞去奉天省省长一职，东北大学校长职务自然解除，由新任奉天省省长刘尚清兼任。刘校长派冯广民为总务长，主持日常校务工作。1928年，张学良主政东北，兼任校长，以刘凤竹为副校长，具体承办校务。1930年改副校长为秘书长，由宁恩承任秘书长，代行校长职务。

刚刚诞生的东北大学已经开始运用现代教育的方式和手段，启迪学生思想，丰富学术文化。建立初期，聘任美国密歇根大学学士、奉天公立文科专门学校校长汪兆璠任文法科学长；留德工学博士赵厚达任理工科学长；日本京都帝国大学数学学士、北大理科学长冯祖荀为理科主任教授；美国哥伦比亚大学化学博士庄长恭为工科主任教授。

1928年8月16日，皇姑屯事件过去两个多月，刚刚接替其父张作霖主政的张学良继任东北大学第三任校长，并提出了“研究高深学术，培养专门人才，应社会之需要，谋求文化之发展”的办学宗旨，先后捐出其父留下的大部分遗产约180万银圆，用于扩建校舍、高薪礼聘著名学者、购置国外先进实验设备、资送优秀学生出国。当时，学校设立了理、工、文、法、教育等较为齐全的学科，各学科学会迅速发展起来。文法科成立自治会、夏声社、社会科学研究社；工学院成立矿学会；理工预科成立英语研究会；理学院孙国封院长为促进科学进步，发起科学教育协进会。这一时期，英、法、美等国家的学者、专家纷至沓来，进驻东北大学讲学与交流。

许多国内著名学者和社会名流，都曾到东北大学任教。如曾任外交总长的罗文干、文字学家黄侃、著名学者梁漱溟、文法学家章士钊、建筑学家梁思成、著名学者林徽因、俄文学者曹靖华、清华校长刘仙洲等。东大教师的薪金待遇在当时也是最高的。东大普通教授薪金是360银圆，最高达到800银圆。而同期北大、清华教授的薪金是300银圆，南开大学的薪金是240银圆，由于战乱等诸多原因，平津地区的大学教授薪金常受减薪、欠薪困扰，而东大始终坚持高投入、不许拖欠、不许缩减、不许挪用。不仅如此，教授们还有额外的待遇，例如回北京探亲给报销往返路费。此外，校方还专门为教授修建了宿舍区，所建皆为新式高等洋房，为他们提供舒适、优雅的休息娱乐环境。东大教授的待遇令国内其他高校的教授们羡慕不已。

1929年7月1日，东北大学第一届毕业典礼，张学良校长向120名学生颁发毕业证书，授予学士学位。各系毕业成绩第一的学生还由学校选送英、美、德等国留学深造。

1930年秋，东北大学已发展至设有6个学院24个系8个专修科，在校学生3000人，整个校园大于沈阳旧城区，巍然壮观。舍宇壮丽、设备先进，经费充裕，良师荟萃，学风淳穆的国内一流高等学府。

正当学校蓬勃发展之际，1931年九一八事变爆发，日军一夜之间占领沈阳，东北大学成为日本帝国主义侵华破坏的第一所大学。校舍被日军占领，设备图书损失殆尽，著名学者严重流失，学生流浪他乡，学校一夜之间变成流亡大学。全校师生悲愤已极，被迫走上流亡之路。10月，东北大学在北平勉强复课。

1935年12月9日，北平市学生救国联合会组织发动了"一二·九"学生抗日爱国运动，东北大学成为"一二·九"抗日爱国运动的先锋队和主力军，接着又举行了"一二·一六"运动示威游行。东大师生冲破手持大刀的军警包围，孤军出动，从崇元观到西四北大街，再到东交民巷。他们冒着严寒，一直坚持到夜晚，成为斗争中的主力和先锋。斗争中，东大学生中有40多人被捕。

"一二·九"运动以后，华北局势危在旦夕，在北平各大学纷纷外迁。1936年初，东北大学工学院率先迁往西安，成立西安分校。正在西安任职的张学良筹资15万元，修建东北大学校舍。

1937年1月，南京国民党政府委臧启芳为东北大学代校长。在北平的东北大学南迁到河南开封。同年的5月，东北大学改为"国立东北大学"。6月，学校全部迁到西安。1938年春，日军轰炸西安，东北大学被迫由陕入川。在四川三台，一批名师齐集东大，陆侃如、冯沅君、金毓黻、高亨、杨荣国、姚雪垠等先后在校任教。1938年7月，奉国民教育部令，国立西北联合大学工学院、焦作工学院并入东北大学。

1946年2月，解放区也成立东北大学，张学良胞弟张学思任校长。校址初设本溪，后转迁丹东、梅河口、吉林，6月定址佳木斯市，新中国成立前夕迁到长春。1946年5月，东北大学师生从四川三台迁回沈阳，翌年2月在北陵原校址开学。1949年，东北大学文、理和法商学院并入长春解放区东北大学，后定名为东北师范大学。东北大学医学院并入中国医科大学。东北大学农学院参与组建东北农学院，后发展为东北农业大学。1949年3月，东北行政委员会决定以东北大学工学院和理学院（部分）为基础建立沈阳工学院，8月，定名为东北工学院，隶属国家冶金工业部，校址设在沈阳南湖。

四　梁思成在东北大学的活动

在东北大学外聘的著名学者中，梁思成在学校的建设和发展方面起到了比较大的作用。梁思成是梁启超的长子。1924年，梁思成赴美国宾夕法尼亚大学建筑系学习，后来转入哈佛大学攻读西方建筑史和美术史。1928年，他与林徽因结婚。

1928年，梁思成夫妇旅欧期间，东北大学就将聘书送到梁启超手里，希望梁思成和林徽因回国后能够到东北大学任教。

1928年4月26日，梁启超在写给梁思成夫妇的信中写道：

> 你们回来后的职业，正在向各方面筹划进行（虽然未知你们自己打何注意），一是东北大学教授（东北为势最顺，但你们去也有许多不方便之处，若你能得到清华，徽因能得燕京，那是最好不过了），一是清华学校教授，成否皆未可知……以徽因现在的境遇，该迎养她的娘才是正办……但现在觅业之难。恐非你们意向所及料，所以我一面随时替你们打算，一面愿意你们先有这种觉悟，纵令回国一时未得相当职业，也不必失望沮丧。失望沮丧是我们生命上最可怖之

梁思成与林徽因

敌，我们须终身不许它侵入。

尽管梁思成和林徽因在回信中没有提到工作打算令梁启超很不满意，他仍然不顾自己虚弱的病体，来往奔波，尽力为孩子们的未来铺下一条顺畅的道路，经过不懈努力，清华和东北大学都答应请梁思成前去工作。梁启超又多方咨询、认真比较，最后决定让梁思成、林徽因到东北大学就职。具体原因，他在5月13日写给女儿梁思顺的信中说：

思成就业问题，居然已得到解决了。清华及东北大学皆请他，两方比较，东北为优，因为那边建筑事业前途极有希望，到彼后便可组建公司，从小规模办起，徐图扩充，所以我不等他回信，径替他做主辞了清华（清华太舒服，会使人懒于进取）……

“虽然这份工作是父亲联系和决定的，但梁思成也很赞成父亲的安排。因为他的专业虽然可以选择开业开公司，也可以在建筑公司做事，还可以在政府里做相应工作，但他不喜欢在政府和商界应酬，觉得还是大学生活比较自由，而且可以安心做研究工作，完成他早有的研究中国建筑史的理想。并且在张学良任校长时的东北大学，一切都显现出进取的精神，梁思成也很乐于在这里施展抱负。”[1]

1929年，梁思成、林徽因夫妻二人来到沈阳。“他们将在这座美丽的古城里开始他们的事业。”[2]梁思成就任东北大学建筑学系主任。由于当时的东北大学建筑系尚属初建阶段，师资力量还不齐全，林徽因成为梁思成属下唯一的一名专业教师。“他们努力工作着，从一无所有的根基上开始建造自己的高楼，如同养育自己的孩子。建筑系的工作蒸蒸日上，第二学期他们又有了新的老师，我国第一个建筑系就这样成长起来了。”[3]

此时，东北的政局刚刚平稳，但匪患仍然猖獗。林徽因曾回忆学校的环境时说：“当时东北时局不太稳定，各派势力在争夺地盘。一到晚上经常有土匪出现（当地人称‘胡子’），他们多半从北部牧区下来。这种时候我们都不敢开灯，听着他们的马队在屋外奔驰而过，那气氛真是紧张。有时我们隔着窗子往外偷看，月光下胡子们骑着骏马，披着红色的斗篷，奔驰而过，倒也十分罗曼蒂克。”

1928年，梁思成为东北大学新创办的建筑系写下了办学思想：

> 溯自欧化东渐，国人崇尚洋风，凡日用所需，莫不以西洋为标准。自军舰枪炮，以致衣饰食品，靡不步人后尘。而我国营造之术亦惨于此时，堕入无知识工匠手中，西式建筑因实用上之方便，极为国人所欢悦。然工匠之流，不知美丑，任意垒砌，将国人美之标准完全混乱，于是近数十年间，我国遂产生一种所谓“外国式”建筑，实则此种建筑作风。不惟在中国为外国式，恐在无论何国，亦为外国式也。本系有鉴于此，故其基本目标，在挽救此不幸现象，予求学青年以一种根本教育。

梁思成主讲中西建筑与设计，他在教学中建议增设专业英语课，

---

①林与丹：《梁思成的山河岁月》第62页，东方出版社，2005年版。

②③林与丹：《梁思成的山河岁月》第63页，东方出版社，2005年版。

梁思成和林徽因在沈阳昭陵进行测绘

并亲自任教。林徽因负责主讲美术与建筑设计。

梁思成与林徽因还接受了沈阳城郊建筑设计任务，为之设计了“萧何园”等建筑。

1929年，两人还带领建筑系学生到沈阳昭陵和沈阳故宫写生，让学生们充分地了解中国古代建筑结构的特征，并利用古建筑作实地教学，同时他们还对昭陵建筑做了考察和测量，全面地掌握了这所古建筑的第一手资料。

为了塑造东北大学的形象，张学良的倡议设奖征集东北大学校徽图案。林徽因得到消息后立即着手设计，她选择了几套方案，最终设计成具有东北特点的白山黑水图案，首先以东北地域文化的特征入画，将校徽设计成圆形图案，在中心圆内的花朵上书有东北大学校训“知行合一”，圆外上半部为环形半圆体，正面有八卦中艮卦符号，两侧分别书“东北大学”校名，大篆字体，是东三省博物馆委员长金梁的墨迹；圆下方嵌入白山黑水图案，图案两侧绘有动物，左虎右龙，反映了东北虎的雄姿和黑龙江喜龙之态。林徽因的这项设计在众多作品中脱颖而出，林徽因获得400元大洋的奖励。

梁思成与林徽因在第一学期中除了日常教学外，还管理勤杂事务。不久林徽因怀孕了，她与梁思成整天忙于教学，夜里辅导学生们到深夜，过度的劳累几乎将林徽因累垮。1929年8月21日，林徽因回到北平待娩。

同年9月，建筑系第二学期开学，陆续请来陈植、童寯、蔡方荫、刘乐崇、傅鹰、徐宗漱等人任教，后来梁思成还邀请北平大学艺术学院毕业生丁折桂来校担任美术教学。在梁思成的倡导下，他们组成了“营造事务所”，同时建筑系还承揽建筑设计业务，并为吉林大学礼堂图书馆、交通大学锦州分校作总体设计规划。

1930年11月末，梁思成与张锐合著的《城市设计实用手册》出版。林徽因也在产后不久回到了东北大学，立即投入到紧张的教学之中，同时林徽因还参与建筑设计任务，工作十分繁忙，不久她再次卧病在床。同年冬天，林徽因由于结核病复发，不得不辞去东北大学的职务，回到北平香山疗养。

不久，梁思成父亲的老友朱启钤来沈阳找他，特意邀请他回北平加入其新组建的“营造学社”，这令梁思成十分踌躇，他舍不得离开由自己亲手组建的东北大学建筑系，加之朱启钤曾任过北洋政府要员，梁思成从来不愿与官宦合作，但又不好当面回绝，只得答应考虑考虑。

东北气候寒冷，林徽因不能带领孩子到沈阳与丈夫团聚，只能长期在北平养病，并多次致信丈夫。梁思成也考虑到妻子和孩子长期不在身边，得不到他的呵护，加之东北大学各院院长之间派系斗争激烈，学术氛围逐渐下降。同年4月末，梁思成向东北大学提出辞呈。学校多次挽留，最终还是同意了梁思成的请求。

1931年6月，梁思成带着随身物品，在东北大学师生们的送别下，带着对东北大学建筑系的祝愿，消失在奔向北平的旅途。

对于梁思成和徽因来说，东北大学的3年是他们将多年所学知识付诸教学实践的过程，为他们将来成功创办清华大学建筑系打下了基础，积累了成功的经验。梁思成在东北大学建筑系教学近三年，培育了一大批卓越的建筑人才，其中有刘致平、刘鸿典、张正之、陈绎勤等。“他们在今后的中国建筑界发挥着重要作用”。①

1932年，第一届毕业生在上海结业。梁思成在北京给建筑系的学生写了一封信以为贺，信中流溢着他和林徽因对学生的殷殷嘱托之意

①林与丹：《梁思成的山河岁月》第71页，东方出版社，2005年版。

和拳拳系念之情。此文发表于1932年11月出版的《中国建筑》创刊号上：

诸君：我在北平接到童先生（童寯）和你们的信，知道你们就要毕业了……我还记得你们头一张wash plate（古典水墨渲染图），头一题图案，那是我们“筚路蓝缕，以启山林”的时代，那么有趣，那么辛苦。那时我的心情，正如看见一个小弟弟刚学会走路，在旁边扶持他、保护他、引导他、鼓励他，惟恐不周密。后来林先生（林徽因）来了，我们一同看护小弟弟，过了他们的襁褓时期，那是我们的第一年。以后陈先生（陈植）、童先生和蔡先生（蔡方荫）相继都来了，小弟弟一天一天长大了，我们的建筑系才算发育到青年时期，你们已由二年级而三年级。而在这几年内，建筑系已无形中形成了我们独有的一种Tradition，在东北大学成为最健全、最用功，最和谐的一系……现在你们毕业了，毕业二字的意义，很是深长。美国大学不叫毕业，而叫始业Commencement，这句话你们也许听了多遍，不必我再来解释，但是事实还是你们“始业”了，所以不得不郑重地提出一下。你们的业是什么，你们的业就是建筑师的业，建筑师的业是什么，直接地说是建筑物之创造，为社会解决衣食住三者中住的问题；间接地说，是文化的记录者，是历史之反照镜，所以你们的问题是十分的繁难，你们责任是十分的重大。你们创造力产生的结果是什么，当然是“建筑”，不只是建筑，我们换一句话说，可以说是“文化的记录”——是历史。这又是我从前对你们屡次说厌了的话，又提起来，你们又要笑我说来说去都是这几句话，但是我还是要你们记着，尤其是我在建筑史研究的立场上，觉得这一点是很重要的，几百年后你我或如转了几次轮回，你我的作品，也许还供后人对民国二十一年中国情形研究的资料，如同我们现在研究希腊罗马汉魏隋唐遗物一样……我以上所说的许多话，都是理论。而建筑这东西，并不如其他艺术，可以空谈玄理解决的，它与人生有密切的关系，处处与实用并行，不能相脱离。课堂上的问题，我们无论如何使它与实际问题相似，但到底只是假的，与真的事实不能完全相同……必须在社会上服务，经过相当的岁月，得了相当的经验，你们的教育才算完成，所以现在也可以说，是你们理论教育完毕，实际经验开始的时候……现在你们毕业了，你们是东北大学第一班建筑学生，是“国产”建筑师的始祖，如一艘新舰行下水典礼，你们的责任是何等重要，你们的前程是何等的远大！林先生与我俩人，在此一同为你们道喜，遥祝你们努力，为中国建筑开一个新纪元！

民国二十一年七月梁思成

五　冯庸和他的大学

在近代沈阳的历史上，有一位很有名的奉系军阀冯德麟。冯德麟早年投身绿林，1906年，冯德麟被清廷招抚，任巡防营统带，后充任巡防营左路统领。东北王张作霖曾出于门下，得其栽培，并结为生死兄弟。辛亥革命后，袁世凯任总统，成立陆军，将奉天巡防营改编为二十七师和二十八师，冯德麟被委任为二十八师师长。

袁世凯撤销帝制后，由他任命的奉天督军段芝贵成为人们惩办帝制祸首之一。冯德麟提出，让自己和二十八师扮黑脸，与段芝贵正面冲突，张作霖扮白脸使暗劲逼他畏罪逃走。段芝贵被洗劫一空回京后，在袁世凯面前对冯德麟没有一句好话，同时大赞张作霖。1916年4月22日，袁世凯下令，命张作霖为奉天盛武将军督理奉天军务兼奉天巡按使，授张作霖奉天军政实权。冯德麟则被任命为军务帮办。就这样，张作霖终于登上了奉天省督军的宝座，成为奉天省军政的最高统治者。

1917年6月，张勋致电张作霖和冯德麟两人进京，密谋复辟大事，但是张作霖敏锐地判断出复辟胜算几率太小了。冯德麟作为东北的全权总代表，带着200个卫士进了北京支持复辟。张勋复辟失败后，冯德麟在天津被段祺瑞所部逮捕。后在张作霖的周旋下，段祺瑞释放了冯德麟，并任其为总统府高等侍从武官。后来，冯德麟回到奉天，任“三陵督统”，即为皇家看守福陵、昭陵、永陵。

冯德麟下野之后，开始从事工商业建设，在北镇创办了中医院，成立了大冶铁工厂。

冯德麟有妻妾4位，子女9人，冯庸是他的长子。行伍出身、读书无几的冯德麟，对子女9人极力劝学。冯庸4岁即诵诗文，天资聪颖，学业优异。

冯庸于1918年奉父命与北京九门提督江朝宗长女江锦涛成婚，这个带有政治色彩的婚姻并没有给冯庸带来欢乐与幸福。婚后不久，他便入中央北京陆军讲武堂。冯庸可能受父遗传，对军事有极高热忱，于1920年以优异成绩毕业，被张作霖任命为东北空军上校参赞，中校参谋处长，少将航空司令、装甲部队司令等职。

冯庸像

1926年，冯德麟去世后，冯庸续父职担任军职，后加入中华民国空军，军衔累至中将。

1923年，冯庸以大冶铁工厂为基础，成立大冶工业专科学校。当时冯庸认为，中国内忧外患的主要原因是工业落后，“工业兴国，先育人才”，冯庸下决心走教育救国之路。“教育救国”成为冯庸的理想。于是，1927年，他辞去原东北战车总队少将队长一职，尽卖家财，筹集600万现大洋，在大冶工业专科学校的基础上，成立了中国第一家私立工科大学，校名为“冯庸大学”。当时人们对冯庸的义举赞不绝口，有诗赞其“翩翩浊世佳公子”。冯庸自己说：“我并不是富于教育经验的。因为社会混乱，欲以挽狂澜于既倒，所以破产兴学，以改造社会，造就新中国的青年。”

沈阳作家马秋芬说，无论是张学良还是冯庸，他们参与教育，不是因为他们简单地认识到了育人的重要，很大程度上也是因为他们自身存在的文化品格被时代激发出来，而又情不自禁地以一个文化人的心境和身份投身其中。

1927年春，冯庸大学破土动工，“昼夜加工，经之营之”，仅用4个多月的时间，即建成一座布局独特，有教室、办公室、宿舍达200余间的大学校园。主体建筑为忠楼、仁楼、中庸楼，3座楼用廊道连接，分设大学部、中学部、相当于初中的小学部。其校址位于铁西汪家河子村，即现在的铁西区滑翔小区一带。1927年8月8日，冯庸大学成立，时年26岁的冯庸担任校长兼训练总监。冯庸大学是一所私立公益性大学，学员生活完全免费。

当时，冯庸大学是东北少有的几所高等学府之一，他办学义举名扬于东北三省，成为显赫一时的传奇人物。冯庸的办学宗旨是“造就新中国的青年”，即培养具有新思想、传统的卫国与建国能力新青年。明确提出办学“三纲”：

一是“八德八正”，“八德”则是冯庸教育主义的主要内容。“八德”即孝、悌、忠、信、礼、义、廉、耻；“八正”是“八德”的

原冯庸大学大门

当年冯庸大学的升旗仪式

补充，是实践“八德”的方法。“八正”即正行、正业、正思、正言、正视、正听、正德、正容。二是“教育机会均等”。三是“工业救国”。

冯庸大学办学方针是贯彻爱国主义的精神，以培养新人、改造社会为基本出发点，加强道德教育、实业教育、军事教育和体育，并使它们结合起来。在进行这些教育的过程中，注重实用、实战，着眼于培养道德纯正、体魄健康、有武勇精神、懂军事、会技术的新青年，从而达到爱国、救国的目的。

与冯庸的办学理念相辅相成的是冯大的一系列严格的制度。冯大起初以工科为主，课程仿照美国大学设置，很多欧美派的教授甚至用英语授课；考试制度极其严格，期中和期末都会在学校礼堂举行会考，冯庸亲自坐在台上监考，考试3科不及格者必须降级；学生无论南人北人、家庭贫富，一律在大食堂吃同样的高粱米饭，每到饭时，学生们必须列队鱼贯而入而出，各有各的位置，秩序井然，吃饭时不许随意交谈；学生寝室都铺有烫蜡地板，进楼门必须换拖鞋。

为增强学生的体魄，培养他们吃苦耐劳精神，冯庸还规定：凡冯大的学生，人人都要接受军事训练，每天都有军事课，学生除非重病卧床，否则不许不上军事课，在校3年以上学生均须达到下级军官（排、连长）的军事水平；学生假日外出，凡二人以上同行，都要列队，步伐一致，并着统一制式服装，戴法式圆形军帽，远看上去很像军人，是以当时沈阳人都把冯大与东北军的东大营和北大营相提并论，称其为“西大营”。每当学校进行野外军事演习时，冯庸都会亲自参加，并为学员们讲评。

1929年9月，“中东路事件”发生。冯大立即组织了300多人的“抗俄义勇军”，由冯庸亲自率领，赶往黑龙江省海拉尔地区守卫国土。在“中东路战役”的西线战斗中，冯大师生英勇顽强，冯庸更是不顾自身安危，亲自驾驶一架飞机飞越国境进行侦察。这次作战是中国近代上，第一次学生武装参加实战。

在冯庸的全力经营之下，冯大发展迅速，1931年，达到全盛。当时，冯大设有机械、土木、法律等9个系，在校学生总数超过了700人。“冯庸大学虽然建校比东北大学晚4年，但其发展十分迅速，很快就成为与东北大学并驾齐驱的名校，成为当时辽宁省教育界三大名校之一（东北大学、冯庸大学、交通大学）。”[①]

六　冯庸大学学生抗日义勇军

九一八事变后，9月21日，日本关东军占领了“冯庸大学”，日本兵在学校内进行全面搜查，捣毁了校舍、实习工厂、办公设施等，将教室、宿舍的箱柜洗劫一空。日本兵还蛮横地强令学生们当天全部离校，不准再上课。当晚，冯庸大学大部分师生有组织地在马三家子火车站乘车撤到北平。张学良特将北平西直门崇元观五号的前陆军大学校舍，用来收容这些师生。

日军占领冯庸大学后，将其改建成飞机修理试飞机场，即后来的滑翔机场。

9月22日上午11时，日军将冯庸大学校长冯庸逮捕监禁，囚于大和宾馆。关东军司令本庄繁亲自出面诱降。当时媒体报道，校长冯庸被软禁，本庄繁诱迫冯出任东北领袖，组织东北独立，并提出两项条

①赵焕林、于在海等：《冯庸与冯庸大学》第116页，辽宁民族出版社，2012年版。

件：一是永远脱离国民政府，宣布独立国；二是承认日本在满蒙一切已得权利。本庄繁还承诺，在军力上由日方充分帮助，财政由满铁株式会社接济，让冯庸替代张学良主持东北政局。冯庸断然拒绝："因此若杀我，我亦死得光明磊落"，"死耳，誓不为卖国贼"。

很多人开始为解救冯庸积极地活动。最后在冯庸大学日籍教授冈部平太的帮助下，10月3日，日军释放了冯庸。冯庸随即夜走大连，又飞东京，化名汤亮搭船赴美。10月26日，船过沪停泊，弃船登岸赴南京。28日，他从上海绕道回到北平，主持流亡中的冯庸大学校务，筹备冯庸大学复校工作。

1932年10月1日，冯庸大学师生在北平西直门崇元观五号的前陆军大学校舍复校，张学良参加了开学典礼。冯庸激励师生们的爱国热情，教育他们时刻不忘国耻和校耻，他还亲自撰写了新的校歌：

> 大陆黑沉沉，同胞血殷殷！
> 人权解放，我们责任；
> 痛恨那帝国主义，穷凶猖狂！
> 誓扬民族魂，慷慨赴国殇！
> 百年奇耻，恨难忘！
> 还我河山，志悲壮！
> 太平洋中吼怒涛，富士山头毒焰高！
> 唯有互爱恒敬，唯有矢志矢忠！
> 猛击自由钟，解放！解放！向前攻。

1931年年底，冯庸会同当时东北知名进步人士王化一、卢广绩、阎宝航等人同赴南京，向蒋介石请愿抗日。1931年11月1日，冯庸大学师生在北平南苑机场召开了"冯庸大学抗日义勇军"成立誓师大会。1931年11月5日的《盛京时报》上有这样的报道："集在北平之冯庸大学学生，现下有100余名，顷以编成义勇军，于本月1日在北平成立，内容男生两队、女生一队，全体武装，进行军事训练云。"义勇军誓言："誓以生命，雪耻复仇，绝对服从命令，愿随星旗赴

1931年11月1日，冯庸大学抗日义勇军在北平南苑机场成立誓师

难！”①

1932年淞沪保卫战爆发，冯庸亲自带队赴上海参加大上海保卫战，参加阵地宣传和救护工作。冯庸在战前动员中慷慨激昂地说道：“本义勇军这次南来，关山千里，援助十九路军，对日作战，全体战士，人人都须抱有必死之心，虽枪械至今未领到，同人并不气馁，故无长枪，亦必以大刀与日寇相见于疆场。”这支由126人组成的学生义勇军中，有16名女学生，她们组成“女子抗日义勇中队”，由冯庸夫人、冯庸大学体育系学生龙文彬出任队长。

1933年初，日军进攻热河省，冯庸又带领学生赴承德参加抗日，冯庸任东北抗日联军第七路总指挥。师生多有伤亡，义举震惊全国。

1933年6月，冯家私产基本耗尽，冯庸大学再也没有恢复学校的力量了。经张学良同意，冯庸将学校并入东北大学。此事在《国立东北大学廿四周年纪念册》有如下记载：“1933年6月，冯庸大学结束，并入本校，所占原陆军大学校址，由军委会拨本校校舍。”冯庸大学绝大部分学生各奔东西。他们有的报考了燕京大学、清华大学，少数学生转到浙江大学和河南大学。还有的回东北加入中共地下组织继续抗日，有的青年投考军校，报效国家。

①赵焕林、于在海等：《冯庸与冯庸大学》第197页，辽宁民族出版社，2012年版。

冯庸大学女子义勇军

冯庸大学从建立到解散，共有3批毕业生。作为东北的第一所私立大学的冯庸大学，历时6年宣告结束。

抗战后，冯庸随陈诚到东北，作为接收大员，回沈阳任东北行辕政务委员会常务委员。1949年以后，冯庸随国民党军队退台，任高雄市港口中将司令，后辞职归田。1981年的农历正月初一去世，享年81岁。

第八章　金毓黻与《奉天通志》

一　金毓黻："辽东文人之冠"

金毓黻像

在20世纪上半期，沈阳还涌现了一代学术大师金毓黻。沈阳学者徐彻说："他是中国近代以来东北史研究的开拓者和奠基者，是当之无愧的史学大师。"沈阳作家初国卿说："金先生是我们辽宁人，他将毕生精力都奉献给了辽海地区的文化建设事业。他是东北有史以来唯一一位可与关内学者比肩的国学大师，他是辽宁乃至全东北人的骄傲，是我们最不应忘记的杰出人物。"

金毓黻这个名字在本书第五章已经提到过。1910年12月2日，奉天学界30余人前赴谘议局，与议长商定赴京请愿行期，群情激昂，金毓黻即抽刀截指，以鲜血大书"至诚感人"和"至诚"。在座者无不深受感动。这时金毓黻23岁，正在奉天省立中学堂读书。

1912年，金毓黻于奉天省立中学堂毕业后，考入北京大学堂文学门，受业于黄侃教授。黄侃是著名的文字学家，国学大师。金毓黻直接受业于黄氏门下，既受黄氏厚爱，又得黄氏治学之法，受益良多。1916年，金毓黻从北京大学毕业后，回到沈阳，先后在奉天省立第一中学堂、沈阳文学专门学校任教，同时兼任奉天省议会秘书，不久升任秘书长。1920年秋天，随孙其昌到齐齐哈尔任黑龙江省教育厅科长。1921年春，又随孙其昌来吉林任吉林永衡官银号总文书。1925年，他出任了长春灯泡厂的厂长。

政务缠身，他却还能用心收集东北历史文献资料，开始伏案于东北史研究。1923年，他在长春任职时，就考察研究了金代上京宝胜寺碑、辽阳沿革，辑录了《辽东文献》《辽东乡土志校补》等，留下他治东北史的首开之作。他在诗中写道："书生报国无他物，惟有手中笔如刀。"言明他已将学术研究作为自己的毕生事业。

1924年7月，金毓黻开始编纂《辽东文献征略》。金毓黻治史，既有中国最精华的以经治史、读书万卷，更有跑遍山水、实事求是、勇于献身的精神；为了考察辽中京大定府（内蒙古宁城），他逆着战争逃难的人流，与家人一道艰苦而行；为了开发渤海王故宫（今黑龙江东京城）等处遗址，他每日在烈日下行程数十里，常常缒入古墓，休息时一榻六七人，卧必侧身，坐必并膝……史学家的忠心加快了写作速度。1927年，他完成了《辽东文献征略》8卷。在东北史研究上第一次较为系统地对城镇、山川、风物、史料等做了较详尽的辑录、考证。其中，以无可辩驳的史实界定了辽东的地理沿革和地理范畴，对奉天古城及东北名山大川进行了缜密的考证，纠正了古籍中的许多疏误。如古代的挹娄，前人著述说沈州为挹娄故地，经他考证确定挹娄不在沈阳，而在长白山北宁古塔。又如《盛京通志》等书载黄龙府位于开原县，经他考辨确认。在当时吉林省农安县，他从治史之始就显示出治学之严谨求实。

1929年3月，金毓黻离开长春，到沈阳任东北政务委员会机要处主任秘书。1930年元旦，以研究东北历史、地理及时局问题为宗旨的东北学社成立，他被推举为干事，学术生涯进入新的境界。东北学社有明确的宗旨："专为研究学问而设，期以学术之团体树立自立之基础。""以发扬东北文化，倡导学术之研究为主之。"东北学社创办有

《东北丛刊》，每月一期，为学术交流和学术讨论的重要园地，是当时研究东北的唯一一家专业性学术期刊。学社还定期开展学术活动，邀请全国名流到沈阳举办演讲。“东北学社成立后，带动了一大批知识分子专门从事东北史研究，在国内外产生极大影响。东北学社的创立和研究活动，有力促进了东北地区学术交流和发展，在20世纪上半叶东北史地研究中占有极为重要的地位。”①

与此同时，金毓黻出任辽宁省政府秘书长。一年后，张学良任命他为辽宁省政府委员兼教育厅厅长。此时的金毓黻，不仅成为一省政府的重要官员，在沈阳也是学人中的领军人物。

九一八事变发生后，金毓黻突遭日本宪兵逮捕，被软禁在军阀鲍文樾家，拘押三月余。金毓黻为未能与国赴死颇感遗憾，可是，“余有求死不得之势。又念在日本拘羁中死状不明，耿耿此心，无经大白天下后世，故宁受困辱，以俟时机之至。”日本人开始想让他任省府秘书长，他坚辞不受。后日本人竟硬派其为伪奉天省府参议、省公署参议。对此，金毓黻坚定地表示：“硬派由他，不作由我，日人虽横，其奈我何！”1932年夏，日军部仍不甘心，准备任金毓黻为营口盐运署长，他仍是拒绝。后经伪省长臧式毅出面斡旋，金毓黻出任伪奉天省图书馆副馆长及“日满文化协会”理事，负责编辑该会机关刊物《满洲学报》。1934年，伪满洲国将东北分为十省，内定金毓黻为安东省省长，当臧式毅将这个消息向他透露后，他非常坚决，富于血性地表态：“苟欲相强，有死而已，再入囹圄，所不恤也。”后来，改任他为伪奉天省图书馆副馆长和奉天通志馆总纂。之所以接受这些职务，对他来说也是权宜之计，既然无法脱身，且每天有暗探跟踪，只好利用职务之便进行东北史的研究。

金毓黻在被软禁期间，完成了史学著作《渤海国志长编》，是对史学界的一大贡献，被著名史学家顾颉刚赞之为渤海国研究的“登峰造极”之伟著。金毓黻认为唐宴《渤海国志》、黄维翰《渤海国志》

①彭定安总主编，胡玉海、董守义、李丽分卷主编：《沈阳文化史·近代卷》第358页，沈阳出版社，2014年版。

史料之不足，乃遍搜中文、朝文、日文中有关渤海史料130余种，仿旧史体例：纪、表、传、考，将浩繁的史料，分别系于卷下，后加按语，如卷一总略上，卷二总略下，卷三世纪，卷四后纪，卷五年表，卷六世系表，卷七大事表，卷八属部表，卷九宗臣列传，卷十诸臣列传，卷十一士庶列传，卷十二属部列传，卷十三遗裔列传，卷十四地理考，卷十五职官考，卷十六族俗考，卷十七食货考，卷十八文征，卷十九丛考，卷二十余录。全书20卷，共40余万字，史料均出自正史，准确有据，开渤海史研究之先河，后学受惠实多。新中国成立后所出渤海史专著，均取材于此。

这时，他集中精力抢救整理东北文献古籍，于1934年付印了《辽海丛书》共10集100册，收书87种509卷，蔚为大观，是保存东北历史文化典籍的珍贵巨著。

金毓黻此时担任了《奉天通志》专职总纂。他日夜兼程，且编且印，仅在一年后，《奉天通志》就公开发行了。这是东北历史上的最重要的典籍之一。

1936年4月13日，他得到日本东京帝国大学教授服部宇之及和池田内宏的帮助，借研究东方学术与东北文献之名，获得留学日本的机会。其实，早在九一八之后，金毓黻在拒绝一系列伪职之后，就感到自己已“渐臻危境，不能再居沈阳”，于是，他一边与日伪虚与委蛇，敷衍应付，一边做着出走的计划。能到日本留学，即是他实现出走的第一步。

到了日本，金毓黻每天都到东方文库和静嘉堂读书，开始时日本人暗中监视，过了一段时间，觉其没有他去之意，遂放松了对他的跟踪。此时，金毓黻的大儿子金长佑和女儿金淑君随他一起到日本，二儿子金长衡夫妇也在日本京都。所以金毓黻在日本期间，除了读书就由儿女们陪同到各地游览，同时预谋出脱之计。7月，金长佑先在东京登船，金毓黻则先到京都，又由长衡夫妇送至大阪，躲开岸上警察的盘诘，由大阪乘加拿大皇后号轮船径开上海。7月14日下午金毓黻抵达上海。他一共在日本待了3个月，实现了他出逃沈阳的第二步，回到祖国。他在《神户至上海航行中作》吟咏了当时的情怀，诗云：

鹤鸣破清空，天高一何迥。
鱼龙汩出没，沧波森万顷。
仰视星斗繁，云开知夜永。
孑身适万里，茫茫若漂梗。
家山念已破，寸心常耿耿。
露坐到天明，同舟人未醒。

金毓黻到达上海后，即会见了蔡元培和张元济等人，经介绍到南京见了傅斯年，又见到了行政院秘书长翁文灏、中央大学校长罗家伦、教育部次长段锡朋，受到这些人的欢迎和礼遇。不久，他就受聘为行政院参议、教育部特约编辑、中央大学教授。

初到南京，金毓黻在游明陵读王船山诗时，曾写道："羁栖不觉五年长，欲话前尘倍暗伤。"回顾自己被日寇迫害的日子依然黯然神伤，这种磨难也使他心中的忧乡爱国之情得到升华。如果说他研究东北历史之始是出于对辽东乡土的热爱和忧思，那么，随着学识的增长、历史知识的拓宽、阅历的丰富、对外国列强歪曲篡改中国东北历史丑恶行径的义愤与对当时国家命运的忧虑，使他感到有责任完成一部《东北史》。因此，1930年当他走上中央大学讲坛后，便主讲了东北史并赶写了讲义，而在这个时刻将东北史搬上大学讲坛，意义自然非同寻常。

1937年5月，金毓黻赴安庆出任安徽省政府委员兼秘书长。1938年春，又回中央大学任教授兼历史系主任，1943年转至四川三台东北大学任教兼任东北史地经济研究室主任。1944年月4月，再回中央大学任教兼任文学院院长，直至抗战胜利。抗战14年期间，金毓黻曾三度执教中央大学，两度执教东北大学，主要精力用于教学与科研工作，撰写出了一生最重要的3部学术著作：《东北通史》、《宋辽金史》和《中国史学史》。

《东北通史》上编是他学术史上最经典的一部作品。该书为研究东北史的奠基之作。可是下编，尤其是关于民国二张、伪满期间的史记，却苦于没有文献无法写作。1941年，正式出版6卷39章、40万字的《东北通史》上编。全书以民族源流、形成与发展为主线，将东北史划分为6个时期，即汉族开发东北时代，东胡、夫余互竞时代，汉族复兴时代，契丹、女真、蒙古迭相增长时代，汉族与女真、蒙古争衡时代，东北诸民族逐渐同化融合时代。系统地勾勒出东北古代历史发展的轮廓。这是金毓黻积20余年含辛茹苦、执着追求的力作，凝结了他爱国忧乡的深厚情感和抵制日本扭曲侵略东北的历史、肆意侵略中国的民族自尊心，表达了他以学术救国的平生夙愿。他撰写此书的目的，就是让时人了解东北历史，唤起其爱国热忱，激励人们收复故土。同时他断定蹊田而夺之牛者，终当返故物于旧主，看到了日寇的投降，东北的重光。

他开拓宋辽金史的研究领域。并于抗战胜利前，完成了《宋辽金史》专著，这是中国学者研究宋辽金史的第一部学术著作。他突破以往历史研究中的正统论，提出“三史兼治”的观点，为后学者所推崇。

《中国史学史》的完成，是在抗战艰苦岁月中金毓黻对中国历史学又一重大贡献。中国史学史是近代兴起的一门新学科，金先生涉足这一领域时，前无所承，筚路蓝缕，他从1936年始进行开拓性研究，先后写出《中国史学考》与《中国史学史大纲》讲义，并于1944年由商务图书馆出版了30余万字的《中国史学史》。当代史学史专家瞿林东认为，这部书是“这门学科或这门专史草创时期的代表性著作”。

也正是这一系列著作，标志着金毓黻在学术上取得了巨大成就，被誉为“中国史学界和东北现代史学界的光荣”。担任过《奉天通志》总纂的吴廷燮评价金毓黻：“中夏言东北故实者，莫之或先。”一代国学大师于右任更对金先生赞叹有加，谓其为“辽东文人之冠”。

抗战胜利后，1946年6月金毓黻以清理战时文物损失委员会东北区代表身份四到沈阳。11月被聘为沈阳博物院筹委会主任。1947年又受邀兼任国史馆纂修及国史北平办事处主任所藏明清档案，辑成

《明清内阁大库史料》第一辑。

1946年6月13日，金毓黻从上海乘飞机飞抵北平。6月20日晚上，以教育部辅导委员会委员和清理战时文物损失委员会东北区代表的身份，随东北视察团回到沈阳。他在当天的日记中写道：“余离沈已十年又三四月，今日归来，不禁‘城郭犹是人民非’之感。”他用故乡大名士丁令威化鹤归来的语言表达重回故地的感叹。

金毓黻在东北清理战时文物工作大约历时半年，1947年1月辞去监察委员和中央大学教授之职，改任国史馆纂修，再次赴南京。不久，教育部又聘他为沈阳博物院筹备委员会主任。1947年4月5日，他抵达沈阳，开始了将近两年的国立沈阳博物院筹备工作。

1949年北平解放后，金毓黻随国史馆北平办事处并入北京大学，任教授。1952年调入中国科学院历史研究第三所任研究员，直到其1962年逝世。

金毓黻辞世时，还给世人留下一部40余年朝夕与之相伴治学研史，具有特殊学术意义的巨著——《静晤室日记》。《静晤室日记》的写作起于1920年3月6日，迄于1960年4月23日，涵盖了金毓黻从34岁至74岁的人生历程，是一部卷帙浩繁的学术札记体文献，不仅是一部内涵丰富的史料，也是一部全面深广的著作，更是一部反映金毓黻人生轨迹、治学道路、学术思想、心态转折、公共交往，乃至一个历史时段内学人群体精神风貌的文化鸿篇。他曾自述说：“昔贤者……皆有日记，多者亦不过五六十册，若积至百册以上，则余固未之闻也。”从内容上看，《静晤室日记》是包罗“过去之陈迹，读书之所录，游迹之所见，以及诗文杂著”的一部巨著，涉及文献学、史学史、学术史、东北地方史、文化史等诸多领域。[①]“它不仅铭刻了金先生治学、做人、处世的心迹及其所得，而且也在一定意义上反映了20世纪20年代至60年代（1920年3月至1960年4月）中国社会变迁的若干侧面和史实，是日记，也可视为自述传记，甚至可作为历史长

①郝欣、曾江：《金毓黻〈静晤室日记〉是反映学人群体精神的文化鸿篇——访黑龙江大学霍明琨教授》。

编来读。”[1]

1993年《静晤室日记》由辽沈书社出版。

在《静晤室日记》中，“人们惊奇地发现，一代史学大师还是一位为现代文坛留下近两千首诗作的大诗人。这些诗作记述了金先生求学、为官、治学、游历等活动中的心路历程，内容广泛，艺术水准很高，既记录了个人行迹，也记录了国家和民族的命运，完全可作诗史来读。”[2]著名学者、书法家沈延毅先生在《读金静庵遗诗有感》中云：

好友云亡逾廿年，前尘如梦复如烟。
沧桑未竟书生业，风雨还遗史迹篇。
击节一歌惊白雪，诵诗三叹感朱弦。
丸都归址今犹昔，我欲游之用续缘。

二　奉天通志馆与《奉天通志》

金毓黻对于辽沈地区文化建设的另一重大贡献，是参与组织编纂《奉天通志》。

地方志是中华民族特有的传统文化形式，自古至今各种类型的方志馆为传承民族文化做出了特殊贡献。梁启超在《中国近三百年学术史》中曾说过：“最古之史，实为方志。”并举例说：“如《孟子》所称晋《乘》、楚《梼杌》、鲁《春秋》……比附今著，则一府州县志而已。”

宋朝以前，受史志同源等传统影响，大多为史志合一的官修机构，尚未出现真正意义上的方志馆。自宋朝起，方志逐步定型，编修事业日趋繁荣，大大推动了方志机构的发展，北宋的九域图志局则标志着独立志书编纂机构的正式成立。自此开始，一直延续到民国时期，特别以明清一统志馆和民国省级通志局等机构为标志，各种形式

①②徐光荣：《金毓黻：开拓东北史研究的史学大家》，《沈阳日报》2016年4月15日。

的志书编纂机构逐步发展，具有独立功能的方志馆日渐增加。明朝尊崇“治天下者以史为鉴，治郡国者以志为鉴”之说，十分重视修志。洪武三年（1370），明太祖朱元璋诏令中书省：“将天下城池、山川、地理、形胜，亦皆已成书，藏之内府，以垂永久。”同时，又命儒臣魏俊民编类天下郡县地理形势的《大明志》（后由英宗赐名《大明一统志》）。此后，又于洪武十六年（1383）、洪武十七年（1384）和洪武二十七年（1394），多次诏令编修方志。永乐年间明成祖朱棣也曾“诏令天下郡县卫所皆修志书”，并三令五申督促编呈方志，从而使“今天下自国史外，郡邑莫不有志”，“僻郡下邑，率多有志”。至天顺二年（1458），英宗认为“修志乃国家大政所关”，故命敕李贤等修《大明一统志》，以“继成文祖之志，用昭我朝一统之盛”。此志也于天顺五年（1461）修成。尤其是《寰宇通志》和《大明一统志》的编修，设立了一统志馆，并设有总裁、副总裁、纂修、催纂、誊录等人，形成一套系统的编写班子。这一模式不仅影响了《大清一统志》的编修，而且使明及以后的府州县地方志书的编修有所遵循。[①]

清朝是中国方志发展史上的鼎盛时期，也是方志馆发展的重要时期。《大清一统志》自康熙二十五年（1686）设一统志馆开局纂修，至道光二十二年（1842）完成，历经康熙、雍正、乾隆、嘉庆、道光五朝三修，历时157年，其耗时之长，费力之巨，为历代所仅见。它不仅强力促进了一统志的编修任务，是清朝史志编纂事业兴盛的一个重要标志，同时也对各类史志机构的发展起到了直接而又重大的推动作用。纵观清朝数百年历史，官修史志机构形式十分丰富，超过此前任何时期。

辽宁早期的方志中属于通志型的有元代的《辽阳图志》。元代设辽阳行中书省，统七路，包括了今辽宁、吉林、黑龙江三省，故《辽阳图志》实质是东北三省的方志。现存最早的东北地方志是明代的《辽东志》和《全辽志》。《辽东志》初修于明正统八年（1443），又经弘治元年（1488），嘉靖八年（1529）两次续修。现在能见到的是嘉靖十六年（1537）本。而《全辽志》是《辽东志》的嘉靖四十五

①潘捷军：《中国方志馆沿革考》，《浙江学刊》2014年第5期。

年（1566）续修本。此二书是现存最早的东北通志，然而就其篇幅来看，还是以辽宁为中心，内容多叙辽宁史事，对研究东北及辽宁古代历史具有重要意义和资料价值。

前文曾提到过，清代曾修《盛京通志》，流人陈梦雷主持其事，是对沈阳文献建设的一大贡献。此《盛京通志》自康熙二十三年至乾隆四十九年，百年间经过5次续修，逐渐完善。历修《盛京通志》均包括辽、吉、黑三省，“合东三省事并记之，然皆以盛京为主，吉林及黑龙江特从附载”。

此外，清代的辽宁方志还有咸丰二年（1852）隋汝龄的《辽海志略》，光绪十七年（1891）龚柴的《满洲考略》《盛京考略》，宣统元年（1909）吴廷燮的《奉天郡邑志》，以及民国初年徐曦的《东三省纪略》等20余种。

清以前的州府县志如元代《沈阳路图册》《辽阳路图册》《开元志》《广宁图册》《广宁旧志》《广宁志》等早已亡佚。明修县志较少，只有《开原县志》。辽宁现存的府县志，大都是清代纂修的，如康熙十六年（1677）的《铁岭县志》。现存东北最早的有《广宁县志》及《盖平县志》《海城县志》《锦州府志》《锦县志》《宁远州志》《承德县志》等。从民国初年到九一八事变前，这一时期，辽宁省纂修的县志不下40余种。许多古无志书的县，也编修了县志。这批民国县志，有不少佳作，如民国十六年（1927）《辽阳县志》、民国二十年（1931）《义县志》、民国十三年（1924）《海城县志》等，都可称为上品。

光绪末年东北三省建置之后，奉天省就开始议论修志。直到1928年通志馆才正式成立开始纂修，当时拟名为《辽宁通志》。

1929年12月，国民政府内政部以训令形式颁布的《修志事例概要》明确指出：“各省应于各省会所在地，设立省通志馆，由省政府聘请馆长一人，副馆长一人，编纂若干人组织之。”“通志馆成立日期、地点暨馆长、副馆长、编纂略历，并经费常额，应由省政府报内政部备案。”“通志馆成立后，应即由该馆编拟志书凡例及分类纲目，送由省政府转报内政部备案。”“通志馆应酌量地方情形，将本省通志成书年限，预为拟定，送由省政府转报内政部备案。”从机构名称、人员配置、经费安排等行政要务，到志书凡例、分类纲目等业务问题，都做了明确规定，由此构建了一套国民政府内政部统一管理，地方政府直接负责的通志馆运行体制，推进了当时的修志事业和通志馆等方志机构的建设进程。

《修志事例概要》颁布后，各级政府和各类官员普遍开始关注修志一事，有些地方行政长官甚至亲自主持通志馆的筹建工作。如察哈尔省政府主席宋哲元“爰设通志馆于省府”，热河省政府主席汤玉麟、绥远省政府主席李培基、上海市市长吴铁城、陕西省政府主席杨虎城、云南省政府主席龙云等纷纷主持筹办通志馆，着手启动通志编纂工作。还有的行政长官直接任职于通志馆。其中，张学良任奉天通志馆总裁、河南省政府主席刘峙任河南通志馆总监修、甘肃省政府主席刘郁芬任甘肃通志馆督修，而宁夏省政府主席马鸿逵、云南省省长周钟岳、河北省政府秘书长刘善锜、四川省政府秘书长李肇甫等，分别出任各自所在地的通志馆馆长一职。[①]

奉天通志馆是南京国民政府重视官修方志工作后设立的第一个省级方志馆。早在1907年清政府民政部给东三省总督下文，要求“酌量设局，重修通志”，但是应者寥寥。1928年张学良主政后，东北地区呈现出相对稳定繁荣的景象，编修省志也被提到重要位置。1928年11月，张学良和奉天省省长翟文选共同议定成立奉天通志馆，并联合署名下发通令，在《奉天公报》全文公布，动员征集官府图书和私家著述，《奉天通志》编修工作随之正式展开。张学良亲任通志馆总裁，强调“盛京为胜朝发祥之地，志书为一省文献所关，续议纂修，实为巨典”。省长翟文选任副总裁，正副馆长及总纂、纂修等职务，均由省长延聘硕学名儒担任，如张学良恩师白永贞、著名学者吴廷燮、金毓黻等均曾参与其中，并做出重大贡献。随着1930年奉天改称辽宁，奉天通志馆也改为辽宁通志馆。九一八事变后恢复馆务时，仍为奉天通志馆。

奉天通志馆馆长是辽海文坛巨匠白永贞。白永贞是辽阳满族人，

①潘捷军：《中国方志馆沿革考》，《浙江学刊》2014年第5期。

启蒙于私塾，后入襄平书院，勤奋好学，乡试中秀才，在1897年的京试中，与郑孝胥同科拔贡。1911年任直隶州判，此后历任海龙知府、奉天省议会议长、代理省长、东北边防军司令长官公署参事。曾编纂过《海龙县志》《辽阳县志》《桓仁县志》等，更值得提及的是，他还主持编纂过鲜为人知的《九顶铁刹山志》。铁刹山位于本溪境内，为辽宁四大名山之一。20世纪30年代，铁刹山著名道士炉向阳游历关内名山大川归来，感叹铁刹山虽有九顶八宝之奇，却没有志书的记载，就慕名找到了白永贞。当时白永贞已是古稀之年，无力亲临踏访，仅根据有关文献和口述资料，成就了《九顶铁刹山志》。它是东北最早的山川志之一，也为道教文化增添了一个闪亮点。[①]

白永贞馆长到任后，首先制定一系列规章制度，对工作计划、人员分工等进行严格规定，保证了工作正常有序地进行。这段时间里人员集中，工作效率高，是通志馆工作的鼎盛时期。

被聘为《奉天通志》总纂的吴廷燮是晚清民国著名史学家。他于清光绪二十一年（1895）中甲午科顺天乡试举人，由誊录叙通判。光绪二十七年调署太原府同知，翌年出任太原府知府。光绪三十年入京师政务处。翌年补巡警部警政司郎中。后历任巡警部右参议兼宪政编查馆编辑，度支部参议，内阁法制院参议、署副使、兼弼德院参议。民国元年（1912）任袁世凯大总统府秘书。民国三年，任北京政府政事堂主计局局长，并被清史馆馆长赵尔巽聘为清史馆总纂。乃先纂清史商例以发其凡，旋修本纪及诸表，历十五寒暑终成。成书后评价甚高，阅者称其史表博大精深。后应张学良之邀，赴沈阳萃升书院主讲史学。又受聘为奉天通志馆总纂，并为《奉天通志》补撰大事沿革、职官、金石诸志。其大事志取明实录节本及清系年要录所载东北边事以充实，完备详尽。九一八事变后，吴廷燮回北平。1947年1月赴南京，应聘为国民政府国史馆纂修。首撰《国史义例》，继起草地理、艺文两志。

编纂《奉天通志》大体分成3个阶段，第一阶段是搜集资料，包括各种志书、档案史料、古今文献、官私著述、图书典籍，以及各种

①董慧云：《〈奉天通志〉续写151年辽沈历史》。

专项调查；第二阶段是编纂整理，将搜集到的材料分类，按照分工分门进行整理编纂，各门志稿编出后送交总纂审阅；第三阶段是修订补辑，总纂审阅后，发现歧误和简陋不全者，需再调查核实、搜集材料，进行修订补辑或重编，然后再交由总纂、馆长进行第二次审阅，直到通过，最后校对缮清，志稿才告完成。每一个环节，白永贞都事必躬亲，一丝不苟。①

经过两年多的努力，基本完成了初稿，但还有一些门类简陋不全，需要补修。九一八事变后，编修省志的工作一度陷于停顿。白永贞严词拒绝，他说：“国土沦丧，我痛不欲生，何惜一死?” 后来策划成立伪满洲国时，郑孝胥敦请其出任文教大臣，也被他严词拒绝。袁金铠从中斡旋，仍请白永贞编修《奉天通志》。这正是他心念的事业，便欣然答应。在此后的3年中，白永贞集中全部精力，与在职的通志馆成员，加上重聘的吴廷燮总纂，后聘的著名学者金毓黻，共同努力，终于成就了一代巨著。

前文提到，九一八之后，金毓黻被逼迫出任伪职，坚持不就，后就任伪满奉天省图书馆副馆长。此时，正是奉天通志馆用人之际，只有部分人员坚守岗位，工作进展很不顺利。由于志稿门类繁多，材料庞杂，全书的整理编订工作十分繁重。有能力的编纂人员相继离去，留下来的大多数又年老体弱，势单力孤，颇难承此重任。馆长白永贞已经68岁，主持编务的前总纂吴廷燮也在九一八事变之后回到北京。1934年7月10日，白永贞致函伪奉天省省长臧式毅，陈词恳请增聘金毓黻为通志馆专职总纂，获批准。金毓黻时年47岁。

金毓黻到馆后承担重任，将自己的能力发挥到极致，对于卷帙浩繁的志稿整理编订工作做出了巨大贡献。《奉天通志》的最后成书，金毓黻起到了不可或缺的重要作用。

这部通志的编纂者都是当时著名学者，东北史地专家，从而使这部通志从内容到体例都达到很高水平。从1928年11月开始，到1935年编竣，《奉天通志》的编纂历时7年之久，前后参与编纂工作的有80余人，其中担任总纂的7人，纂修17人，分纂10人，这些

①董慧云：《〈奉天通志〉续写151年辽沈历史》。

人或是当时的学者名流，或是政界广有阅历者，还有则是二者兼备人士。最后的审定和刊印工作，由金毓黻、吴廷燮、白永贞等人完成。

《奉天通志》开始编修时，拟目23门，1934年初，将沿革表和职官表分别附于沿革志和职官制两门，遂改为21门。由于政局所迫，最后定稿时又将较为敏感的交涉一门删除，最终以20门刊行问世。时间断限上限接续乾隆年间修竣的《盛京通志》，下限到宣统三年（1911）清朝结束止。

《奉天通志》是辽宁省志书中既完备又系统的通志。我们现在所见的《奉天通志》，既增补了清乾隆朝以前的遗漏，又续修了《盛京通志》后150多年的省情。全书260卷10函100册，洋洋数百万言，该志全面记录了辽宁历史沿革，山川地貌，天文气象，风土人情，物产资源及政治、经济、文化等各方面情况，保留了丰富的自然和社会的各方面资料。大事叙至清末，其他各志从其断限不宜分者间亦叙及近代，所以其资料性十分充实。大事志，人物志，记录了上自秦汉、下至清末涉及辽宁的内政、外交、民事、军事等事件，记录了2000年来活跃于辽宁历史舞台上的勋阀、乡宦、文学、武材、社会名流等一万多人的传记资料；金石志搜集了历代的金石碑刻，保留了很多的文史资料；其他如物产、租赋、捐税、职官、艺文等志，均从不同侧面反映了辽宁人民在各个历史时期的社会生活，是研究辽宁自然史和社会史的一部资料总汇。辽宁社会科学院学者陈涴认为，从其征引资料之繁富就可从一个方面证其价值，她对此做了一个统计，“全书征引文献资料达659种之多，其中包括经籍、诸子、正史、别史、杂史、杂记、文集、档案、碑志等，涉及广博、全面。”[①]

总之，《奉天通志》“无论是组织规模、参编人数，还是成书后的篇章文字，都堪称全国之最。在稍有规模的图书馆和参与编史修志的单位，以及辽宁地方史研究人员手中，大都藏有这部五卷本的《奉天通志》，成为现代编史修志借鉴。”[②]

---

①陈涴：《〈奉天通志〉征引书目辑录》。

②董慧云：《〈奉天通志〉续写151年辽沈历史》。

1982年，辽沈书社对《奉天通志》进行了标点、校勘，影印出版。

三 《辽海丛书》

金毓黻先生主编的《辽海丛书》，刊行于20世纪30年代，此丛书为东北文献之鸿篇，堪称中华史籍之珍宝。

《辽海丛书》，即是“东北丛书”。“辽海”就是“东北”的意思，“称辽海而赅吉、黑可也”，辽海不仅指辽宁，也包括吉林、黑龙江等广大区域。这是一部关于东北历史、地理、考古、文学方面的大型资料丛书。《辽海丛书》的出版有识之士酝酿有年，最终由金毓黻完成了这个大业。前文提到，金毓黻平日悉心研究东北地方文献，撰成《辽东文献征略》8卷，第一次较为系统地对东北地区内一些重要城镇、山川、人物、金石等方面的史料作了较为详尽的辑录和考释。他在1925年底，提出编辑《辽东丛书》的设想。1927年又拟扩充内容，改名《东北丛书》。1931年九一八事变后，他处于日寇监视之下，但对于东北地方文献的搜求、整理，仍不遗余力。在成书过程中，金毓黻事必躬亲，从资料的搜集、版本的选定、内容的校勘，到印刷发行，做了大量的工作。

1934年，同人集资开始出版该书，1936年出齐。全书10函，每函10册，计100册，收书87种，共印100套，约500万字。这部大书搜罗资料既富且精，其中有许多“家藏稿本及传抄本而向未付刊者”和“虽已付刊而久经绝版者”，许多海内孤本、珍本赖以传世。《辽海丛书》的出版，标志着近代东北边疆史地的研究达到一个高峰。

《辽海丛书》为地方丛书之一种。基于东北地方文献流传的特点，该书起例发凡之拟有所因革；其资料的辑录极为广博，而去取尤为严谨。正如本丛书凡例所言：

> 本编所收群籍，大略不出专著、文征、杂志三类。若辽海先正著述则属之专著；其原书已逸，由他书缀集可能成编者，则属之文征；至前代方志，传本极少，体似专著，义同

杂志，本编亦取而重印之；若其书已逸，又无零篇断简可征者，则撰辽海经籍考，预悬存目，以待征访。

《辽海丛书》的编撰方法汲取了前人编辑郡邑、掌故、文征诸书之所长，更能周咨博访，竭力网罗，精心参稽。各集所收之撰述，多采用世所罕见之本。其中以传抄本居多，家藏稿本次之。凡此诸本，今俱不易得。至于绝版之复本，金氏辑补本十数种，至为珍贵。

《辽海丛书》收集书稿的原则是：一是收集东北人的著作，二是收集有关东北的著作。同关内比较，东北历来文化不胜，文人不伙，著作不多。金毓黻说："盖在他方，作者如林，别择綦严，犹患其多。辽海作者，稀如星凤，立例虽宽，犹患其少。"有鉴于此，在编纂本书时，金毓黻尽量广泛搜罗，凡是同东北有关的著作，都尽可能纳入其中。丛书收入的图书，包括4个方面：一是专著，二是杂志，三是文征，四是存目。专著是指作者原籍东北，并有完整个人文集者。"作者籍隶于辽，且能卓然成家，篇章完具，保存真面，一字不漏，是曰专著"。例如《湛然居士集》《双溪醉隐集》《医闾集》《睫巢集》等。杂志包括两类，一类是方志，例如《辽东志》《全辽志》《锦州府志》《铁岭县志》《岫岩志略》等；另一类是文史笔记，作者不是东北人，但其著作却是关于东北的，归于杂志类。"作者虽非籍于辽，而所述实资掌故，艮维古籍，此类为多，勘丛书者，理宜并采，是曰杂志"。例如洪忠宣的《松漠纪闻》、杨可师的《柳边纪略》等。文征多属文学方面的诗、词、曲、文，是从作者已存的专辑中抽取出来的。原刊本大都亡佚，是从多方面设法辑佚得之的，是谓"文征"，例如《八旗文经》《白山词介》等。还有一些是"有录无书的，预悬集名，以备搜访"，就是存目了。

《四库全书》中有数种辽海文献，《辽海丛书》均加以收录，并经过他用心辑校，其中有明贺钦撰《医闾集》8卷，金王庭筠撰《黄华集》8卷，元耶律铸撰、清李文田笺《双溪醉隐集》6卷，清孙冯翼撰《四库全书辑永乐大典本书目》1卷和《满洲祭神祭天典礼》6卷以及《热河志》120卷。

1985年，辽沈书社出版了5卷本《辽海丛书》，共印4000套。辽宁古籍出版社原社长兼总编辑徐彻教授说：“《辽海丛书》是一部大型的关于东北历史、地理、文学、考古、民俗方面的资料丛书，具有极其珍贵的历史价值。主要有三方面的价值：学术价值、资料价值和版本价值。一是学术价值。本丛书收集了许多学术专著，这些专著本身就具有很高的学术价值，例如《金小史》《盛京疆域考》等。二是资料价值，这是显而易见的。该丛书收录了87种书，保存了大量珍贵的历史资料。三是版本资料，该书多采用世所罕见之本。其中以传抄本居多，家藏稿本次之。凡此诸本，今俱不易得。至于绝版之复本，金氏辑补本之数种，至为珍贵。其关于辽海之载籍而流传于朝野、日本者，亦收有多种，可补前史之不足。”①

四　金毓黻与文溯阁《四库全书》

沈阳故宫文溯阁藏有一套《四库全书》，其波澜起伏的命运，是沈阳文化的一个代表性事件。笔者在《旧宫遗韵》一书中对于文溯阁《四库全书》已经有了比较详细的论述，其中也提到了金毓黻。为了叙述的连贯性以及展现金毓黻先生生涯的全貌，在这里再重复和补充一下。

金毓黻很早就关注《四库全书》。早在20世纪20年代，北洋政府议印《四库全书》，当时学界意见纷纷。郭伯恭《四库全书编纂考》写道：“民国八年（1919）冬，大总统徐世昌命金梁编文华、武英二殿陈列古物目录，金（梁）氏以先印《四库全书》为请，又以全书舛误至多，且卷帙分割，亦与原本多有异同，当作校勘记，各附卷末，以为考订。时叶恭绰游欧美归，谓西国重东方文化，颇称此书，亦请印行传布。”此为印行《四库全书》之最早动议。1924年，金毓黻读到金梁先生发表在《东方杂志》的《四库全书纂修八记》，他在《日记》中写有《评金梁四库全书纂修考跋》：

①徐彻：《关于〈辽海丛书〉再版33周年答记者问》。

沈阳故宫文溯阁

愚谓金氏此作于《大典》《四库》之异同，四库存毁之始末、言之颇详，足备史乘。其谓《四库全书》之外，复有《荟要》一书，前人从未道过，致足贵也。商务印书馆初拟刊《四库举要》未成，继乃刊《四部丛刊》，其卷数逾一万以上，册数亦达三千。近顷商务印书馆又拟影印《四库全书》，已成议矣，为曹仲珊（锟）所阻，书未起运，海内人士甚殷此书之付刊，亦非资本雄厚如商务印书馆者，莫能举此盛业，而以未恰当局之意，戛然中止，诚可惜也。

金毓黻《静晤室日记》详细记载了他与《四库全书》的关涉。他在读到《时事新报》上有关《四库全书》重印事时曾写道："将来是书无印时，尚望主持之人广延精于校勘者，覆以善本古书，正其脱误，庶足成为完璧也乎！"这是他最早关于"四库"的评论。1924年12月28《日记》又记："浙江文澜阁《四库全书》因洪、杨之役而残毁，嗣有丁、钱二氏发愿补抄，迄未完成，去年冬间，杭绅士兵者福诜集合同志，以文津阁藏本无缺。鸠资入都，雇手排日补抄，于今年十二月初抄完竣。从此《四库全书》增一帙，诚艺林之盛事已。"

文溯阁《四库全书》曾在1914年调拨北京，1925年，在辽宁各界人士的努力下，回归沈阳。《四库全书》从北京运回沈阳后，一直归奉天省教育会管理。因文溯阁当时为军队所占，并且其建筑亦需修缮，故暂存于奉天省教育会会址沈阳城内文庙。1926年6月至9月，奉天省政府拨专款对文溯阁建筑进行整理和修缮。同时，经奉天省教育会呈请，奉天省政府同意，建立由奉天省议会、奉天省教育会、东北大学、奉天省教育厅、奉天市政公所等机关要员、各界名流组成的“文溯阁《四库全书》保管委员会”，以保护此书，并商请部队移出。1926年11月15日，文溯阁修缮工程完工。1927年初，复将《四库全书》入藏阁中，结束了10余年书阁分离的历史，得以“书阁合一”。保管委员会并决定将文溯阁作为《四库全书》永久收藏之所。

文溯阁《四库全书》流落异地十数载璧还，一时成为东三省文化界的一大盛事。1928年7月，在文溯阁举行了《四库全书》展示会，各界名士检阅《四库全书》。其时任省议会秘书、省政府政务秘书长的金毓黻，深感躬逢其盛，在1928年7月13日日记中写道：

> 诣西华门省教育会，参观文溯阁贮藏《四库全书》，其款式，装潢一如文津阁本，余阅数帙，缮写亦精，楼下贮经，中层贮史，上层贮子、集。下层中部贮《图书集成》，此为刊本，装潢亦同《四库》。贮书之架系樟木制，其排列法一如清宫之旧。此书于民国初元运往北京，去年索回，复归原处，由教育会保管。

1926年11月，奉天省政府决定在沈阳故宫原址上建立东三省博物馆筹备处。1928年，金梁任东三省博物馆委员长，拟选印《四库全书》，用文溯阁本校印，并议续修总目。张学良对此大为支持，并迅速召开多次高规格军政会议，研究影印、续修、校雠等事项，提出创办文溯阁《四库全书》校印馆，一次捐赠20万，请金梁担任《四库全书》总办，主持出版《四库全书》，并将全盘计划通电全国。金毓瀓记载："其初规模壮阔，并欲大购遗书，广招名宿，为续修《四库提要》之举，限期竣事。前书印迄，接印续书。又以《库书》删改错漏，触目而是，不可不借资别本，遍校一次，于是议三事次第实现。"

在此期间，沈阳学者董众撰写了6000多字的《选印文溯阁四库全书议》，对《四库全书》的改删、弃取、忌讳、伪误、阙漏进行了考证，从全书的内容、版本、社会需要、印刷技术等方面，说明全印工程巨大，徒耗物力，无此必要；同时主张聘请海内知名学者，鉴选珍本影印。金毓黻在其《静晤室日记》中对董众的《选印文溯阁四库全书议》敬佩之至，感叹："往岁董秀（袖）石君撰《选印〈四库全书〉议》，为极有价值之文，今日取而重阅之，觉其征引颇富，持论极正。"金毓黻在日记中写道："刊印文溯阁《四库全书》为吾东北最高当局之创议，经时三载，未克实现，而吾友董君袖石乃有选印之议，高阆仙、金息侯更撰选印目录以证成之。"

1931年九一八事变后，伪奉天省政府秘书处认为，《四库全书》的保护问题"关系綦重，须有负责人员常驻管理，方免发生意外"。于是，在1932年1月18日呈文："拟请伪奉天省政府妥善派员，前往驻守，以维现状。"伪奉天省省长臧式毅于当月28日签署了省政府训令，委派"秦化田暂行管理"。秦化田、关景勋作为文溯阁保管员，开始点查《四库全书》。

1932年5月12日，伪奉天省教育厅厅长韦焕章呈文臧式毅，提出："《四库全书》为旧文学之总汇，文系手抄卷，多孤本，名贵珍重，自无待言，设法保存，不容稍缓。本省文溯阁《四库全书》，自民国十四年，经省教育会会长冯广民等，由北平移还库置原阁，当即组织委员会负责保管。迨民国二十年秋季，保管委员大半星散，后虽保管有人，究不足以策万全而昭郑重。前奉钧署令，饬该《四库全书》保管处，由职厅管理等因，职厅等办理本省教育事物。关于省有文化机关，原负有重大之责。惟《四库全书》至关重要，其保管责任，绝非一机关所能负荷。筹思再四，拟仍组织委员会。以本省各机关职员及硕学宿彦若干人为委员。由奉天省公署或奉天省教育厅分别

奉天图书馆旧址

聘用，共同负责保管。以重文献，仍由职厅随时监督。”根据这个建议，伪奉天省政府重新组织了文溯阁《四库全书》保管委员会，并拟定了组织大纲，专司保管文溯阁《四库全书》事宜，直接隶属于奉天省教育厅，受省长、厅长之监督，会址设于沈阳故宫文溯阁院内。委员定为13人至15人，由奉天省公署教育厅聘任。

1932年5月，伪国立奉天图书馆成立。17日，臧式毅“训令”奉天省署教育厅，为整理图书，便于保管，将文溯阁《四库全书》划归伪国立奉天图书馆。

前文提到，九一八事变爆发后，金毓黻同辽宁省政府主席臧式毅一起被日军逮捕，软禁于军阀私宅。1932年冬，他出任伪满奉天省图书馆副馆长、“日满文化协会”理事，负责编辑该会机关刊物《满洲学报》。在担任满奉天省图书馆副馆长期间，金毓黻就与沈阳故宫和文溯阁《四库全书》发生了联系。正是在这样的机缘下，开始了他的《四库全书》保护与研究工作。

据1938年伪国立奉天图书馆编辑的《文溯阁四库全书要略及索引》载，在金毓黻主持下，1932年9月至1933年3月，历时6个月，对《四库全书》进行了一次彻查。

> 计上层子部二十二架（现改为三十三架），一千五百八十四函、九千零七十一册、五十六万六千七百七十九页；集部二十八架（现改为四十二架）、二千零一十六函、一万二千二百六十五册、六十七万零四百九十四页；中层（现改下层）：史部三十三架、一千五百八十四函、九千四百零八册、七十万三千二百一十七页；下层经部二十架、九百六十函、五千五百零九册、三十六万五千八百七十五页；殿本图书集成十二架、五百七十六函、五千零二十册。此外，复有殿本四库总目二十函、一百二十七册；内府写本，四库全书考证十二函、七十二册。不归架，侧面则子部用青绢，集部用灰绢，史部用红绢，经部用绿绢，图书集成及总目考证等用黄绢。至于全书内容，经本馆此次彻底清查，其通行本简明目录，虽经着录，而本阁实无其书，及有函无书，卷数缺佚，或卷数重复，前无提要各项，并皆列表以详，以明真相。

他在3月23日日记中写道："午后，诣文溯阁检书，发现缺函现象。"后又在北京依文津阁本补抄3种，计12册841页。

此时，金毓黻还有意重印文溯阁《四库全书》。他在1933年2月6日的日记中写道："贵池、吴兴刘氏、新昌胡氏、沔阳卢氏、武进曹氏、陶氏、南城李氏、河南张氏（三怡堂）所刊，咸能就四库著录之书而刊本绝少者，广为汇刊，其有功于艺林匪浅，真当祀以十世者也。"对前辈印行之举不吝赞美，是于刊布全书，心有所向。他重检陈思（慈首）撰有《四库选印书目》、董众（袖石）《选印四库全书议》，关注、思考一切与之有关的事情。他的主张还是选印：

> 四库之精英，悉萃于集部，而尤以宋、元人别集为贵，是何也？宋、元二代之专集不下千余种，篇帙过繁，若汇为一偏，势有不能，再如南城李氏之刊宋人集，规模诚宏大矣，然亦不能遍刊，限于一人之资力，亦有后难为继之势，至元人集，如李氏之汇刊，则绝少其人，此更有待后人之继

起也，今拟选印四库，即等于汇刊宋元人集，其数不下二百种，再加以明人集百余种，则可当其中之半数矣，然明人集收入四库者，不及其半，且以忌讳之故，多有节删。今最而计之，经、史、子三部之应刊，仅当十分三四，其余皆在集部，而集部之精萃，尤在宋、元人集。此选印诣趣，不可不知也。

金毓黻日记3月27日记载，当天他亲“撰《四库选印目录叙》”。又4月3日，“诣文溯阁检库本《盛京通志》一百三十卷，与外间刊本无大殊，惟《总目》作一百二十卷，《简明目录》作一百卷，所宜订正。”在当时条件下，他很快做出了自己的选择，确定了辑录书前提要作为当下工作：4月4日，“拟以广东刊本四库总目为底本，取四库原本《提要》录之，少者钩乙，多者添注，如此极省事，且可资比较，亦读书法也。”他迅速发凡起例，并亲校数条，然后安排了同人排辑校定。第二天《日记》记载：“午间，取四库本《提要》与广版《总目》互校，以朱笔钩乙添注之，眉目颇清，极便浏览，凡得五种，即《子夏易传》《周易郑康成》注，《新本郑氏周易》《陆氏易解》《周易注》是也。其原本之稍胜者，如称郑玄，玄不作元。即余所校五种言之，又《总目》增于《提要》者，亦有《提要》增加《总目》者，盖各有胜处，不易为之轩轾。如取原本提要而印行之，亦一有味之盛举也。”

陈垣先生检典文津阁四库时也有汇辑书前提要的想法，可惜并未实现。金毓黻因典守之便，又学植丰厚，眼光如烛，佐以他年轻敏行，所以成功甚速。4月28日《日记》记载：“校《四库提要》，原本多不如刊本之精，可知当日修书诸臣之勤于其事，非敷衍塞责者比也。凡校一书，必参稽多书，原撰之提要已详矣，而以为不足，又精研而改撰之，凡十种之中，必有一二矣。世人以为原本提要之难见，又震于论者之称赞，万口附和，以为可宝，几以为驾乎刊本之上，此不衷情实之论也。非细心对校，乌得知之?”是完全用心致力于其中，阅一月而已成书。

5月1日《日记》记载："现行《总目》，经文达笔削《提要》而成，校刊之书以后出者为精，此不待言也。近日对校两书。综而言之，二本同者十之四五，小有异同者十之三四，大异及全改者十之一二耳。《总目》每多于《提要》，其笔削处多胜于原作，间有《提要》多于《总目》者，不过百分之一二耳，然皆关乎各类之呼应，多与书中精义无大关涉。由是言之，《提要》之价值已远在《总目》之下，其所遗者多属糟粕，似不必以出自原本，人世罕见，相矜重也。"

金毓黻手定体例，按广版《总目》，分卷辑录《提要》，首次将文溯阁本《提要》汇编，共成114卷。原署"康德"二年（1935）国立奉天图书馆据文溯阁本钞辽海书社排印本，正文前有金毓黻撰《解题》，收录提要3470种。末附郝庆柏所撰《文溯阁四库全书提要与总目异同表》《聚珍版本提要与四库本提要异同表》，这对于深入探讨《四库全书》的编纂，尤其是从书前《提要》到《总目提要》的流变是十分有价值的。郝庆柏，即撰四卷本《永乐大典书目考》者，原写稿本，收入《辽海丛书》中。"《文溯阁四库全书提要》即是将文溯阁中每部书的书前提要辑出，仍按四部分类的方法编纂成书，以方便读者阅览，对于研究文溯阁本《四库全书》的收录情况、书籍信息、提要撰写者的学术水平和学术观点、与《四库全书总目提要》和其他阁本提要的异同等方面都具有重要的学术参考价值。"①

金毓黻在书前撰写了一篇很长的《解题》，他在这篇《解题》之中，除引举当年旧京人士倡议影印《四库全书》原本《提要》缘起所言七善，并详细列举以明之，所得出结论是："现行《总目》既经一度笔削，谓其胜于原本则可，若因此遂谓原本可废，则又不然。"可以说是深入研究介绍《提要》内容的作品。

可惜的是，由于时局关系，此书流传甚少，影响不大。1937年，郭伯恭撰《四库全书纂修考》，无一语及金毓黻此书。1999年，全国图书馆文献缩微复制中心重加刊印，并编制综合索引，才得以广为流传，而且使用甚便。

---

①王爱华：《董众与文溯阁〈四库全书〉初探》。

金毓黻还编辑出版过《文溯阁四库全书要略及索引》，以奉天图书馆的名义（署“康德”五年 [1938] 增订）。其时，他早已离开奉天，或为其旧著而后刊者，此书未曾重印，故无从得见。

金毓黻辑录完成《提要》工作后，进一步深入研究《四库全书》，1933年1月6日《日记》中有如下文字：“今人讲《四库全书》者，只知阅《简明目录》，近而阅《总目》之正目，即难得矣！不知纪文达诸氏所撰《提要》，不仅正目可贵，而存目尤可贵，存目之书，编《四库全书》时弃而不取者也。然其不取之原因有四：一因卷帙多，不能并存，二因明人及清初人之书，语涉建州者不一而足，触其所忌，自难录入；三因辽、金、元三代以外族入主中国，明人之书颇攘斥之，亦不为清庭（廷）所喜；四因清代御纂、钦定之书甚夥，凡前代之书与此性质相同者，亦不之录入。具此四因，而存目之书甚多，几与正目酹。其去取既不甚公，则其中可存之作必多。然因四库之失收，而其书转无法觅求者亦居多数，犹赖存目标举其内容甚详，得以窥见其梗概，其存目所以贵也。余用存目觅出甚夥。”

关于这个《文溯阁四库全书提要》，还有一个情况需要补充。沈阳故宫博物院学者王爱华根据董众的长女董大一提供的资料，并经过深入考证，认为，董众对《四库全书》有持续多年的深入研究，他在仔细勘察文溯阁本的缺损时，发现纪昀的《四库全书总目》与《四库全书》相应书籍的提要有差异，乃至完全不相同，不仅内容不同，甚至有的书名、卷数、著者都不同，清四库馆馆员撰写的《四库全书总目提要》不能准确反映出《四库全书》的内涵。最初董众是为了个人科研、写作、讲课的方便，辑录出《四库全书》里常用书籍的《提要》；后来董众凭借天天抄书的方便，下决心花大量时间和精力补缀没有辑录的《提要》，“一方面纠正《四库全书总目提要》错误指出三部阁书之差异；另一方面也为后人研读《四库全书》提供了重要的参考资料……这项工作一直坚持到1929年。”董众去世后，其家属将董众遗稿包括《文溯阁四库全书提要》以及讲义、日记等交给金毓黻代为整理出版。

王爱华猜测，金毓黻彻查文溯阁本《四库全书》函册卷数、缺失种数及补钞重复各项，拟编《文溯阁四库全书提要》一书，但“已经有了《文溯阁四库全书提要》（指董众的遗稿）的书稿，而且在阅览后感觉尚可，只需稍加编辑即可，这样即可节省大量时间和精力。”[①] 所以，辽海书社铅印发行《文溯阁四库全书提要》时，没有清楚标明作者、出版人等项。

①王爱华：《董众与文溯阁〈四库全书〉初探》。

第九章　沈阳“九君子”

一　九一八事变与李顿调查团

1931年，日本关东军发动九一八事变，张学良下达了“不抵抗”的命令，日本军队毫无抵抗地冲进北大营，驻守的东北军士兵束手待毙。关东军迅速占领沈阳城，并进而占领整个东北。

与张学良“不抵抗”形成鲜明对照的是，沈阳城内的官兵和百姓自发地发起了抗日斗争，以生命和鲜血捍卫了民族的尊严。

就在九一八之夜，短暂的混乱之后，北大营官兵自发对入侵的日军进行顽强回击，打响了中国抗日战争的第一枪。东北军边打边撤，相继冲出日军包围圈，撤到东山嘴子东大营。北大营之战，东北军独立第七旅伤亡官兵300余人，日军伤亡24人。

对北大营之战，日本在昭和八年（1933）九月十八日发行的《靖国神社忠魂史》记载：“北大营内中国守军虽然被不抵抗命令束缚了手脚，但并没有陷入完全被动挨打的局面，一部分爱国官兵最终发起还击，双方发生激战。19日凌晨6时，中国军队撤走，日军占领北大营。北大营一战，有2名日本兵士负伤死亡，分别是独立守备步兵第二大队伍长新国六三和上等兵增子正男。”[①] 中国军事科学院编著的《中国抗日战争史》中明确指出：“九一八之夜北大营的抵抗是

①靖国神社事务所：《靖国神社忠魂史》第5卷，引自张洁：《历史回眸——沈阳“九君子”与国联调查团》第60页，辽宁大学出版社，2012年版。

九一八纪念馆残历碑

九一八抗战的先声”。①

继而，在许多地方都爆发了义勇军的抵抗斗争，武装反对日本侵略者，白山黑水之间燃遍了民族自卫的抗日烽火。这在许多文献中都已经有了比较详细的记载。

在武力抵抗日本军事侵略的同时，广大的工人、农民、学生、商人、知识界、开明绅士等各界人士纷纷利用各自优势，采取各种形式抵制和反抗日本入侵。在艰苦的条件下，同敌人进行隐蔽、巧妙而勇敢的软手段斗争，同样给日本侵略者以沉重打击。

九一八事变后，无论是南京国民政府、东北的主政者张学良还是中国比较资深的外交家一致同意将九一八事变诉诸国联，依靠国际联盟与美国主持公道，通过外交途径迫使日本停止军事侵略。

国际联盟是“一战”后成立的国际组织，宗旨是维护和平和国际合作，遏止世界大战的爆发。巴黎和会上，美国总统威尔逊提出成立国联的倡议，但是后来因为美国愿望没有完全实现而拒绝加入国联。所以，国联成立后，实际上就处于英法两国的操纵下。但是美国的态

①中国抗日战争史编写组：《中国抗日战争史》第58页，人民出版社，2010年版。

度却对于国联存在着重要影响。国联成立之初，国联共有44个会员国，后来逐渐增加到63个国家，总部设在日内瓦。中国和日本都是国联的会员国。

中国加入国联，主要基于就此可以取得大国地位的考虑。因为中国在1918年宣布参加第一次世界大战之前，协约国曾许诺，如果中国参战，将保证中国取得大国地位。在1919年召开的巴黎和会上，中国资深外交家顾维钧参加了《国联盟约》的起草工作。但在巴黎和会上却只同意给中国以中小国家标准的两个代表席位，并且在《凡尔赛和约》中将德国在中国山东的全部权益转交给日本，中国代表团于是拒绝在《凡尔赛和约》上签字。后来通过签署及批准对奥合约，即《圣日耳曼合约》，中国才取得了国联创始会员国的资格。

国联在1924年妥善处理了土耳其和伊拉克争端，1925年又成功解决希腊和保加利亚的冲突，由此进入威望最高、权力最大的时期。中小会员国多希望通过国联来表达本国的呼声和要求，在国际上争取平等地位。

九一八事变发生时，国联正在日内瓦召集例会。1931年9月19日上午，南京政府外交部电令驻中国国联代表施肇基向国联报告，请求国联主持公道。9月19日下午国联行政院第65届理事会第一次会议上，听取了中日双方代表施肇基和芳泽谦吉的首次简要报告。中日问题由此正式进入国联，开始成为国联这一时期的中心议题。应该说，九一八事变是国联建立以来遇到的最严重、最棘手的国际争端问题，能否主持正义、制止侵略，将是对国联的一次严峻考验。

日本很清楚中国向国联申诉，就是要借助大国干涉来抵制日本。因而，日本一口咬定中国东北事件并非发生战争，而是一次“地方事件”，是出于保护自身权益的需要；此项权益常常为中国所侵害，必须由中、日两国直接交涉解决。同时日本政府采取拖延时间，迟迟不向国联提交关于东北事变的详细报告的策略，并且千方百计地蒙蔽国际视听，虚伪地表示“帝国政府在满洲没有任何领土欲望”。日本强硬地反对国联及其他第三方出面干涉。

日本一方面在国联周旋、掩饰，同时不断加大侵略步伐，东北形势更加严重。施肇基急切地呼吁："中国正遭遇空前的困难，世界各国亦同受挑战。因日军的行为造成的中日国民目前的紧张状态，而此种状态按照日本人的说法，必须以武力保护，是则即成奇怪之循环现象。"施肇基提议，为澄清事实真相，最公平的办法就是国联速派员就地调查。[①]

英国代表薛西尔说："中国代表的提议，是一个值得注意的问题，希望日本代表再加考虑。"日方代表芳泽根据币原外相训令，断然反对。美国对日本还持隔岸观望的态度，认为"向满洲派遣军事调查团的意见，使我们感到非常不安。也许会激起日本的黩武精神，使日本文治当局难以控制局势。"由此，国联派遣调查团实地调查的计划搁浅。

1931年9月25日，国联理事会举行第四次会议，日本代表芳泽向国联保证，日军在本星期内可全部撤回南满附属地，并补充说："日本政府坚持纠纷应由当事国直接交涉解决的立场不变，国联不宜干涉过早，否则，对现在已显示出进展的局势，恐有恶劣的影响。"施肇基则提出，为使日军完全撤退，理事会应该依照先例，派遣中立委员会，调查和监视日军撤退的时间及情况，报告理事会。中日两国代表发言后，其他国家的代表沉默不语，无人表态，主席勒乐宣布休会，以待日军完全撤退。

几经争议，1931年9月30日，国联理事会通过关于日本撤兵的第一次决议案。但是该决议既没有谴责日本的侵略，也没有明确规定日本撤军日期，因此对日本不可能产生约束力。

局面如此被动，施肇基发出悲情的呼声：

> 中国是国联忠实会员，而且信任国联，我的国家则如轮船，藉此而下碇，深信凭国联条约可以从暴风雨中驶出。国联的条约是和平大厦的栋梁，如果折断，这个大厦就会崩溃。[②]

---

①张洁：《历史回眸——沈阳"九君子"与国联调查团》第93页，辽宁大学出版社，2012年版。

②张洁：《历史回眸——沈阳"九君子"与国联调查团》第94页，辽宁大学出版社，2012年版。

1931年10月8日，日军飞机轰炸锦州，终于引起西方大国的震惊。英、法、美、意等国的驻日公使先后向日本政府提出抗议。世界舆论再次纷纷谴责日本自食撤兵诺言："反抗国联意愿，孤行己意"，强烈呼吁国联制止日本侵略。于是，国联理事会应中国代表请求，决定于10月13日提前一天开会。

日本飞机轰炸锦州，日本实际违背了事变前与美国之间"行动止于锦州"的秘密协定，美国对日态度发生变化，国联趁热打铁，把美国邀请进来，参加国联会议，参与对中日问题调节。然而，调节过程依然艰难，不见任何进展。无奈之下，国联安理会只得以暂时休会的方式拖延对中日问题的解决，并示意以中日直接交涉的方式解决问题。

国联休会让南京国民政府深感忧虑和恐惧，中国代表心急如焚，施肇基多次要求国联理事会尽快复会。1931年10月23日，国联理事会终于复会。此时，西方大国对日本的态度也渐趋强硬。英国代表薛尔西称："日本尤其应该反省自己受到国联制裁的原因，就是日本无端地侵犯中国，致成为20世纪历史上违背人道正义的绝大污点。"此话一出，全场大力鼓掌。日本大使芳泽"面呈灰白，态度甚窘"。

国联安理会先后3次做出决议，但都因为日本的抵赖和狡辩，流于空泛，没有产生实际意义，仅剩下一点微薄的道义约束力。

1931年11月19日，日军占领齐齐哈尔，东北三省几乎全部沦陷于日军之手，南京政府于是正式请求国联动用盟约第16条的规定，制裁日本。日本占领中国东三省全境的消息传到巴黎，因事转移到巴黎召开的国联理事会的气氛一时紧张起来，各中小国家为了自身的利益，也要求对日本实施制裁。于是，国联理事会讨论运用盟约第16条制裁日本的问题，即联合各会员国各出陆、海、空之实力组成军队，以维护国联盟约的实行。

1931年11月21日，日本代表芳泽正式提议由国联派遣调查团到中国调查。时隔两月，日本重提派遣调查团之事，此时日军几乎占领整个东北，日本想借调查团之名延误撤兵问题，缓和国联和世界各国的舆论压力，以争取时间迅速推进"满蒙经略"的实施。中国代表施肇基明知日本之险恶居心，却又不便反对，只能以日本撤兵作为派遣调查团的前提条件。国联最终只以安抚的方式声明：在调查团工作期间绝不得再有军事行动。

1931年12月10日下午，国联理事会举行会议通过了派遣调查团决议。

1932年1月14日，国联正式签署调查团成员任命书。该团由英、法、美、德、意五国各出一名代表组成。此外，国联还邀请若干专家为调查团的专门顾问及工作人员，其中，国联交通部部长、法国人哈斯被指派为调查团秘书长。中国驻美大使顾维钧、日本驻土耳其大使吉田是该团的“襄助”委员。1932年1月29日，国联调查团在日内瓦举行第一次会议，推举英国代表李顿为团长，因此，该团被习惯性称为“李顿调查团”。

二　李顿调查团在沈阳的活动

1932年2月29日，李顿调查团先抵达日本东京，这也是日本在国联理事会一再要求的结果，目的是使调查团了解日本国家意图。调查团在日本停留了半个月，1932年3月14日，调查团终于抵华。

顾维钧组织了一个由政府官员和专家组成的庞大班子，凡是对调查团可能涉及的每一个问题，都由一个或几个能胜任的人写出备忘录，并经顾维钧逐一核准后，送交李顿调查团，以准确反映中国被日本侵犯的真实情况。

此前，顾维钧已收到了国民党中央执行委员会政治会议的指示，强调了中国方面应坚持的观点：说明国民革命的目的在“求中国之自由平等”，这与“排外”不同。对于东北，主张领土主权不能让步。至于经济上的开发，欢迎国际投资。对于上海事件，应注意驳斥日本无理要求，如扩张租界，20公里内不驻扎军队，吴淞永久不设军备等。罗列日本军阀政治对内压抑民众，对外破坏和平及数十年来对中国种种侵略事实，证明此次中日问题乃世界问题。说明中国人本来无排外观念，最近二三十年来抵制日货等事实，皆由日本侵略中国而起。以事实说明日本干涉中国的统一，妨碍建立强有力的政府。[1]

李顿调查团先后到上海、南京、武汉和北平，并在天津做短暂停留，会见了中国各方人士，包括国民政府蒋介石以及张学良等人。

在调查团决定前往沈阳时，伪满洲国外交部声明顾维钧不得以国民政府代表的资格进入“满洲国”边境。否则，其人身安全不能保证。土肥原扬言，如果南京政府代表来满，其“下场”将同张作霖被炸身亡一样。日本之所以反对顾维钧进入东北，主要是担心南京国民政府代表会激起东北更加高涨的抗日怒火，对刚刚出笼的伪满洲国政权构成“严重威胁”。当然，日本更担心调查团及顾维钧到达东北会揭开“满洲国”的内幕。但在生命安全和国家利益之间，顾维钧的抉择是毅然前往“满洲”。

来东北之前，李顿调查团明确向中外记者宣布：中国与国际方面均未承认“满洲国”，调查团当然也不承认。因此，调查团到达东北后，对伪满洲国官员概不接见，溥仪原定到沈阳谒见调查团，由于调查团的坚决拒绝，只好作罢。

1932年4月21日，调查团到达沈阳，这时九一八事变已经过去了半年。

调查团被关东军安排在大和旅馆（今辽宁宾馆）。调查团到达东北，本应由中国负责，但由于东北已被日本侵占，日本外务省将招待事宜委托“满洲铁道株式会社”办理。

因为沈阳是“事变”发生地，而且策划“满洲国”的主要活动大多也是在沈阳进行的，所以日本方面对沈阳的防范格外严格。为了使调查团难以了解真相，裕仁天皇还指派了日本前驻苏大使到关东军作顾问，以帮助应付外交上的细节。同时，又派参谋部情报部欧洲科长渡久雄上校为李顿调查团的前站人员，对所到之处都事先安排。关东军还把正在中立医院疗伤的北大营100多名官兵，以移居他处为名加以杀害。关东军对“危险分子”大加逮捕，除了一些知识分子、会讲外语的人以外，被拘留的还有宪兵队从街头搜捕来的褴褛的乞丐、无业游民以及任何被认为在游行时可能敢于站出来高呼反日口号的人。

①张敬录：《苦恼的国联》第222页，江西人民出版社，2005年版。

奉天大和宾馆（今辽宁宾馆）

在调查团到东北前一个月，关东军司令部就起草了对日本统治“歌功颂德”的请愿书，交给有名的中国人和俄国人，要他们签署后送交李顿调查团。伪政府还教群众喊什么口号，穿什么衣服。调查团团预定要会见的“满洲国”官员，应说些什么都经过仔细的演习。① 另外，沈阳的大烟馆本来就多，此刻都挂羊头卖狗肉了，美其名曰“文化馆”或“交际社”。

调查团下榻的大和宾馆的所有工作人员及附近的人力车夫和汽车司机，全部换成了日本关东军特务人员。调查团人员到后，完全被日本特务包围，除了看些日本摆布的假象外，几乎什么真实情况也接触不到。中国政府特派员顾维钧，行动更不自由，“行动起居，盖受监视，吃饭走路，皆有尾侦探”。

调查团到沈阳的第二天上午，由日军少尉领着调查团，视察所谓中国东北军队在9月18日当晚炸坏北大营西边柳条湖段铁路现场。4月23日，国联调查团访问了日本驻沈阳代理总领事森岛。4月24日，国联调查团访问了日本关东军司令官本庄繁。调查团在沈阳期间，与日

①［美］戴维 · 贝尔加米尼：《日本天皇的阴谋》上册，第639～640页，商务印书馆，1984年版。

本关东军司令本庄繁会见达7次。

国联调查团的任务是为了解伪满洲国的成立，究竟是中国居民自发自愿的，还是由日本伪造、强加给中国人的？这个看起来极简单的任务，国联调查团却几乎难以了解清楚。明知日本人在作假，但是真实的情况是怎样呢？竟然无从着手。出于最基本的人道，调查团成员个人又何尝不同情中国东北人民的遭遇呢？

当时的中国地方行政机构已经被摧毁，日本声称要负责调查团的安全，其活动也受日军限制，这就更加影响了调查团的职能。

在国联调查团进入东北后受到日本严格控制和严密监视的情况下，东北各界爱国人士仍克服困难，通过种种途径向调查团寄送了书信文件1550余件。这些信件是中国东北各阶层人民发出的正义呼声，包括工人、教员、学生、商人、银行家、医师、警察、商贩等。他们冒着生命危险，克服种种困难，用尽所能想出的一切秘密办法，如把书信卷在浴巾里，写在菜单上，藏在蛋糕里等，将其递到调查团手中，控诉日本侵略罪行，揭露日军侵华行为和“满洲国”傀儡政权，要求国联主持正义，惩罚侵略者。对此，李顿调查团也不得不承认：“在1550件书信中，除2件外，均对‘满洲国’政府及日本人深表仇视。”①

国联调查团用了6个星期的时间结束了在东北的实地调查，1932年6月5日返回北平。顾维钧从东北返回以后，更觉东北问题之严重，愈发痛心疾首，极力多方呼吁：

> 政府与民众应时时刻刻将‘东三省’三字记在心头，要知道三千万同胞在那里身受亡国痛苦。保全东北领土及三千万人民，在朝在野的人，皆有应尽的责任，此为目前最大的事。②

---

①张洁：《历史回眸——沈阳“九君子”与国联调查团》第119页，辽宁大学出版社，2012年版。

②张敬录：《苦恼的国联》第261页，江西人民出版社，2005年版。

李顿对中日问题也已经看得十分透彻，他曾对顾维钧说：

> 中国有三件事当做：一是供给志愿军，对日本作游击战；二是加强抵制日货；三是加强国际宣传工作，使世界舆论站在中国一边。
>
> 中国亦有三件事不当做：一是勿对日宣战，勿予日本以口实；二是勿因抵制日货而将奸商置诸囚笼，或使蒙受任何羞辱；三是勿对国联及其他国际机构表示丧失信心。①

李顿调查团在中国历时4个月进行调查，之后，正式起草《国联调查团报告书》。1932年9月4日，《国联调查团报告书》最后完成。

三 “九君子”与《真相》

东北沦陷后，各界爱国人士、青年学生纷纷流亡北平，悲愤之余，积极探索抗日救国复土还乡之策。他们聚集在北平奉天会馆，成立了东北民众抗日救国会。救国会主要负责人阎宝航、高崇民、卢广绩、杜重远、王卓然、王化一、陈先舟等，都是事变前活跃在奉天基督教青年会的精英分子。东北民众抗日救国会派员针对国联调查，做了大量工作。救国会兵分两路：一路分别在哈尔滨和沈阳等地搜集日军侵华罪行材料，准备会见李顿调查团；另一路人员则携救国会密令，到东北各地发动义勇军向日伪军发起军事进攻，以表示中国东北人民反对日满政权和光复故土的决心。这就是双管齐下的方针，既有书面证明呈递给调查团，又有东北人民抗日的实际行动证明给调查团。

还有一批留在沈阳的知识分子和社会名流，在基督教青年会中组成“爱国小组”，刘仲明为召集人，巩天民、刘仲宜协助刘仲明联系和召开小组活动。他们进行了一系列抗战宣传和联络义勇军的活动。

关于沈阳基督教青年会，本书在第六章已经有所介绍。在20世

①张敬录：《苦恼的国联》第268页，江西人民出版社，2005年版。

纪前期，沈阳基督教青年会的活动十分活跃。九一八事变之后，青年会积极进行抗日宣传等爱国活动，他们很早就了解到国联调查团即将来东北这个消息。巩天民、刘仲明召集“爱国小组”重要成员在刘家召开紧急会议，参加会议的有：银行家巩天民、邵信普，医学教授刘仲明、毕天民、张查理、李宝实、于光元，同仁医院院长刘仲宜，教育家张韵泠。大家一致认为，一定要充分利用这次机会，集中精力搜集日军侵占东北的罪证，让世人知道真相。

爱国小组决定大家分头搜集证据，并联系当时各方面的爱国人士协助进行。大家各尽其职，银行工商界由巩天民负责，卫生医药界由刘仲明负责。证据的编排整理由张查理、毕天民、刘仲明担任，并把材料译成英文，附在每件证据之旁。因为于光元外文最好，他负责审校。编好之后，请曲凌汉打印。刘仲明负责集大成。

爱国小组经过研究，明确了罪证搜集主要针对日本以下3个欺世谬论：

第一，日本发动九一八事变纯属自卫行为，是由于中国军队破坏了南满铁路所致。

第二，日本军队占据东北各城，是由于中国不能维持秩序，日本驻兵系为维持秩序。

第三，“满洲国”建立，完全是东北居民自决自愿，日本无权干涉。

围绕这3个中心题目，爱国小组坚持搜集事实材料，必须有证据，或人证或物证。重点是借助日本发行的报纸或敌伪的“官方”文件，使日本无反驳的余地。然后把事实证据都粘贴在一个相册上，用事实说明问题。材料用英文编写，所有中文文件均译成英文，使调查团不待再译就了解透彻，印象更能深刻。

最重要的证据之一就是日军直接给伪省政府的命令，如何拿到，是困扰很久的难题。最后小组分析了伪省政府管案卷人的思想，认为他有一定的爱国心，便决定冒险与之谈话相求。所幸该人得知此事后，竟然慷慨陈词，毅然应允。经过周密安排，一天夜里，他想方设法支走了监视的日本人，偷偷打开保险柜，拿出了日军给伪省政府的命令。小组成员为此欣喜之至，连夜拍照之后，又悄悄让此人把它放回了保险柜。

另一份证据是伪沈阳市政府函请商会派人参加庆祝建国游行并送赏金千元的原函，是巩天民利用沈阳商会负责人的身份冒险夜入商会取出，赶晒成蓝图。

此外，还有很多关于日军军事设施的照片，偷拍均获成功。有些日军张贴的告示，都是小组成员在白天寻到，记明地点，于深夜怀藏水瓶子前往，将其润了下来的。也有一些布告残损不全，小组成员加以修补，把原文呈现。

在他们呈递的材料中，有大量证据证明了日本对中国东北的觊觎和野心。日本妄图通过干涉主权、管理及领土完整来达到控制东三省的目的。

从他们搜集到的日本关东军司令部出台的《边业银行管理办法》和《东三省官银号管理办法》中可以清楚地看到，重新启用东北各家银行，建立这些所谓的规章制度，根本就是从东三省牟利的手段。

九一八事变后，日本军事当局迅速重组了东三省政府机构，包括省政府、市政厅、财政厅、外交事务委员会等行政机关，还有最能体现日本野心的特殊机构，名为"自治指导部"，实则是全权负责伪满洲国的筹建事宜。在巩天民等人搜集到的证据材料中，有一份日本军事当局任命中国东三省政府机构组成人员名录。这份名录能够证明，九一八事变后的东三省政府机构内所有关键性职务均由日本人担任，其中土肥原贤二在九一八事变发生后的第四天便堂而皇之地当上了奉天市市长，职务任命及分工安排之迅速着实令人难以置信。

这些证据材料揭示了日本侵略行径，日本妄图将东三省划入其势力范围内已是昭然若揭。

小组从各方面所搜集得来的材料，秘密转交刘仲明归纳整理。全部整理和编写工作用了40多天，仅打印就用了8天。

爱国小组把搜集的罪证材料分成两部分：一部分是各种证据汇编，把全部证据都贴在一个大相片簿上，每项证据都编有顺序号码，中文证据都译有英文；第二部分是说明书，分为3篇，说明各种证据要点，并依证据来揭穿日本欺骗世人的谎言，驳斥它们的种种荒谬论据。第一篇围绕的核心是日军在9月18日挑起的事变是属于早有计划的侵略行为，所谓出于自卫，完全是欺世谎言；第二篇主要揭露九一八事变之后，日本军在东北三省到处侵犯中国行政主权、残杀中国人民的事实；第三篇着重指出伪满洲国的建立是日本关东军一手包办炮制出来的。

在“TRUTH”英文说明书的开始，他们用了一页半的篇幅书写了一封致李顿调查团的信，信中阐述了搜集材料的出发点和为搜集材料而经历的巨大风险，着意阐述（强调）这些材料的可信度。同时，对于所搜集材料予以总体上的阐述（说明）和解释，并对一些社会现象予以实质性揭露，并提醒调查团应当注意的事项等。这封信的内容如下：

尊敬的李顿勋爵暨国联赴满洲调查团诸公：

我们中国东三省居民获悉，你们被委派到远东来（的任务），（就是）调查与最近中日（争端和分歧）有关的事实，以此作为解决这一重大问题的根据，（提出解决办法并）提供给国联。因此，我们冒险向你们提交或是亲眼目睹的见证（事实），或是有首先了解到（第一手的）的有充分证据的事实或信息。我们相信，这些事实（可能）会有助于你们清楚了解事变爆发以来发生在“满洲”的情况。

在详细阐述这些事实之前，我们提请您注意以下四个要点：

首先，从去年九月十八日以来，满洲人民一直生活在日本军事占领和军队控制下，其各面行动都受到严格限制和检查，因此，证实那些事实的证据，用来澄清事实的证据，实际上是很难得到的。而且，在图像册中展现的某些证据，是冒着极大的生命危险才得到和保留下来的。

其次，陈述在这篇说明书中的诸多事实，我们并不认为是完全的，不是全部的事实，它仅能代表自日军占领以来日本人所作所为的一小部分。有些事实虽然也是确凿的事实，但是由于目前尚缺少证据，从而被我们审慎地从说明书中删除了。

第三，引用支持证据的当地报纸，都是经过日本人编辑和在日本严格管制下的居民发行的。因此，其中包括的新闻可以认为是可靠的和具有权威性的（各种日文报纸相关人员的名字，可见No.1人名附录）。

最后，但并非是不重要的。在日本人存在的情况下，事件的真相是不能从当地的中国官方口中得到的。因为他们只能说被日本人允许说的话，根据日本人的想法说话。否则，他们和他们的家庭都将面临严重危险。如果没有日本人存在，他们说出什么事，那一定是保守的机密。如果这样，那么来自他们那里的事实是有把握的。

沈阳爱国小组成员和其他爱国人士齐心协力搜集到的证据，经过小组核心人士进行详细的编辑整理，到了1932年1月底，这份揭露、控诉日本侵略中国东北和炮制伪满洲国的罪证材料完全备好了。张查理的夫人宫菱波特意为整理好的材料赶做一个蓝缎子外皮，并用红色丝线绣上“TRUTH”（真相）字样。

最后，也是非常关键的一步，就是要在材料汇编后面签名。在日本控制和监视极为森严的情况下，签名意味着要承担极大的风险。最后签名的是：银行家巩天民、邵信普，大学教授刘仲明、张查理、毕天民、李宝实、于光元，社会教育家张韵泠，医学家刘仲宜，共九人。这绝不是普普通通的签名，现在他们被称为沈阳“九君子”。

“九君子”是个全新的称谓。2011年3月，中宣部召开关于“TRUTH”史料研究与利用的协调会，辽宁社会科学院学者张洁提出“九君子”称谓的倡议，得到了与会专家和领导的响应与支持。

君子，是两千多年来中国人追求的理想人格，是知识分子的道德

《真相》原件

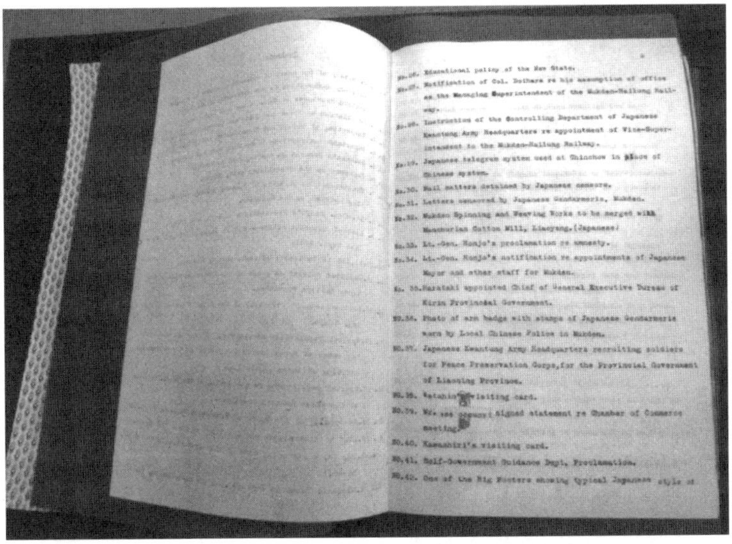

《真相》目录

担当。孔子说："君子义以为上"。君子担道行义，以张扬仁义为己任。在历史上，只有那些道德高尚、勇于担当的知识分子，才会被赋予"君子"的称呼。对巩天民等人赋予"君子"称谓，就是对他们在民族危难时刻大义勇为、敢于担当的精神的充分肯定和推崇，也是历史对他们最好的纪念。

让我们记住这份“九君子”名单：

巩天民，时年31岁，东北金融界著名精英人物，时人曾把他与荣毅仁并称“南荣北巩”。

刘仲明，曾留学英国，奉天医专副校长，东北医学界精英人物。

毕天民，留英公共卫生学和医学博士，又获日本京都大学医学院博士学位。

于光元，英国爱丁堡大学医学博士。

张查理，留英归国任奉天医学院教授、院长等职。

李宝实，英国爱丁堡大学研究生学历，回国后坚持医学研究。

张韵泠，毕业于奉天两级师范学校本科。

刘仲宜，留英回国后创办奉天同仁医院，任院长。

邵信普，曾任营口银行经理。①

四 “沈阳拉贝”出手相助

沈阳“九君子”虽然甘愿冒死递交“TRUTH”，但是如果递交不成，不但会惹来杀身大祸，而且材料将付之东流。如何把“TRUTH”顺利呈递给国联调查团，成为摆在九君子面前的又一大难题。刘仲明后来回忆说：“我们把材料整理编写完了之后，对于如何把这份辛辛苦苦冒着生命危险所搜集来的证据交到国联调查团的手里，颇费一番踌躇。因为我们料到调查团到沈阳的时候，日本一定要布满警特，若由我们亲自交递，人身危险姑且不论，日本特务见我们带着一大包材料去见国联调查团，他们一定千方百计把它抢夺了去，那岂不是日本侵略罪行不得揭穿，正义永不得申，而我们大家的辛苦将尽付东流。”“纵然个人冒险递交，虽将生死置于度外，但铁证文件一定要被日伪搜去，败于垂成，岂不万分可惜！况小组成员花名，全载在文件之上，势将尽遭灾祸，与事何济?！必须另谋安全送达之道，个人冒险

①张洁：《历史回眸——沈阳“九君子”与国联调查团》第3页，辽宁大学出版社，2012年版。

递交，万万行不得！”[①]

这时候，有3位英国友人冒死替中国爱国人士向国际调查团接力传递日本侵华罪证。由于这三人的正义举动和英勇无畏，他们被学者称为“沈阳拉贝”。

这3位英国友人是：雍维林、倪斐德、谭文纶。

雍维林当时是盛京施医院院长，同时担任奉天医专的法医教授，熟悉国际法，刘仲明当时就在盛京施医院当医生，他们自然非常熟悉。1932年2月中旬，刘仲明找到雍维林，请他想办法转交给李顿调查团的材料。雍维林表示很乐意帮助，但是，雍维林介绍了依照国际法律，认为递交这份材料是有很大难度的。他说：“按着法律手续要求，你们应亲自把材料交到调查团手里。所递交的材料，必须伴有由负责人签署的正式信件。这位负责人还必须是由法庭承认的人，在西方就是国家批准的律师。签证送交人必须确实有其人，并证实其人的身份、道德、品质，法庭才能接受其递交的材料，作为合法的正式文件，予以审查处理。若只有材料而无正式信件，那就等于密告，按国际法庭惯例，是不予理睬的。可是你们处在特殊情况下，无法亲自交到调查团的手里，而你们签字的真伪，他们也无从辨认，只有国联调查团认可的人，特别证明你们交信人的真实性，才能完成法律上的手续。”[②]

于是刘仲明请求雍维林代为签证，雍维林感动于他们的执着，但是苦于调查团的人不认识自己，故无法为爱国小组签证。但是他推荐了在法库基督教教区倪斐德博士。倪斐德也是英国人，与国联调查团长李顿爵士自幼就很熟悉，又是儿女亲家。据雍维林介绍，倪斐德为人仗义，如果能求得到他，他一定帮忙的。于是，雍维林亲自给倪斐德写了信，向他说明了这份证据材料的搜集过程和重要价值。

倪斐德于1897年在27岁时被爱尔兰长老会派往亚洲传教，并被分配到环境险恶、生活条件艰苦的中国东北距离沈阳近百公里的法库。从27岁到72岁，除了间或跋涉重洋短暂返回欧洲，倪斐德夫妇在法库乡间居住了长达近半个世纪，除了战乱，倪斐德自己差点因为感染伤寒、疟疾染病身亡，他的两个年幼的儿子也因病夭折葬在法

---

①②刘仲明：《九一八事变后沈阳“爱国小组”抗日救国行动纪实》。

库。虽有艰难险阻，倪斐德和他的教会同事们克服重重困难，除了在法库当地出了建立教会以外，还开办中国社会当时亟须的现代科学知识的学校，为东北乃至中国贡献了很多杰出的专业知识人才。倪斐德因为在远东传教的成就，于1936年当选爱尔兰长老会总部大会主席。

九一八事变发生时，倪斐德已经61岁了。

雍维林推荐倪斐德，是因为英法美等西方列强当时尚未和日本开战，倪斐德这样的西方传教士在东北的境遇比普通中国人要更自由、更好一些。特别的是，年事已高的倪斐德不仅在法库德高望重，他的夫人安妮家庭也是北爱尔兰望族，和英国上流社会圈子有直接联系。而最关键的是，雍维林认为倪斐德是个“正直仗义、值得信赖的人”。

1932年3月上旬，倪斐德来到了沈阳。他亲自到刘仲明家取“TRUTH”材料。刘仲明把材料交到他手里的时候，他很严肃地说：“Now I take this, if I die, I die for a great cause.”（现在我拿着它，如果我死了，我是为了一个伟大的事业而死的。）

倪斐德此话并非戏言。因为自从伪满成立，日伪军警对基督教会的打压日益加剧。可想而知，一旦他们知道一个生活在中国民间的英国传教士手里有一份揭露其侵华的铁证的话，在他们控制下的兵荒马乱的东北加害倪斐德易如反掌。从倪斐德的话中就可感到，他做出这一可能带来死亡危险的举动出于和他的宗教信仰同等重要的道德标准，也许这是他准备好不惜牺牲生命准备换取的结果：在人间维护正义，替天行道。

倪斐德家在法库，不便把这份极重要的文件带到法库去，于是他就把“TRUTH”材料送到沈阳英国领事馆，保存在领事馆的铁柜内。

李顿到沈阳后，就收到了倪斐德博士的信件，写道：

尊敬的李顿伯爵

我的伯爵：

我冒昧地邀请您费心审议一份关于满洲主题的私人和机密的报告说明书。这份报告说明书是由居住在奉天的一群尽责的中国绅士们起草拟定的。

这份报告说明书伴有一本“图像册”，其中包括已经得出结局的证据文件。因此，虽然其中可能没有什么更新的信息，但是您将欣然理解他们所处环境的危险。为了他们的国家，以相当严谨审慎的态度搜集和注释了这些文件。我们感到遗憾的是，鉴于外国友人的忠告，由于可能陷入更严重以致不可预期的后果，这本“图像册”有几页不得不被删除。

如果您愿意会见一位或几位这个非官方群体的成员，抑或可能在足够隐秘的境况下安排一个会晤，奉天西关苏格兰传教教会谭文纶牧师（Rev. William MacNaughtan M.A.）的寓所，可能是作为这样会晤的合适地点。

请允许我补充一两句私人话。我儿子丹尼斯（Denis）的妻子是巴玛拉·瓦尔特小姐（Miss.Pamela Walter），她的教母是李顿伯爵夫人。

关于我本人，我住在南满铁路线铁岭以西三十英里的乡下。如果承蒙您或任何其他贵团成员来访，我们会很高兴的。

我的《来自满洲的通讯》那篇长篇文章，涉及那里的政治形势，已刊登在三月份的《泰晤士报》上。

为了表明我与日本人的关系，我可以说，当法库人被空袭轰炸时，我曾就此事写信给日本军总司令，并收到他谦恭的回信。

自从我第一次登上满洲的土地，已经35年了。我的苏格兰和爱尔兰同仁们非常赞赏您们来到远东以来，在最困难和棘手的境况下所采取的姿态。得知我们国家受国际联盟的委托，所表现的最美好方式，我们感到非常高兴。

您忠诚的F.W.S.奥涅尔

F.W.S. O’Neill（签字）①

调查团到沈阳第五日，由倪斐德出面邀请李顿和他的秘书到基督教长老会、神学院牧师谭文纶家晚餐，雍维林院长作陪。跟随李、赫

①“TRUTH”英文说明书 [A]. 巩国威. 巩天民纪念文集 [Z].

而来的日本人，都是为“保护”调查团的。由于房间狭小，只一个小餐厅，参加晚餐的只有谭文纶夫妇、倪斐德、雍维林及李顿，秘书赫士。随行的日本人只得退到室外等候。这样才有了一次私密的谈话空间，大家相谈甚欢。席间，倪斐德把刘仲明写给调查团的信交给了李顿，并由倪博士、谭牧师、雍院长等人签字证明刘仲明和信上所提到的几个人都是真实姓名，倪斐德接着介绍了小组各人的职业、地位、声誉、品质，他说这些人皆是“姓名真实、居住在奉天的、均有良好的职业和较高的社会地位、受到尊重的一群中国绅士们”，“他们起草拟定了一份关于满洲事件的私人和机密的报告说明书”，“希望对贵团了解中国东北实际情况有所助益”。

李顿表现了极大的兴趣，说：“这正是我们所愿意接触的人们!”

倪斐德说：“由于该文件相当大，不便携带，我早已把它存放在沈阳英国领事馆铁柜内。”李顿随即嘱赫士，定于第二天下午2时，调查团全体去英领事馆，审阅证据汇编等文件。同时请倪斐德告知英国领事馆，说明日下午2时调查团全体去领事馆，看前次寄存的文件，并将该文件交给调查团保存。

中国近现代史史料学会副会长王建学说，经过3位英国友人的辗转周旋和冒死协助，沈阳“九君子”终于按照国际法庭仲裁程序成功递交“TRUTH”，从而为《国联调查团报告书》的起草和国联仲裁提供了大量实证，国际社会对九一八事变和伪满洲国予以较为公正的定性。中国由此在政治上、外交上和道义上赢得了国际支持。

“九君子”向国联调查团递交“TRUTH”，反映真相，是东北民众抗日救国的另一种方式，反映了沈阳知识界在国难面前的境界和追求。他们和东北军的抗战、义勇军的抗战、公安警察的抗战一样，都是“置之死地而后生”的无畏选择，这些斗争共同构成了中华民族反对日本侵略的时代主旋律，汇成了九一八抗战的洪流。

在所有递交给调查团的证据材料中，无论实证性的“TRUTH”史料还是投诉性信函，在当时情况下，对于国联调查都起到不可或缺的作用。“九君子”重要成员刘仲明谈道：“查调查团在沈阳并没得机会见许多人，报告内所指的医生、银行家、教育家，完全系指我们‘爱国小组’递送材料这些人。”至于所下的结论，“除了没有清楚指明建立‘满洲国’是日本关东军的一手炮制这一点外，其他各点，基本上反映了我们提供的材料的观点”。[①] 能够促成李顿调查团为九一八事变和伪满洲国定性，宣告九一八事变是日军侵略行为，宣告满洲国不是东北人民自决，“九君子”的“TRUTH”起到了无法替代的直接证据作用。除了“TRUTH”之外，李顿调查团还收到来自社会各界的证明材料，数量较多。调查团还会见了中国各界的部分代表，他们也提供了大量的口述材料。

国联调查团依据这些证据，给九一八事变和“满洲国”定了性。这是国际社会第一次为九一八事变正式定性，意义非同寻常，从而拆穿了一直以来日本在国联的各种不实之说，将日本的侵略行为在国际社会曝光。国联报告书引起国际社会强烈反响，各国舆论支持和抨击之声不绝于耳，日本狼狈而又轻蔑地退出国联，在侵华的道路上越走越远。

《国联调查团报告书》在最后一节中说：

> 本团在中国东北奉天时，曾得到一些大学教授、教育家、银行家、医学家等人士的明确意见，及各种有真凭实据的具体材料，证明奉天事件不是无因而至，而满洲国的建立，亦非出自东北人民的自由意愿，也不是民族自决。

这个文件发表后，巩天民、刘仲明爱国小组的活动引起敌伪的注意。从1935年秋开始，日本关东军在东北各地展开大逮捕，报复向国联“告密”的中国人。日本人认为是他们使日本“在世界人面前大大地丢脸”，害得“男女老幼都要节衣缩食准备应付世界战争”，因为“九君子”和沈阳爱国小组目标较大，相继横遭逮捕和迫害。爱国小组成员除了张韵泠、曲凌汉外，全遭逮捕。同时被捕的还有盛京施医院宫剑秋讲师、王玉骏眼科医师，崔义田、李学连等大夫，还有青年会的黄毅然、刘毓伦，女师的薛兰石，教会的刘国华，沈阳英美烟草

①刘仲明：《九一八事变后沈阳“爱国小组”抗日救国行动纪实》。

公司、锦州青年会、吉林青年会也都有人被捕入狱。此外还有大批爱国人士被逮捕，并受到严刑拷打。但由于没有确凿证据，这些人又都是当时奉天城内的知名人士，日军最终不得不放人。

倪斐德等传教士也受到迫害。据英国学者马克·奥尼尔在《闯关东的爱尔兰人》一书中说，1935年10月10日深夜，“伪满洲国”的军警启动了大规模的反教会逮捕行动。驻伪满长春的日本大使说，传教士被教会中混入的共产党分子利用。“40多位教会主要领袖和信徒、牧师、医生、教会学校学生及教会医院职员等被捕”。军警还逮捕了沈阳两家最大的英国企业汇丰银行和英美烟草公司职员，并对他们拷打审讯，试图逼供他们交代背后的共产党组织。

五　寻找《真相》

“九君子”的事迹表现了中国知识分子的崇高气节和勇于担当的精神。他们虽然没有直接枪挑强敌、血染征衣，但若没有“置之死地而后生”的勇气和决心，是无法敢于搜集和编辑“TRUTH”并郑重签下九个人的真实姓名的。正在国家危难的关键时刻，他们挺身而出，以自己机智和勇敢制作了《真相》这一重要材料，有力地向国际社会揭发日本侵略者的罪行，也对李顿调查团形成的报告发挥了一定的影响。

但是，在中国人民抗日战争的大潮中，他们的事迹只是其中的一朵浪花，很快就淹没在历史的洪流之中。

然而，“九君子”的后代没有忘记他们，历史没有忘记他们。

据“九君子”回忆笔记及相关人士的记录，1932年初，爱国小组在完成“TRUTH”汇编的时候，原是一式两份，一份递交给国联调查团，另一份作为备份，埋藏于小组成员张查理教授庭院的丁香树下。但是，由于年久渗水，待到祖国光复后挖起时，文件已腐烂殆尽，无法向世人展示。于是，李顿调查团带走的“TRUTH”原件就成了孤本，成为见证这一事件的唯一物证。至于它是否保留，一直是未解之谜。因为自从“TRUTH”被调查团带走，就再无人得见这份资料。

1947年，顾维钧又来到沈阳，谈及这份资料的时候说：“这份材

日内瓦联合国总部图书馆藏《真相》原件

料应当存于日内瓦国联大厦的博览室内。”刘仲明等人认为：“若然，我们有希望通过我驻瑞士国使节，向日内瓦国联大厦博览室负责人请求，把该项材料的说明书打印一份，藉得看见原始说明书的全貌。”但是这份心愿限于各种阻力，没能如愿。

1960年，中国各省市都致力于收集中国民众抗日活动历史资料。周恩来总理特意提及沈阳爱国小组当年编辑“TRUTH”一事，希望东北爱国人士此番救国行为能够给东北民众抗日历史增加一份有价值的史料。这年3月17日，从北京回来的巩天民，来到刘仲明住所，提起各省正在收集抗日战争史料的事情。他说阎宝航同志正在负责收集东北抗日历史资料。如果能够找到当年交给国联调查团的那份揭穿日本侵略东北及炮制伪满洲国的“TRUTH”史料，对东北民众抗日历史研究很有意义。刘仲明对“TRUTH”的下落不明表示遗憾，但同时提出，因为自己多参与此事，又兼其中一大部分系亲手整理编写的，对其内容印象较深，绝大部分可以回忆起来。于是就有了1960年那一篇《九一八事变后沈阳“爱国小组”抗日救国行动纪实》这一珍贵的回忆资料。

除了中国在寻找这份材料外，日本方面也曾多方追踪过这份材料。据中国近现代史史料学会副会长王建学教授回忆，他就曾经接受过日本学者和媒体的采访，不止一次被问及“TRUTH”一事。王建学表示知道此事，讲述九一八事变后，10万奉天市民向北平逃难。但是巩天民等人坚守此地，展开抵抗斗争。他组织教会青年支持义勇军，并呼吁学生们给国联调查团写信，说明情况。

巩天民的后人们通过互联网，在亚洲、欧洲和美洲对“TRUTH”可能存放之地反复搜索。他们最初对联合国档案馆抱有最大希望，但是认真查找后无果。后几经努力方确认“TRUTH”保存在日内瓦联合国图书馆。他们终于得以联系到联合国日内瓦图书馆的管理者，几番邮件往来之后，最终锁定了图书馆内编号为EASBOBX OWS23011-12000，NO9811-231的资料即为当年的“TRUTH”，它被图书馆工作人员称为“抗议者的材料”。

2008年6月26日，巩天民的孙女巩捷一行从德国法兰克福驱车前往日内瓦，图书馆的档案资料负责人E · Pejovic女士热情接待了到访的中国客人。巩捷提出查阅请求时，她感叹说：“你是第一个来查阅这份档案的中国人!”

“TRUTH”史料作为附件同1932年国联调查团发表的《报告书》放在一起。巩捷一行谨慎地为它拍照、录影、复制，她们终于把这份的沉甸甸史料的影印资料带回祖国。巩家后来将影印材料发给国内相关学者。王建学教授看到材料后非常激动，说可以确定这个就是久寻不见的《真相》史料。“它在第一时间，第一地点搜集了九一八事变后日本侵略军的实证性证据”，他表示，最难得的是，《真相》史料具有全面、系统、准确的特点，搜集的都是日本人自己发布的东西，不是我们自己写的，日本想反驳都无法着手，历史与现实的双重价值无可比拟。在发现的日本侵华证据中，由中国人搜集的日本侵略史料、并进行法理及学术性整理和签字的，独此一份；除此之外，该材料还具有国际意义，是在国际上最早揭露日本发动九一八事变实质的珍贵史料。

尊重家属的意志，在有关专家联合推动下，2010年9月17日，“九君子”的后代集体将这份珍贵的史料捐赠给沈阳九一八历史博物馆。九人小组的多位家属出席了捐赠仪式，包括巩天民之子、孙、曾孙女，刘仲明之子女、孙女、外孙，以及毕天民家属等。沈阳九一八历史博物馆馆长井晓光说：“这些资料我们将永久珍藏，太珍贵了。”

辽宁省社科院东北沦陷史研究室主任张洁研究员说，这是一份东北民众抗日斗争的珍贵史料，也是中国人民抗日斗争的一份重要史料，它真实地再现了这段历史真相。通过调查团的现场视察，谁是谁非得以大白于天下，使“日本无端地侵犯中国，致成为20世纪历史上违背人道正义的绝大污点”成为共识。由此，世界舆论大大同情中国。此后，世界上没有任何国家肯于承认伪满洲国为独立国家。

2011年春天，张洁研究员提出关于展开“TRUTH”史料研究、宣传以及索要“TRUTH”原件的对策建议，受到中央领导的重视，并作出肯定性批示。沈阳九一八历史博物馆在2011年纪念九一八事变80周年之际，对“TRUTH”史料举行了专题展览。2013年3月，“真相（TRUTH）史料研究”课题组成立。课题组首席专家是辽宁省社会科学院东北沦陷史研究室主任张洁，课题组成员来自辽宁省社会科学院、中共辽宁省委党校、沈阳九一八历史博物馆以及该史料相关人士的后代。

张洁结合这些材料，撰写了《历史回眸——沈阳“九君子”与国联调查团》一书，翔实记录了“九君子”彪炳千秋的事迹。

第十章　文坛群英会

一　新文化力量的集结

1948年11月2日，沈阳解放。从此开始了沈阳城市发展历史的一个新的阶段，沈阳的文化建设也进入一个新的发展时期。

沈阳解放后，先后成立了沈阳特别市军事管制委员会、中共沈阳特别市工作委员会、沈阳特别市政府。城市的领导机关按照中共中央城市接管工作的方针政策，在较短的时间里全面完整地和成功地完成了接管沈阳工作，很快恢复了正常的生活秩序，使整个城市很快进入正常运转的轨道。

当时的沈阳是拥有241万人口的全国重工业城市之一，是东北政治经济文化中心、铁路交通的枢纽，是支援全国解放的大后方，也是中共中央东北局、东北行政委员会（东北人民政府）所在地，具有十分重要的战略地位。沈阳市的人民政权建立以后，立即从各个方面入手安定社会秩序，全面废除了帝国主义势力的特权，没收官僚资本，创建社会主义国有经济，恢复交通运输，恢复生产，在农村实行土地改革，为全面开展大规模的经济建设创造了条件。接着，党和政府带领全市人民积极进行社会改造，恢复发展城市经济建设，使沈阳这座满目疮痍的大工业城市很快地焕发了新的青春，也为沈阳以后开展大规模的经济建设奠定了良好的基础。

沈阳从1945年抗日战争结束后不久，以及在东北全境解放，但解放战争仍未结束的时期，在新中国成立前夕和成立初期，就是从延

1948年沈阳人民欢庆解放

安派出的文艺队伍、文化干部集中的地方，可以说是，除了北京之外，在全国大城市中居于首屈一指的地位。这里充满了从延安带来的革命的、进步的、洋溢着朝气的文学艺术和文化气氛，出现了革命文化传播的热潮。特别是这时的文学艺术和文化工作，把注意力、热情和工作重点放到了工厂，放到了工人阶级之中；而广大文艺工作者和文化工作者也把热情和精力投入到工人阶级之中。他们一方面向工人阶级传播革命文化，一方面也向工人阶级学习，按照毛泽东在《延安文艺座谈会的讲话》中教导的，到工人群众中去，去学习，去改造自己的世界观和文艺观。这样，就使得沈阳成为革命文化在现代大城市，在工人阶级和城市居民中传播、扩散和立足的先行地区和前沿阵地，并在这方面继续发挥它的东北文化中心的作用。在沈阳产生的、著名音乐家马可创作的一曲《咱们工人有力量》，唱响了革命文艺在城市、特别是在工人阶级中的传播，是一个开头和代表，更是一种象征。

在这批来沈阳的文化工作者中，有著名作家和艺术家金人、塞克、安波、严文井、草明、罗烽、白朗、马加、蔡天心、范正等人。“他们作为沈阳解放后第一批党的文化工作者，分别担任了省市各级文化机构的领导工作，积极贯彻党的文化工作方针，并且身体力行地进行文艺创作等活动，为推动沈阳的文化事业恢复以及建设发展和繁荣做出了贡献。”①

1949年初，为加强党对文艺工作的领导，推动从外地来沈的文艺工作者和本地文艺工作者的联合和团结，中共沈阳市委组建了沈阳市文学艺术工作者联合会筹备委员会（简称“市文联筹委会”）。市文联筹委会由郑文同志任主任，主持了第一次文代会和市文联机构的筹建工作。市文联筹委会在筹备召开沈阳市文学艺术工作者代表大会的同时，积极组建和扩大文艺队伍，发动文艺工作者配合恢复生产和巩固人民政权开展文艺创作和文艺宣传，辅导职工群众的业余文艺活动。

1949年7月2日，中华全国文学艺术工作者代表大会在北平召开，后来称这次代表大会为全国“第一次文代会”。当时，中华人民共和国尚未宣告成立，而先开“文代会”，凸显了革命文艺的重要性，以及中国共产党对及早建立文艺体制的重视。这时，解放战争已近尾声，新政权诞生在即，党中央借此机会在全国范围内实现对文艺工作的整合与领导。郭沫若在会前的谈话中，着重介绍了文代会要达成的两个目标：一是实现“空前团结”，二是“确定今后全国文艺工作的方针与任务”，强调全国的文学艺术界在新基础上统一起来，实

①彭定安总主编，武斌、丁海斌分卷主编：《沈阳文化史·现代卷》第12页，沈阳出版社，2014年版。

现在毛泽东文艺思想旗帜下的大团结。在大会上，朱德出席开幕式祝贺并讲话，周恩来专门为大会代表做了政治报告。大会结束前，毛泽东到会并发表了简短的讲话。中共中央在给文代会的贺电中指出：“革命胜利以后，我们的任务主要地就是发展生产和发展文化教育。”党号召一切爱国的文艺工作者进一步团结起来，广泛地发展为人民服务的文艺工作，使人民的文艺运动大大发展起来，“借以配合人民的其他的文化工作和人民的教育工作，借以配合人民的经济建设工作。”大会通过了《中华全国文学艺术界联合会》章程，规定的宗旨是“彻底打倒帝国主义、封建主义和官僚资本主义，建设中华人民民主共和国和新民主主义的人民文学艺术”；对会员的具体要求有：“反映新中国的成长，表现和赞扬人民大众在革命斗争和生产建设中的伟大业绩”，“肃清为帝国主义者、封建阶级、官僚资产阶级服务的反动文学艺术及其在新文学艺术中的影响”，在工厂、农村、部队中“培养群众中的文艺力量”，“开展国内各少数民族的文学艺术运动”，“参加以苏联为首的世界人民争取持久和平与人民民主的运动”等5项任务。沈阳著名作家和文艺家马加、李劫夫、安波、罗烽、白朗、丁玲、吕骥、周立波、草明、张仃、华君武、陈强、雷加、严文井，京剧演员尹月樵、秦友梅等多位文化艺术界代表出席了全国文代会。

东北人民解放军进入沈阳城门

全国文代会的召开和党中央的贺电，为沈阳的新的文化事业的发展，提供了基本的指导思想和奋斗方向。

1953年，文化部党组向党中央提交了《关于目前文化艺术工作状况和今后改进意见的报告》，提出，在过渡时期，文化艺术工作的方针和任务应该是：积极发展为人民服务的文学艺术创作，以社会主义精神教育广大人民，鼓舞群众努力参加国家经济建设，并逐步满足群众日益增长的文化要求。

当年9月召开的第二届全国“文代会”又强调，党的组织应当更多地依靠作家、艺术家自己的团体来组织他们的创作，创造适宜于发展创作的气氛，为作家的艺术劳动创造最有利的条件。这样做恰恰是更好地实现党和政府对文学艺术的领导。

这两次全国文代会的精神，确定了党在新中国建立以后在文化事业上的基本指导方针。

第一次全国文代会后，沈阳的广大文学艺术工作者积极响应党的号召，深入学习和贯彻全国文代会精神，满怀激情地投入到新中国的文化建设事业中。1949年12月10日至30日，东北第一次文艺工作者代表大会在沈阳召开，中共中央东北局宣传部副部长刘芝明在会上做了题为《将文艺提高到人民建设时期的新水平》的报告，东北局宣传部副部长李卓然做了题为《普及是方向，提高的关键在于学习》的报告。会上选出了刘芝明为主席的东北文学艺术界联合会，同时成立了东北文学工作者协会和东北戏曲改进会。

1950年4月22日至24日，沈阳市第一次文艺工作者代表大会在中国医科大学礼堂举行。出席大会的文化艺术界代表共238人，特邀来宾和列席人员150人。沈阳市市长朱其文和中共沈阳市委宣传部部长李都出席了大会。朱其文在大会上的致辞中指出：“目前沈阳市的主要任务是恢复和重建沈阳的经济工作，文艺工作者必须组织起来，发挥集体力量，做好和完成新社会给予的任务。”李都在大会上做了题为《关于企业中宣传鼓动工作的几个问题》的报告。他在报告中指出：“衡量企业工作的尺度，首先在于完成生产任务，因此在企业中的宣传鼓动工作也毫无例外地要为生产服务。”根据沈阳市委的指示精神，大会确定了文艺工作的思想性和为生产建设服务的原则，指出，为了加强文艺工作者和文艺工作干部的团结，每位文艺工作者必须随着每个阶段的政治任务来提高和改造自己，以便成为建设新沈阳有力的文艺大军。大会确定了遵循毛泽东的文艺路线，正确贯彻执行“为政治服务、为生产服务、为工农兵服务”的方向和“百花齐放、百家争鸣”的方针。

在沈阳市第一次文代会上，宣布了成立沈阳市文学艺术工作者联合会。大会选举产生了由54名委员和2名候补委员的沈阳市文学艺术工作者联合会第一届执行委员会。文联执委会主任由郑文担任，郑文、史潮、蔡天心、陈彦之、李士彬、王君羊、叶克、王殿礼、孔方、严正、克里、晏甬、安波等为执委会常务委员。

在这一届沈阳市文联领导班子成员中，大部分人有在延安学习和工作的经历，并且是来自解放区的老革命者，有不少人是当时已经享誉文坛的著名作家和艺术家。如，执委会主任郑文，1936年肄业于北京燕京大学新闻系，1934年参加“左联”，后历任民族解放先锋队队员，陕西云阳红军战士，延安马列学院学员，马列研究院研究员，抗日军政大学政治主任教员。到沈阳后，先后担任沈阳中苏友协文化部文化导报社社长、主编，《辽沈日报》副总编，《辽宁日报》副总编辑，辽宁省文化协会主任，《鸭绿江》杂志总编，东北共青团委宣传部副部长等。郑文也是一位作家，他从1931年开始发表作品，著有长篇小说《仇恨》《化雪的日子》《英雄小八路》《敌占区一个女孩的故事》，诗集《河山吟》，短篇小说集《延河曲》，报告文学《漫话“一二·九”》《延安风貌纪实》《范文澜同志在狱中》《鸭绿江畔战旗红》《沈阳第一次解放和四保临江回忆》，译著小说《燕子》《蓝地毯的故事》《飞行员》等。

执委会常务委员中的其他人也大都是知名的文学家和艺术家。如蔡天心，1938年加入中国共产党，1940年5月到延安，先在中央党校学习，后调中共中央研究院文艺理论研究室任秘书、研究员，并为延安“文抗”会员。沈阳解放后，到沈阳东北局文委工作，1953年后从事专业创作。蔡天心是一位很有影响的作家，他的作品有反映东北人民抗日斗争的短篇小说集《长白山下》、长篇小说《东北之谷》、反映农业合作化的《苇青河上》《初春的日子》，还有中篇小说《扶持》、长篇小说《大地的青春》《浑河风暴》等。

执委会常务委员陈彦之，1933年毕业于东北大学政治系，同年参加反帝大同盟。1938年参加东北抗日救亡总会，1943年在重庆参与组织东北民主政治协会。1949年至1956年，陈彦之历任沈阳市教育局副局长、局长兼民盟东北总支部副秘书长、民盟辽宁省委副主委、民盟沈阳市委主委。1956年起，任沈阳市副市长。

叶克，1939年毕业于鲁迅艺术学院文学系，也是一位知名作家，到沈阳后曾担任《沈阳日报》社社长兼总编辑，东北局政策研究室研究员等职。

安波是著名的音乐家，他1937年到延安陕北公学学习，结业后留校任教务科长、政治课研究室主任、音乐研究室党支部书记等职。他于1938年2月入鲁迅艺术学院音乐系学习，毕业后留校从事民族音乐研究工作，后任冀察热辽联合大学鲁迅艺术学院院长等职。1949年春，他率冀察热辽"鲁艺"师生赴沈阳，开展东北和辽宁地区的革命文艺工作，先后任东北文工团团长、鲁迅艺术学院党委副书记和音乐部部长、东北人民艺术剧院院长、辽宁人民艺术剧院院长、中国音乐家协会辽宁分会主席、辽宁省委宣传部副部长、文化工作部部长等职。安波的创作活动始于30年代末，创作歌曲300余首，秧歌剧、歌剧等多部。此外，安波还从事说唱音乐、戏曲音乐、歌词、长诗和歌剧、话剧的剧本创作等，显示了他创作领域的广阔和多方面的艺术才能。

晏甬早年参加过"一二·九"运动，历任抗敌演剧小队导演、支部书记，到延安后，先后任延安抗大剧团团长、文艺组组长及秧歌队总导演、业务队长，延安鲁艺戏剧系教员、戏剧系主任。到沈阳后，先后任东北鲁艺戏剧部部长，东北戏曲研究院院长，是著名的戏剧教育家和理论家。

"有这样一批杰出的文学家、艺术家在沈阳从事文学艺术活动和文化事业的领导工作，可见当时沈阳文化艺术界的兴盛景象。而沈阳市文代会的召开和市文联机构的正式建立，标志着沈阳文艺队伍在新基础上的联合和团结，促进文艺创作活动有了新的发展。”[①] 可以说，沈阳第一届文代会选出的执委会，汇集了各方面的杰出人才，正是在他们的带领下，团结当地广大文艺工作者和文化界人士，使散在的文化创作力量很快地凝聚起来，文艺队伍的不断壮大，促进了文艺创作的不断繁荣和全市文化建设事业的蓬勃发展。全市文艺工作者在中共沈阳市委的领导下，坚持文艺工作“为政治服务、为生产服务、为工农兵服务”的方向和“百花齐放、百家争鸣”的方针，实行专业与业余相结合，普及与提高相结合，涌现了一批优秀的文艺工作者。1951年8月，市文联和团市委召开了沈阳市第一届青年文艺工作者代表大会，选举了夏青、李默然等62名同志作为出席沈阳市第二届青年代表大会的代表。

新成立的沈阳市文联连续主办了多次面向全国招生的“文艺干部训练班”，培养了400多名文艺骨干。创办“职工业余创作之家”，重点培养青年工人和中小学教师中的文学爱好者，造就出一批颇有成就的专业作家。在那些年，沈阳市文联还组织了包括支援前线、宣传反帝反封建、支援抗美援朝、配合工业生产等工作，推出了一大批优秀文学艺术作品。

二　文学创作气象活跃

1948年11月沈阳解放后，文学创作就出现了活跃的气象。来到沈阳的作家有金人、塞克、安波、草明、马加、罗烽、白朗、严文井、刘白羽等人，“他们带着蓬勃的青春朝气和为理想而献身的奋斗精神，以及丰富的创作经验和高度的文化修养，给沈阳市的文学创作带来了一种充满希望、洋溢着光明的欢乐情绪以及稳步提高的艺术素质与文化品位。生产建设第一线，创作了一大批贴近生活的优秀作品。”[②]

①彭定安总主编，武斌、丁海斌分卷主编：《沈阳文化史·现代卷》第15页，沈阳出版社，2014年版。

②彭定安总主编，武斌、丁海斌分卷主编：《沈阳文化史·现代卷》第16页，沈阳出版社，2014年版。

马加的两部作品

马加是中国当代著名作家。1931年九一八事变后他流亡到北平，1932年参加反帝大同盟读书会，1935年加入左翼作家联盟。他于1938年到延安，1941年调到文艺界抗敌协会，1942年应邀参加了具有历史意义的延安文艺座谈会。在延安期间，马加即发表多篇短篇小说、散文、特写和长篇小说《滹沱河流域》。1948年到沈阳后，马加陆续创作了中篇小说《开不败的花朵》《江山村十日》，短篇小说集《双龙河》等。

小说《开不败的花朵》以蒙古草原为背景，描写了解放战争时期一支干部队伍在大草原上同敌人进行的一场遭遇战，歌颂了革命干部的优良素质。作品有鲜明的地方色彩，浓郁的乡土气息和纯熟的群众语言，具有独特的艺术风格。小说曾先后14次再版，被译成英、德、日、蒙四国文字出版。

《江山村十日》是马加的又一部力作，也是一部东北解放区乃至整个中国解放区文学史上优秀的中篇小说。作品以农民群众和地主高福彬进行面对面斗争为主线，以金成和周兰的婚事为副线，两条线索紧密结合，显得内容充实，生活气息浓厚，人物形象也较为突出。在第一次全国文代会上，《江山村十日》被公认为艺术佳作。1950年，马加担任了东北作家协会主席。这个时期马加的创作，有鲜明的地方色彩、浓郁的乡土气息和纯熟的群众语言，形成了自己独特的艺术风格。

马加的长篇小说《在祖国的东方》以抗美援朝运动为背景，描述当朝鲜战争爆发后，我国东北的农民在“抗美援朝，保家卫国”的思想鼓舞下，如何奋勇地组成民工大队，深入朝鲜前线支援中国人民志愿军的正义斗争。小说表现了这支民工大队在艰苦战争环境中所经受的锻炼，刻画了先进人物的成长过程，歌颂了在他们身上所表现的崇高的爱国主义和国际主义的精神。

刘白羽是中国现代文学杰出的代表人物，卓越的散文家、报告文学家、小说家、作家。他于1938年赴延安，参加文艺工作团，转战各抗日根据地。在长期的革命斗争实践中，刘白羽写出了大量具有鲜明时代色彩、深刻思想内涵和独特艺术风格的优秀作品。在解放战争时期，他被派往东北战场担任新华社随军记者。在解放沈阳的战役中，他随先头部队挺进沈阳。由于刘白羽亲身参加了大决战，又直接参加接收工作，更主要的是受到陈云同志的启发和感召，很快写出了报告文学《光明照耀着沈阳》。文中写道：

> 在沈阳解放后的十天内，市民最高兴的事：第一是解放军纪律好，第二是水电交通恢复快，第三是粮食价格低落。这几天街上不断走过游行的行列，带着愉快的欢声，鲜艳的各色标语贴遍街头。

这篇报告文学字里行间透露出刘白羽写作的激情，是一篇传世佳作。这篇作品的材料丰富而精当，语言平实而理智，勾勒出中国共产党和解放军顺利接收沈阳的全景，反映了人民对光明的热切向往和欣喜心情。这篇报道受到毛泽东的赞赏。在平津战役中，中央宣传部门提出要多写出像《光明照耀着沈阳》这样的好报道。1949年新华书店曾将《光明照耀着沈阳》作为单行本出版。此外，刘白羽在沈阳期间还创作了短篇小说《无敌三勇士》等作品。

草明是我国杰出的女作家、新中国工业题材文学的开拓者。她早年就开始文学创作，1932年她参加了中国左翼作家联盟广东分盟，从事革命的文艺活动，参与欧阳山创办的进步刊物《广州文艺》的编辑工作。后转往上海，加入中国左翼作家联盟。在上海期间她结识了鲁迅、茅盾等人，并多次聆听了鲁迅先生的教诲。沈阳解放后，草明到皇姑屯铁路工厂工作，体验生活，从事分发救济粮，献纳器材，组织写墙报和成立音乐队、戏剧组等活动。从1954年起，她迁到鞍钢落户，被任命为第一钢厂的党委书记。草明先后出版了中篇小说《原动力》，长篇小说《火车头》《乘风破浪》《神州儿女》等作品。郭沫若看了《原动力》之后对草明说：

> 它是很成功的作品，我是知道你是费了很大的苦心写来的。我们拿笔杆的人，照例是不擅长写技术部门，尽力回避，但你克服了这种弱点，不仅写了，而且写好了。写技术部门的文字，写得固然吃力，读者也一样吃力，但你写得却恰到好处，以你的诗人的素质，女性的纤细和婉，把材料所具有的硬性中和了。

白朗也是一位杰出的女作家和社会活动家。白朗是沈阳人，1941年到延安，曾任延安《解放日报》编辑、中华全国文艺界抗敌协会延安分会理事。沈阳解放后，她回到家乡，先后任《东北日报》副刊部部长、《东北文艺》副主编和东北文艺家协会出版部副部长、东北文艺家协会副主席。东北作家协会成立后，她便从事专业写作。在沈阳解放后最初的几年是白朗工作最紧张、创作最繁忙的时期。1950年，白朗用了30个昼夜，一气呵成著名的优秀中篇小说《为了幸福的明天》。作品的主人公邵玉梅是一个贫苦人家捡回来的苦孩子，从小受尽了虐待，但也养成了她的吃苦耐劳、朴实善良的性格。新中国的建立，给她带来了光明，她入了军工厂，得到了彻底解放，过上真正的人的生活。在共产党的教育下，她不断提高觉悟，从一个无知识的普通人，成长为工人阶级的一员。为了爱护工厂，几次光荣负伤，以致残废。但她从不灰心，总是奋力自勉，决心把自己的全部心力都贡献给人民的事业。这个中篇小说先后印行了14版，20余万册，并被译成日文和朝鲜文，还出版了缩写本《真正的老师》，直到1981年人民文学出版社又重排印行。

朝鲜战争爆发后，白朗往返于中朝的卫生列车上接送伤员，那些难忘的日日夜夜，那些可歌可泣的故事激励着她，从而创作了描写卫生工作者在抗美援朝医疗战线上斗争的长篇小说《在轨道上前进》。书中生动、细腻地描写了那些来自全国各地的年轻医务工作者、乘务员的忘我牺牲和救死扶伤的革命人道主义及高度的爱国主义、国际主义精神。

此外，白朗还先后出版了报告文学集《真人真事》《锻炼》《十四个女先进生产者》，散文集《斯大林——世界的光明》和《月夜到黎明》等。1951年，白朗以国际妇联调查成员的身份赴朝鲜战场，参加了调查美国和李承晚暴行的活动，参加起草《告世界人民书》，揭发、控诉反动派的滔天罪行。同年秋，奉命代表蔡畅、邓颖超两位领导人到索菲亚参加国际妇联执委会。1952年，随巴金等人到朝鲜战地访问，9月，奉周恩来总理委派，陪同英国朋友、作家、工党议员费尔顿夫人再次赴朝鲜访问；12月，出席维也纳世界和平大会。1953年7月，她参加以罗烽为组长的访问组奔赴朝鲜开城，参加了在板门店举行的朝鲜停战签字仪式。

严文井是著名的作家、散文家和儿童文学家。他1935年到北平图书馆工作，1938年赴延安，任延安鲁艺文学系教师。到沈阳后，担任《东北日报》副总编辑兼副刊部主任。这期间写有反映土地改革的报告文学《一个农民的真实故事》。1949年发表的《丁丁的一次奇怪的旅行》和1950年发表的《蚯蚓和蜜蜂的故事》这两篇童话，是他创作进展的重要标志。前者写胆小的小姑娘丁丁，在经历了许多奇怪而又困难的旅行后，获得了勇气；后者歌颂了爱劳动的小蜜蜂。它们在当时的小读者中间产生了积极的影响；后一篇获得1954年全国儿童文学创作二等奖。

这些老作家在沈阳的创作活动，给沈阳文坛带来了清新的风气，对于推动沈阳文学创作的繁荣，产生了重要影响。在他们的带领下，沈阳当地的创作队伍也成长起来。当时比较引人注目的是青年作家郭墟。他曾经担任过中共区委副书记、县委秘书，后来到东北广播电台编播训练队担任副队长、编辑，曾任中共沈阳市委宣传部文艺处副处长，有丰富的革命工作实践经验。他从1949年开始发表作品，其中有小说《我们的血流在一起》等，还有《两个姑娘》《杨司令的少先队》《张开翅膀飞吧》《接关系》《挖人参》等少年儿童文学作品。这些作品具有浓郁的东北生活气息，语言朴实生动，深受广大少年儿童的喜爱。其中《杨司令的少先队》，获全国少年文学创作一等奖，成为新中国第一部荣获全国文学奖的作品；《接关系》于1953年获得全国少儿文艺创作三等奖，《两个姑娘》被编入中学语文教科书。《张开翅膀飞吧》也受到很好的评价，周扬同志在总结当时全国文学创作状况时曾指出："《张开翅膀飞吧》是近年来在我国出现的优秀小说"。

作家吕品创作了《一张神奇的照片》和《神鹰飞起来了》两部推理小说，为探求文学样式的多样化做了大胆尝试。这两部作品分别在《辽宁日报》和《沈阳日报》连载后，深受广大读者的欢迎。后来，这两部小说出版了单行本，成为新华书店的畅销书。

"这一时期沈阳文学创作的主流，是反映东北社会历史的巨大变迁，热情讴歌和赞美新时代的工人、农民的伟大创举和平凡而又热烈的生活，表现沈阳各族人民对美好生活的向往与追求。"①

20世纪50年代初，东北文联主编的《东北文艺》是辽沈地区唯一的文学期刊。《东北文艺》于1946年12月1日在哈尔滨创刊，是东北解放区有较大影响的文艺刊物。刊物的宗旨是在毛泽东《在延安文艺座谈会的讲话》的指引下，努力反映工农兵的火热斗争生活。沈阳解放后，《东北文艺》编辑部迁到沈阳。第一任主编是草明，随后是周立波、马加等人。1950年2月《东北文艺》创刊词中写道：

它的任务是团结一切爱国的民主的文学艺术工作者，在毛主席为工农兵的新文艺总方针的指导下，和东北人民一

①彭定安总主编，武斌、丁海斌分卷主编：《沈阳文化史·现代卷》第19页，沈阳出版社，2014年版。

起，为彻底肃清帝国主义、封建主义、官僚资本主义在文化思想上的残余势力，完成东北经济建设与文化建设而奋斗。

创刊号尤其强调了“要在此总目标下，具体执行东北文代大会提出的‘创造新的人民形象’、‘把文艺提高到人民建设时期的新水平’的方针，表现人民大众在革命和生产建设中的优秀品质和伟大业绩，创作富有思想内容和艺术价值，而又为广大群众所喜闻乐见的人民文艺，发挥文艺为经济建设服务与教育人民的伟大作用”。

《东北文艺》聚集了一大批优秀的作者，这些作者中的很多人都是中国现代文学史上有很大影响的作家，如周立波、赵树理、罗烽、公木、肖军、塞克、舒群、白朗、严文井、刘白羽、西虹、周洁夫、范政、史松北、张东川、宋之的、戈宝权、金人、马加、雷加、谢挺宇等人。新中国成立后，《东北文艺》先后更名为《文学丛刊》《文学月刊》《处女地》《文艺红旗》。这份刊物始终坚持文艺反映现实生活的宗旨，推出了一些在全国有广泛影响的作品。在1956年的全国“文学月刊青年文学创作征文”中，刊载于此刊的获奖篇目就有14篇之多。许多20世纪50年代成长起来的著名作家、诗人都是从这里起步，开始他们的文学创作生涯的。比如后来推出有影响的重要作品、在辽沈文坛乃至全国文坛上各领风骚的作家杨大群、浩然、胡昭、刘真、木青、厉风、刘文玉、陈玙、邓友梅、杨麦、阿红、李云德、李惠文、李敬信、胡景芳、崔德志等人。

1954年4月，沈阳市文联在《沈阳日报》上开辟“文艺版”专版，每周一版，发表小说、诗歌、报告文学等作品，引起广大文学爱好者的极大关注与兴趣，丰富了群众的文化生活，而且通过这一园地，培养出一批文学新人。“文艺版”共出版了320期，至1957年1月《芒种》初创刊为止。

三 《雁荡山》与《小女婿》

沈阳解放之初，从延安、哈尔滨等老革命根据地来到沈阳的文艺工作者，为沈阳的戏剧舞台带来了一股革命的、积极热情、充满朝气的空气。由于大批解放区文艺工作者的进入，由于党和政府的大力提倡，以及文联发挥了凝聚、团结文艺工作者的积极作用，沈阳市的文艺事业很快就恢复起来，出现了活跃发展的局面。

早在1947年，在哈尔滨就成立了“东北文艺家协会文艺工作团”，简称“东北文协文工团”，是在人民解放军四野第六纵队政治部宣传队部分人员的基础上成立的，成为东北解放区的主要文艺团体。1948年11月5日，即沈阳解放的第三天，东北文艺家协会迁到沈阳，文协文工团也随之迁到沈阳。文协文工团的办公地址设在沈阳和平区的一座原日本神社内。

1949年4月12日，音乐家安波带领冀察热辽“鲁艺”的60名同志到达沈阳，与文协文工团会合，更名为东北文工团，直属东北文化部领导。经过整编后，全团分为3个队两个组，3个队分别是：戏剧队，队长是李默然；管弦乐队，队长是龙潮；少年艺术队，主任是陈星。两个组是：创作组，组长是褚嘉；美术组，组长是可平。由安波任东北文工团团长，严正、沙青任副团长。

1951年9月，在沈阳成立了东北戏曲研究院，下设京、评实验剧团和东北戏曲学校，对发展新戏曲进行理论研究和实验演出。研究院举办了多期演员讲习班，如在1954年举办的东北戏曲研究院演员讲习班上，就有唐韵笙、秦友梅、韩少云、花淑兰、筱俊亭等著名演员参加。

1948年11月东北文协到达沈阳后，东北文协平剧工作团演出的第一个新编剧目是宋之的、张东川编写，塞克、张东川导演的新编大型京剧《九件衣》。这出戏是深刻揭露封建地主阶级对劳动人民残酷迫害的故事。《九件衣》在舞台艺术上进行了大胆的探索，在思想内容和人物塑造上获得成功，在表演艺术上一扫旧剧舞台上的陋习，在沈阳的戏剧舞台上引起轰动，并给沈阳的京剧带来了新的生机。在继承《九件衣》改革创新的基础上，1950年，徐菊华编写了历史剧《美人计》，由秦友梅、尹月樵主演，对京剧传统的行当进行了大胆的改革，突出人物性格，使唱、念、做、打更接近于现实生活，令人耳目一新，公演后受到广泛赞誉。1950年3月，毛泽东在访问苏联回国途中到达沈阳，在东北局小礼堂观看了著名京剧演员秦友梅、尹月樵等演出的新编历史京剧《美人计》。这是新中国建立后有资料记载的沈阳文艺界第一次为国家领导人演出。

东北文协平剧工作团以演出自己创作、改编和移植的剧目为主，除《九件衣》《美人计》外，还有《天国儿女》《仇深似海》《洞庭英雄》《战国游侠》《婉娘与紫燕》《皇帝与妓女》《新白蛇传》《新王宝钏》《青衣女》《新天河配》《谐趣缘》等剧目。1950年初，东北文协平剧工作团划归东北人民政府文化部领导，改称东北京剧实验剧团，1951年9月，划为东北戏曲研究院京剧实验剧团。

早在新中国成立前夕，党就提出了京剧改革的要求。1949年7月28日，“中国戏曲改进会发起人大会”在北京举行会议，到会的发起人有100余人。大会由欧阳予倩主持，他说明，召开这个大会是接受了全国文代会的指示，来完成改革戏曲的任务。全国文联主席郭沫若在大会上讲话说：在中国，旧戏曲的改进是一件很重要的事，因为戏曲在群众中有广泛的影响，它是土生土长的民族形式，一种综合的艺术，是很重要的社会教育工具之一。在今天这个崭新的人民自己的时代，不仅旧戏曲要改进，一切旧文艺都要改进，连同我们自己也要改造，应该坚决走向彻底为人民服务的方向。改进戏曲，不仅是改进戏曲本身，而是为了改进社会，改造人民的旧思想。戏曲工作者首先要努力进行自我教育，从思想上改造自己，才能帮助教育别人，完成戏曲改革的任务。前延安平剧研究院院长杨绍萱、全国剧协主席田汉、全国曲艺改进筹委会主任委员赵树理、华北文委会旧剧处主任马彦祥、北平国剧工会负责人叶盛章等人在大会上发言，一致认为，今后戏曲的改进要在毛主席的文艺方向下，为广大的人民服务。并就“学习马列主义、毛泽东思想”，“有组织、有计划、群众性、全国性的进行改革”以及“培养新干部”等问题提出具体的意见。

1951年春，毛泽东为中国戏曲研究院题词，提出了“百花齐放，推陈出新”这一繁荣戏曲事业的方针。5月5日，中央人民政府政务院发布《关于戏曲改革工作的指示》（以下简称《指示》），指出，人民戏曲是以民主精神与爱国精神教育广大人民的重要武器。我国戏曲遗产极为丰富，和人民有密切的联系，继承这种遗产，加以发扬光大，是十分必要的。《指示》提出，戏曲应以发扬人民新的爱国主义精神，鼓舞人民在革命斗争与生产劳动中的英雄主义为首要任务。戏曲改革是改革旧有社会文化事业中的一项严重任务，目前戏曲改革工作应以主要力量审定流行最广的旧有剧目，对其中的不良内容和不良表演方法进行必要的和适当的修改。新文艺工作者应积极参加戏曲改革的工作，与戏曲艺人互相学习、密切合作，共同修改与编写剧本，改进戏曲音乐与舞台艺术。根据这个《指示》，戏曲改革由少数人自发、分散的试验，变成在人民政权统一领导下，广大演员共同参加的有计划、有步骤的群众运动，帮助艺人改造思想，提高政治觉悟和文化业务水平，清除剧本和舞台上旧的有害因素，改革旧戏班社中的不合理制度。

根据毛泽东题词的精神和政务院的《指示》，沈阳市文化主管部门对旧戏曲的内容和表演形式等进行了一系列改革。改变了剧团的所有制，取消了业主班，组成集体的或全民的戏曲剧团。把曲艺、杂技的流散艺人组织起来，成立新的表演团体。包括戏曲、杂技、曲艺等表演艺术团体。经过这样的改制，大大加强了党对文艺工作的领导，调动了广大文艺工作者的积极性和创作热情。在党的戏剧改革指示精神的鼓舞下，遵照“百花齐放，推陈出新”的方针，沈阳京剧界对传统剧目和传统表演艺术进行了整理和改革，创作出京剧古典武剧《雁荡山》这一享誉中外的优秀剧目。

京剧《雁荡山》的排演，最初是在1951年，东北戏曲研究院京剧实验团根据院长李纶的提议，由该团副团长徐菊华编写剧本，经李纶定名为《雁荡山》。该剧运用京剧武打（舞蹈语言）和曲牌的联奏（音乐语言），把剧中的“夜袭”“陆战”“水战”“攻城”等情节形象地展现在舞台上。1952年五一国际劳动节后于沈阳人民体育场首演，由张世麟、李春元等主演。该剧演出效果反映强烈，东北戏曲研究院决定这出戏和尹月樵、秦友梅主演的《梁山伯与祝英台》代表东北京剧团的创作剧目，参加这一年10月在北京举行的全国第一届戏曲观摩演出大会的演出。1952年10月《雁荡山》在第一届戏曲观摩大会上获得演出一等奖，主演张世麟、八龄童分别获表演二、三等奖，该剧总导演徐菊华获荣誉奖。该剧执行导演李春元后来回忆说，在大会的闭幕式上周恩来还特别指出："东北演出的《雁荡山》给京剧武戏开辟了一条道路。"

会演结束后，《雁荡山》剧组和评剧《小女婿》剧组应邀到武汉、上海、北京、天津等地巡回演出达90余场，观众达12万余人次，受到观众的热烈欢迎。中国戏曲学校（今中国戏曲学院）还特地把《雁荡山》作为实用教材，并拍成电影。1954年和1955年，《雁荡山》剧组两次出国，先后访问了东德、英国、意大利、瑞士、比利时、荷兰、南斯拉夫、捷克斯洛伐克、匈牙利等国家，共演出129场，观众达23万人次。一时间《雁荡山》轰动了整个欧洲，各大报刊争相报道、评论，广大观众为剧中纯熟、精湛的绝技而惊叹。在法国参加戏剧节时，《雁荡山》轰动巴黎，观众称赞"中国京剧武戏有惊人的绝技，每一个动作都是对空间的征服"。瑞士《巴塞尔人民报》在评论中指出，"更惊奇的是使人停止呼吸的武打不是为了表现武功，而是与更有表现力的戏剧结合起来。伴奏音乐的旋律令人兴奋"。

在戏曲改革中，许多传统剧目经过改革，去芜存菁，使剧本、唱腔、音乐和表演艺术都放出了新的光彩。晏甬改编的《反徐州》熔炼原有几个剧本之长，突出了元末民族矛盾和阶级矛盾的复杂斗争，体现了人民是决定胜负的主要因素。该剧在1953年7月东北区第一届戏剧、音乐、舞蹈观摩演出大会上获作品奖；演员管韵华、焦麟昆、张小贤获优秀表演奖。张守维与徐菊华导演的《断桥》在同一演出大会上演出，首次突破传统京剧的旧框式，将大贝斯、大提琴、中提琴等西洋乐器引入京剧伴奏，并在唱腔中采用了昆曲加和声的方法，使京剧音乐形象由单薄而丰厚，为现代京剧音乐的发展打下了良好基础。该剧主演赵荣琛、秦友梅、诸世芬获优秀表演奖。这些经过整理和改编的新剧目，以其进步的思想内容和新颖的艺术形式在观众中产生了强烈反响，对京剧的普及和提高起到了很大的推动作用。

评剧在沈阳有悠久传统，最初的渊源是奉天落子。在20世纪20

年代到40年代末，以沈阳为中心具有东北艺术风格的奉天落子风靡东北、红遍全国。沈阳大观茶园是奉天落子的发祥地，是评剧发展的里程碑。1948年底，东北文协评剧工作团接管了沈阳大观茶园的落子戏班，改为唐山评戏院。1951年改为东北戏曲研究院实验评剧团。东北文协接管大观茶园之初，就组织上演了《白毛女》《王贵与李香香》《折聚英》等一批题材新颖、内容健康的剧目。1950年秋，为配合抗美援朝，排演了《鸭绿江怒潮》《保家卫国》《美国狼》《保家卫国》等剧目。

《小女婿》是沈阳解放初期沈阳评剧界创排的最具影响的新剧目之一。该剧由东北文协评戏工作组与唐山评戏院于1950年在沈阳首演，鑫艳铃、夏青分饰杨香草，李放、吴俊亭分饰田喜，菊桂舫饰陈快腿，杨福盛饰杨发，金开芳饰罗寡妇，由我国著名的戏剧作家曹克英执笔并担任导演。曹克英同志早年就参加戏班的演出，1946年到齐齐哈尔参加了东北人民剧院，任评剧队队长兼演员，曾扮演过《白毛女》中的杨白劳，《血泪仇》中的王仁存。沈阳解放以后，他随东北文艺队伍进驻沈阳，在唐山评剧院任编导科长。1949年，他根据赵树理的同名小说改编成评剧《小二黑结婚》，出版和演出后引起了强烈反响。接着，曹克英深入沈阳市郊的蒲河村，体验生活，收集素材，以东北农村发展互助合作为背景，着重描写反对父母包办的封建买卖婚姻，强调男女婚姻自由，编成评剧，定名为《小女婿》。《小女婿》一经演出，立即引起了轰动，盛况空前，很快整个东北和国内各地争相上演。1951年春，东北戏曲研究院实验评剧团成立以后，再次加工排演此剧，曹克英集中了东北文艺界专家对该剧的意见对其进行了全面修改，使《小女婿》从剧本到演出都有很大改观，思想性、艺术性显著提高。1952年10月，在有23个剧种、100多个剧目、1600多人参加演出的第一届全国戏曲观摩演出大会上，《小女婿》演出非常成功，受到与会者的热烈欢迎，荣获大会的剧本奖、导演奖、演出一等奖，扮演杨香草的韩少云获演员一等奖，扮演陈快腿的菊桂舫获演员二等奖。10月15日晚，《小女婿》到中南海怀仁堂为毛泽东、朱德等中央领导同志专场演出。会演结束后，《小女婿》剧组到上海、武汉、天津等地巡回演出90余场，观众达12万人次，《小女婿》中那脍炙人口的唱段：“鸟入林……”“小河流水哗啦啦地响……”传遍了全国。

《小女婿》最突出的成就体现在两方面：一是寓鲜明的政治和宣教主题于浓郁的乡土气息和喜剧风格之中，做到了寓教于乐；二是充分体现了剧种特色，细腻而真实地刻画了主人公的心理活动，发挥评剧善于用大段唱腔抒情写意的艺术特点，以大段抒情唱腔贯穿始终，并成为盛传不衰的经典流传至今。《小女婿》以它深刻的典型性和完美的艺术性，在评剧乃至中国戏曲发展史上都占有重要的地位，并为评剧走向全国奠定了坚实的基础。几十年来，几乎所有的评剧院团都公演过此剧。由于曹克英在评剧艺术上的重大贡献，1953年，他参加了中国文学艺术工作者第二次代表大会；1955年，他在中南海紫光阁参加了周恩来总理召集和主持的“昆剧《十五贯》座谈会”。

此外，东北戏曲研究院实验评剧团还演出过《小姑贤》《杨二舍化缘》《杨三姐告状》《熊熊烈火》《红楼梦》等。其中晏甬改编的《小姑贤》由东北电影制片厂拍摄成电影，是新中国成立后拍摄的第一部评剧电影。1954年8月，东北戏曲研究院撤销后，其所属的实验评剧团改为辽宁戏曲剧院评剧团，原锦州市评剧团调来沈阳，改为辽宁评剧二团。从1955年到1957年，沈阳评剧团体先后演出的剧目有《西施》《祥林嫂》《江畔遗影》《迎春花开》《关汉卿》《杨八姐游春》等，还多次赴山东、河北、天津以及东北地区的其他城市和农村演出。

沈阳解放初期，东北文协文工团和东北鲁艺文工四团、东北文教队等团体，以及新组建的沈阳青年文工队、沈阳市总工会文工队等，积极开展话剧演出活动，使沈阳成为新中国的话剧艺术发展的一个重要基地。这些演出团体和东北军区文工队话剧队，先后演出了《战斗里成长》《在新事物面前》《友与敌》《谁劳动谁喜欢》《孟翠兰务正》等话剧。其中，东北文协文工团杜印创作的《在新事物面前》，是新中国成立初期话剧最早反映工业题材所做的大胆的尝试，展示了无产阶级办现代工业的气魄与信心，引起全国文艺界的关注。

所有以上京剧、评剧的改革和创新，话剧的描写新的题材、反映新的生活和开辟新的创作领域，都是开新文艺的风气之先的艺术—文化创造，这些，沈阳均在东北地区以至全国居于领先地位。

1951年，沈阳青年文工队和沈阳市总工会文工队合并，组成沈阳市文艺工作团，1953年，改建为沈阳话剧团。1951年10月2日，在东北鲁艺文学院实验剧院、东北音乐工作团、东北文协文工团和东北文教队合并基础上组建了东北人民艺术剧院。1953年鲁艺戏剧部并入，1954年8月东北行政区撤销时，原辽东话剧团和辽西话剧团也并入剧院，改名为“辽宁人民艺术剧院”。“辽艺”是我国最具影响力的艺术表演团体之一，曾被周恩来总理称为“中国四大话剧院”之一。辽艺非常重视创作演出反映现实生活，与时代同步，与人民同心的话剧艺术作品，在辽宁乃至全国产生了广泛的社会影响。在建院的最初几年，先后演出了几十台大型话剧，如《春风吹到诺敏河》《前进再前进》《刘莲英》《洞箫横吹》《海边青松》《黄花岭》《红石钟声》等。在坚持创作排演现实题材剧目的同时，还排演了一些古今中外的经典剧目《曙光照耀着莫斯科》《尤利乌斯·伏契克》《在那一边》《娜拉》《叶尔绍夫兄弟》《第一次打击》《吝啬鬼》等，苏联的喜剧《锦绣花巾》。《曙光照耀着莫斯科》还曾到北京演出，朱德、周恩来、彭德怀等中央领导同志观看了演出。

在这些年里，沈阳话剧界的创作演出水平不断提高。海默创作的《洞箫横吹》上演后受到热烈欢迎，被北京电影制片厂拍成电影。孙芋创作的《妇女代表》被中央戏剧学院采用为学校的教材。辽艺还是新中国排演五四优秀剧目《日出》的第一家国营剧团。在1956年举办的全国首届话剧会演大会上，辽艺的话剧《前进再前进》获导演二等奖，原沈阳军区抗敌话剧团演出的《战斗里成长》、沈阳话剧团的《瓦斯问题》分别获得演出、导演和演员等多项奖励。在长期的舞台艺术实践中，沈阳话剧界涌现出一大批深受人民喜爱的表演艺术家，如李默然、王秋颖、陈颖、赵凡等。同时，还造就了一大批剧作家、舞台美术家和著名导演。

1953年7月26日至8月30日，在沈阳举办了“东北区第一届戏剧、音乐、舞蹈观摩演出大会”，史称“东北会演”。这次会演是沈阳乃至辽宁和东北地区文艺界的一次盛会。会演的节目除了戏曲外，还有音乐、舞蹈、话剧等。东北戏曲研究院对这次会演十分重视，它所属的京剧团、评剧团、戏校都制定了投入这次会演的具体计划。如前述京剧《断桥》《反徐州》，评剧《小姑贤》《杨二舍化缘》等都在这次会演上获得大奖。东北人民艺术剧院歌舞团演奏的交响乐唢呐协奏曲《欢庆胜利》、音乐舞蹈团演出的舞蹈《辽宁大秧歌》《东北大秧歌》等节目也都获得此次会演的大奖。这次会演的成功对沈阳市文艺的发展有很大的推动作用。

四　书画研究会与画坛繁荣

1950年2月，沈阳市美术工作者协会成立，同时举办了“沈阳市第一届美术作品展”，这是沈阳解放后举办的第一次美术展览。1951年3月，市美协与市文联、市总工会联合举办了“沈阳市第二届美术展览”；1953年2月，沈阳市文联和辽宁省文化局联合举办了“辽宁省第一届国画展览”。这3次展览共展出作品1000多件。

1952年7月，市文联和市文教局等单位联合召开了沈阳第一届美术工作者会议，有300多人参加会议，对沈阳解放以来的美术工作进

沈阳书画界人士（1951年）

行了总结，提出了沈阳美术事业的发展目标。1953年成立了沈阳市国画研究会，选举副市长徐志同志为会长。

1958年，在车向忱、王堃骋、徐志等省市领导的大力支持下，在原来的基础上，重新组建了沈阳国画研究会。1962年改名为沈阳书画研究会，选举兰琳为会长，赵梦朱、沈延毅、周铁衡为副会长，组织会员研究和交流，并增设书画展览馆，展览会员的书画作品。会员最多时达到80余人。

从沈阳解放初期到1965年，由沈阳美术工作者协会和沈阳市书画研究会等单位主办的各类美展有30余次，如1959年的“画先进颂革新美术作品展”、1963年的“歌颂雷锋书画展”、1965年的“新年画展览”“公社风光国画展览”等，还举办了一些个人画展，如“程蔚如作品展”“周铁衡花鸟画展”“公士衡花鸟画展”等。1965年，文化部在香港及日本举办书画交流展，沈阳的沈延毅、霍安荣、刘宝川、李晶、高光迪等12位画家书法家的作品入选参展，在当时的文化界引起不小的轰动。同时，辽宁美术出版社还先后出版了徐天许的《国画小画片集》、赵华胜等人创作的《白手起家》、王冠的《国画集锦》、赵梦朱的《美术作品小辑》、钟质夫的《花鸟画小辑》、介凡的《国画小辑》等画集。

20世纪五六十年代活跃在沈阳画坛的画家有邢洞川、周铁衡、廖经世、张常海、王盛烈、赵梦朱等人。1953年初，东北鲁迅文艺学院美术部扩建为东北美术专科学校，培养出一批专业人才，对推动沈阳市的美术创作起到了积极作用。赵梦朱教授的国画作品《玉兰寿带》1953年入选第一届全国美展；邢洞川、周铁衡、廖经世、张常海等人的山水画、花鸟画和虎画入选第二届全国美展；王盛烈创作的油画《阅读》参加全国第二届美展；任梦璋的油画《技术协作》参加第三届全国美展。1957年，举办了庆祝中国人民解放军建军三十周年第一届全军美展，王盛烈创作的国画《八女投江》和《坚守》应邀参展。这些优秀作品使沈阳绘画艺术创作产生了一次飞跃。

廖经世是著名的山水走兽画家，尤擅长画虎。他绘画的东北虎不仅造型奇绝，姿态各异，而且用墨简赅，意境深邃，颇为人们喜爱号称“关东一只虎”。在新中国第二届全国美术作品展上，廖经世的虎画使沈阳的中国画艺术创作水平有了一个大的飞跃。他的作品不仅其作品远销国内外，还为国家培养了许多艺术人才，如山大川、陈绣中、王丹忱、徐沈等一批知名画家。

周铁衡在这一时期沈阳画坛上具有很大影响。周铁衡，原名周德兴，别号铁翁、半聋、灌园丁。堂名半聋楼、东壶斋、野香亭、后来居等。周铁衡是河北省冀县（今冀州市）人，16岁从邱烟云学画，20岁至北京，又拜齐白石为师。周铁衡原本以医为业，1927年毕业于满洲医科大学，后留学日本，与郭沫若结识，成为终生挚友。绘画方面，精于重彩大写意花鸟，兼画山水，熔冶齐白石、吴昌硕、朱耷、任伯年画法于一炉，亦精于律诗、篆刻、书法，对金石学、古文学、考古学、古琴弹奏诸方面均有研究。著有《半聋楼谈画》《后来居印草》《清钱轶录》等。1950年，他昼夜兼作，拓印100部，将其义卖款捐给国家，支援抗美援朝。此后又以毛泽东诗词入印，为印林首创。可惜这位才华横溢的艺术家在“文革”期间被迫害致死。

在20世纪60年代，沈阳画坛出现了“关东画派”。关东画派是指鲁迅美术学院一批以人物画为主的画家群体，他们的作品主题鲜明，色彩浓烈，关注人生，关注社会，关注历史，坚持现实主义的艺术创作手法，在当时美术界形成很大影响。王盛烈是“关东画派”的创始人，而“关东画派”的得名和奠基之作，就是王盛烈的经典作品《八女投江》。王盛烈作为艺术家和美术教育家，他所创作的《八女投江》《海风》《耕者》《家乡的孩子》等作品在中国美术史上占有重要地位，为发展现实主义的中国画艺术，作出了卓越的贡献。王盛烈在鲁迅美术学院主持中国画系，为东北乃至全国培养了一批又一批的美术人才，他的弟子们在全国乃至世界都享有盛誉。

1962年8月和9月，著名画家、鉴赏家谢稚柳，著名书法家张珩，著名画家蒋兆和先后来沈阳讲学，引起轰动。这一时期，由于南北书画艺术交流不断，对沈阳书画艺术创作起到了很大的推动作用。在交流中，周铁衡、钟质夫、王文灿、蒋兆和、谢稚柳等人联手创作了《东北风光》，蒋兆和与周铁衡联手创作了《东风到处果儿红》。

1963年10月28日，郭沫若到沈阳书画研究会视察，并且为沈阳书画研究会的展览馆、画店题字。

中国人使用水粉颜料绘画是从沈阳开始的。1935年，张福中首次使用水粉颜料为沈阳会仙电影院绘制彩色电影广告。新中国成立后，这一画种得到迅猛发展，商业广告大量应用水粉画和水彩画。为配合各时期的政治宣传，辽宁美术出版社等一些部门的专业创作人员，创作了大量的宣传画。1950年到1954年，在沈阳举办的3次美展中，有大量的水彩画和水粉画参展，其中宣传画和舞台美术设计占有很大比重。1956年，水粉画家乌密风带领鲁迅美术学院师生参加北京农业展览馆、火车站和中国美术馆的装饰设计工作。1959年，乌密风为香港举办的庆祝中华人民共和国成立10周年活动创作装饰画。1960年，她带领鲁美师生参加人民大会堂辽宁厅的室内装饰设计。此外，乌密风的水粉画《牡丹》《水仙》《扁担莲》等为中国美术馆收藏，还先后出版了《水粉画小辑》《花卉图案集》《乌密风画集》等图册。在这期间，沈阳画家的水粉画作品除了在多次综合性美展中展出外，还于1959年和1961年举办了“画先进颂革新美术作品展”“商标商品装潢展览”等水粉画和水彩画美展。从1951年到1965年，辽宁美术出版社出版的沈阳画家的水粉宣传画有83种。

沈阳的版画创作也很有影响，涌现出一大批版画作者，创作出一大批优秀作品，业余作者的作品也日益增多。在版画样式方面，木刻版画、铜版画、石版画、丝网版画等都得到了发展。在题材和风格上，也呈现出百花齐放的新局面。在1954年第一届全国版画展览中，沈阳老画家、老一辈著名新兴木刻家朱鸣冈的《宪法草案公布了》和《天下无难事》入选参展。1956年举办第二届全国版画展，沈阳有10件石版画作品入选参展，青年画家路坦的《高玉宝》插图和《孟泰肖像》获得版画界的好评。

1959年，老版画家张望与路坦等青年版画家共同创建辽宁版画研究会，在《辽宁画报》上开辟专栏，刊发版画作品，其中许多优秀作品多次被选送到全国版画展和其他综合性美展中参展。张望，20世纪30年代毕业于上海美术专业学校西洋画系，在校期间还参加了“左翼美术家联盟”和“进步木刻社”，得益于鲁迅先生的指导，他的作品《出路》和《负伤的头》被选编入鲁迅的《木刻纪程》。张望是当年中国新兴版画年青开拓者之一。中华人民共和国成立后他到沈阳鲁迅美术学院任教，为辽宁美术事业的发展做出了很大贡献。

鲁迅美专版画系，在由鲁迅于20世纪30年代倡导的新兴木刻运动中首批青年木刻家中的佼佼者张望，以及著名老木刻家朱鸣冈的领导下，创作了一大批出色的新木刻作品，在全国产生巨大影响，并培养了路坦等一批优秀青年木刻家以及留苏的木刻家陈尊三等木刻艺术家。沈阳成为国内木刻艺术的重镇之一。

在同一时期，沈阳的年画和连环画创作也有很大发展。东北画报社培养了一批年画作者，年画出版逐年增多，满足了广大群众的需要。从1951年至1965年，辽宁美术出版社出版的沈阳作者创作的年画有171种。在连环画方面，沈阳解放初期，沈阳有一大批连环画作者，包括赵文贤、冯国琳、王弘力、申申、景启民、刘宝印、张宇、李梗、徐恩等，东北画报社出版了大批连环画作品。1958年这一年，辽宁美术出版社就出版了沈阳画家创作的连环画作品51种。从1951年至1965年，沈阳画家创作出版的连环画作品达到300余种。在1963年举办的全国连环画评选中，沈阳画家王绪阳和贲庆余合作的《我要读书》获绘画一等奖，徐恩创作的《51号兵站》获绘画二等奖。此外还有5件作品获得三等奖。沈阳的新年画与上海海派年画、天津杨柳青民间年画，可谓三足鼎立，在全国影响很大。

五　东北博物馆与东北图书馆

新中国的文物管理与搜集是从东北地区发端的，东北是最先建立文物保护部门的地区。1948年4月3日，东北行政委员会在哈尔滨市成立了东北文物保管委员会，由东北行政委员会副主任、著名民主人士高崇民兼任主任委员，教育委员会主任车向忱兼任副主任委员，由常务委员王修兼任办公处处长。这个委员会的中心任务是把在战争期间散失在各地的历史和革命文物搜集起来，为新中国成立后的文物保护工作和文化建设做好准备。同年4月8日，在《东北日报》以整版篇幅刊登了《东北解放区古迹古物保管办法》（实施细则）和《东北解放区文物奖励规则》。东北文物保管委员会一开始接受了来自各方人士所藏文物的捐献，并接管了从敌伪手中缴获的部分文物。

沈阳解放后，东北文物管理委员会随即迁到沈阳，接管了设在沈阳故宫内由民国政府教育部所属的"国立沈阳博物馆筹备委员会"，设立了东北文物保管委员会办公处；接管了设在三经路原热河督军汤玉麟公馆的"国立沈阳博物院古物馆"，接收文物、资料8572件，随后将在解放战争中征集的文物1746件运至馆内，馆藏品总计达10318件组。取消沈阳博物院，将其所属古物馆改为东北博物馆。第二年春天，东北文物保管委员会为便利对文物单位的领导，在东北行政委员会的指示下，成立了东北文物管理处，隶属东北人民政府文化部，王修任处长，并在文物管理处设研究室，负责文物处所涉及的文博方面的业务研究。

王修为解放初期沈阳的文物保护和博物馆建设作出了重要贡献。他早在"七七事变"后就奔赴延安投身革命，其间曾主办晋西南区党委的油印报《五日时事》，毛泽东曾经称赞《五日时事》"是当时在延安办得最好的报纸之一"。1945年王修到达东北解放区，1946年任大连中长铁路图书馆（原满铁图书馆）馆长。长春解放后，因为在伪满皇宫发现了清乾隆皇帝所藏《天禄琳琅》的宋元善本，王修奉命转移和保护这批珍贵古籍。1947年，王修任东北行政委员会教育部社会教育处处长，在此期间他编写了东北解放区第一套文化课本，之后被任命主抓东北文物工作。1948年沈阳解放后，王修来到沈阳，任东北文物保管委员会文化委员和文物处长。

东北文保会成立后，立即积极开展对文物的收集和保护工作，并开始筹建博物馆。为更有利地对东北文物进行有效管理，东北文物管理处的办公地点设在沈阳故宫院内。文物处下辖东北图书馆，设秘书一人，由赵琦担任；下辖东北博物馆，设秘书一人，由张拙之担任；下辖沈阳故宫陈列所，设股长一人，由战效忱担任。同时还接管了东陵、北陵，各设管理所，王修亲自兼任这两个单位的负责人。为了使

东北博物馆旧址

文物处的业务工作开展得更好，王修聘任了东北著名的画家和考古学家周铁衡为文物处的顾问。文物处下设了研究室，当时一直在沈阳的东北博物馆工作的考古学家李文信，是研究室的研究员。王修还委托周铁衡聘请齐白石老人的三子齐良琨来文物处任研究员，同时经白石老人的推荐，白石老人恩师胡沁园先生的孙子胡文效也来到文物处任研究员；此外，还聘任了原来就是东北博物馆工作人员的阎万章、杨成能、杨孟雄、沈延毅、朱子方、金景芳等先生。当时的工作人员还有杨仁恺。这些顾问与研究员们为东北的文物的征集、保护与研究做出了巨大的贡献。

1948年末，东北文物保管委员会文物处接收了部队和银行拨交的溥仪等带到吉林通化大栗子沟的文物珍品。据记载，溥仪逃出长春伪皇宫之前，携走书画4箱，共计80件，系溥仪平时最为钟爱和极为贵重的珍宝。小金库中的珠宝也全部带在身上。书画账目3册，连同书画赏赐目录账共计30多本。这些珍宝与账册原在伪皇宫的缉熙楼中存放，1945年的8月15日溥仪即移交溥绍保存。后来，其中最重要的历代书画珍品和珠宝首饰被部队收缴后交到了有关部门，经点验又转到东北人民银行，后来又转拨交给东北文物保管委员会。存放在银行的珍宝也都按照相关部门的要求认真严格管理。一批珍贵书画和连同东北文物保管委员会前后零星征集的文物合在一起，后来拨交给了东北博物馆。这些藏品在全国都占有举足轻重的地位。这一时期,文物处大力收集、整理、保护了各类图书近200万册和5万多件珍贵文物。在新中国成立初期，东北文物管理处对沈阳地区的博物馆的建设做出很大的贡献。在藏品管理、文物的征集方面都曾做过非常具体的指导与实践。

1952年王修离任后，东北文物保管委员会文物处的领导工作由素有“中国保尔”之称的王化南接任，任文物处处长兼党支部书记。

1949年7月7日东北博物馆正式开馆，为新中国成立前夕开放最早的一座大型历史艺术博物馆，“历史文物分类陈列”正式对外开放。1951年7月11日至8月5日，在文物处的组织下于故宫陈列所举办了支援抗美援朝战争东北文物界书画义卖、捐献文物展览会，此次义卖会征集书画作品200余件，悉数售出，所得善款全部上缴，文化艺术界的许多名流都参加此次盛会。类似的展览，文物处还举办了几次，一方面扩大宣传，一方面还为文物处收集到了当时本地艺术家的作品。1955年，沈阳故宫陈列所扩充为沈阳故宫博物馆。

随着新中国成立，工作不断的细化，文物管理机构的正规化进程也在加快。文物处下辖的东北图书馆、东北博物馆、沈阳故宫陈列所

沈阳解放时的东北书店（今马路湾书店）

分别独立。图书馆的接管人是赵琦，博物馆的接管人是张拙之，沈阳故宫陈列所的接管人是陈经五。1954年后，国家体制逐步完备，博物馆、图书馆、档案馆的细化分工各自独立成为系统，各单位正式成立，东北文物管理处的职能渐被替代。

如前所述，新中国成立初期，东北图书馆隶属东北行政委员会文物保管委员会。除了东北图书馆之外，还有市人民图书馆及附属的3个分馆。东北图书馆是东北解放区建立的第一所大型图书馆，1948年8月15日在哈尔滨开馆，同年11月迁到沈阳，接收了国民党统治时期的辽宁省立图书馆的藏书65280册，馆址位于沈河区沈阳路原张学良旧居，即现在的大帅府博物馆。1955年，东北图书馆改为辽宁省图书馆。

沈阳解放后，政府还接收了原国民党统治时期的沈阳市立图书馆，组建新馆，1949年3月11日，沈阳市人民图书馆正式开馆，1955年改为沈阳市图书馆。1949年，沈阳市图书馆整顿恢复了和平分馆，1953年成立了铁西分馆，还在铁西工人俱乐部设立了图书阅览室。

1949年4月，东北图书馆在张氏帅府小青楼开设40平方米的儿童阅览室，陈列适合儿童阅读的图书、画报和连环画等，每天接待小读者百余人。1951年4月，在原辽宁省立图书馆馆舍，改为东北图书馆附属儿童图书馆，这是新中国最早建立的少年儿童图书馆之一，藏书一万多册。馆内设两个阅览室，还设有一个供儿童教育工作者使用的研究室。1952年6月，东北图书馆附属儿童图书馆移交给共青团沈阳市委领导，1953年2月，改为沈阳市图书馆儿童分馆。

从20世纪40年代末到50年代初，一大批中国文化精英汇聚沈阳，群英荟萃，各展身手，和本地的文化艺术界人士联手，迅速建立起新中国沈阳的文化事业体系，在文学创作、戏剧表演、书法绘画乃至文博、图书馆等领域，创造了不同凡响的成就，在全国的文化事业发展中处于领先地位。他们的贡献，不仅创造了新中国沈阳的文化艺术的繁荣，也为以后数十年沈阳文化的发展奠定了新的基础、新的起点。他们接续了沈阳的千年文脉，并且在他们手里，达到了一个新的高峰。